纪念《修辞学发凡》出版九十周年

陈望道(一八九二——一九七七),浙江义乌人,著名学者、教育家。一九一九年从日本留学归国,任教于浙江第一师范学校,同时投身新文化运动,为五四新文化运动先驱。一九二〇年翻译出版了《共产党宣言》第一个完整的中文本,一九二一年参与中国共产党的创立,为中国共产党的早期活动家。一九二〇年起,历任复旦大学、上海大学、安徽大学、广西大学等校教授。一九五二年至一九七七年任复旦大学校长。一九五五年当选为中国科学院哲学社会科学学部常务委员。一生从事文化教育和学术研究达六十年,涉猎社会科学的多个领域。在哲学、法学、政治学、伦理学、因明学、美学、文艺学、新闻学等方面多有所成就;他学术事业的基点和重心在中国语文的研究方面,为语文改革、语法学和修辞学等学科做出了开创性的贡献。主要著译成果辑录于《陈望道学术著作五种》(二〇〇五)、《陈望道语言学论文集》(二〇〇九)、《陈望道译文集》(二〇〇九)和《陈望道文存全编》(十二卷,二〇二一)。

陈望道·著

修辞学发凡

（纪念珍藏版）

复旦大学出版社

著名语言学家陈望道先生(一八九二——一九七七年)

一九六三年,陈望道先生为再版修改《修辞学发凡》

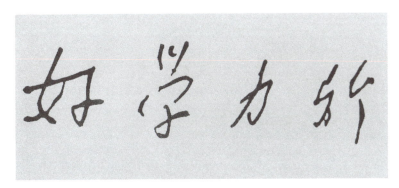

一九四三年，陈望道先生为复旦大学新闻系题写的系铭"好学力行"

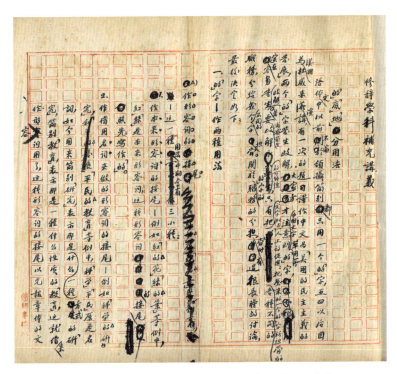

陈望道先生《修辞学科补充讲义》手稿（一九三五年）

大江书铺一九三二年初版《修辞学发凡》(上下册)书影

大江书铺一九三二年初版《修辞学发凡》(合订本)书影

中国文化服务社一九四五年版《修辞学发凡》书影

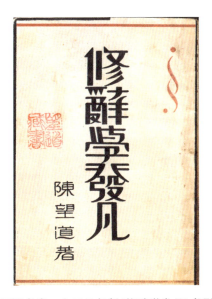

开明书店一九五〇年版《修辞学发凡》书影

新文艺出版社一九五四年版《修辞学发凡》书影

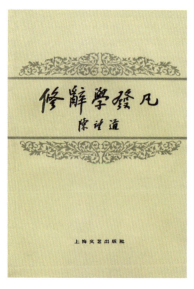

上海文艺出版社一九五九年《修辞学发凡》新一版书影

上海文艺出版社一九六二年新二版《修辞学发凡》书影

作家出版社上海编辑所一九六四年上海新一版《修辞学发凡》书影

上海人民出版社一九七六年第一版《修辞学发凡》书影

上海教育出版社一九七九年新一版《修辞学发凡》书影

出版说明

陈望道(一八九二—一九七七)所著《修辞学发凡》,在修辞学研究上融合中外,贯通古今,创新理论,缔造体系,为学界奉为中国现代修辞学的奠基之作。

本书初版于一九三二年,分上下两册,由大江书铺在上海刊行。此后多次再版重印,至抗战前已出八版。开明书店于一九四〇年十月出了第九版。后,中国文化服务社于一九四五年在重庆刊行渝初版;又于一九四六年五月、一九四七年三月在上海刊行沪一版、沪二版(因作者不知一九四〇年开明书店出过第九版,所以他把中国文化服务社的刊行本称为第九版)。一九四九年新中国成立后,又多次重版:开明书店一九五〇年四月新一版、一九五〇年十二月新二版,新文艺出版社一九五四年八月第一版,上海文艺出版社一九五九年三月新一版,香港大光出版社一九六一年版,上海文艺出版社一九六二年十一月新二版,作家出版社上海编辑所一九六四年九月上海新一版,上海人民出版社一九七六年七月第一版。

一九七七年以后上海教育出版社再版重印出了两版(一九七九年九月新一版,一九九七年十二月新二版)。进入新世纪,二〇〇一年上海世纪出版集团·上海教育出版社将其列入"世纪文库"第一辑加以刊行,又出两版(二〇〇一年七月新三版,二〇〇六年七月新四版）。从二〇〇八年一月起，复旦大学出版社再版本书，至二〇二一年十一月已是第十四次重印。

同时，本书还曾收录于《民国丛书》第二编（上海书店，一九九〇年）、《陈望道文集》第二卷（上海人民出版社，一九八〇年）、《陈望道学术著作五种》（复旦大学出版社，二〇〇五年）、《陈望道全集》第四卷（浙江大学出版社，二〇一一年）和《陈望道文存全编》第二卷（复旦大学出版社，二〇二一年）等文集中。

作者生前在本书再版重印时不断有所修订，其中作者特为予以说明的有：一九四五年本（重庆中国文化服务社）、一九五四年本（新文艺出版社），一九六二年本（上海文艺出版社）和一九七六年本（上海人民出版社）。本纪念珍藏版重印依据一九六二年本并参照一九七六年本，又对若干文字做了校订。

《修辞学发凡》是作者执教复旦大学积十余年勤求探讨之功而成书的，《修辞学发凡》出版后的影响至深至广。它不仅在新中国成立前被各大学用作教材，新中国成立后也被多所大学采用，并被教育部高等教育司指定为中国语言文学专业大学生必读的参考书之一。它开创了中国现代修辞学的一个研究范式，被诸多著作所仿效和学习。它培养出了一批修辞学的研究人才，如著名学者郑子瑜、张志公、倪宝元、吴士文等都声称自己是读了《修辞学发凡》，才走上修辞学研究道路的。

所以，我们特将这部修辞学的经典著作作为复旦博学系列丛书的一种加以出版，同时也为人文学科的教学与研究，尤其是中国语言、文学的教学与研究，提供一种必读的参考书。

二〇二二年，《修辞学发凡》出版九十周年，中国修辞学的研究又有长足的进步，谨刊行精装纪念珍藏版，以志纪念。

目 录

初版刘序 / 001

第一篇 引言 / 001
    一 修辞二字习惯用法的探讨 / 001
    二 修辞和语辞使用的三境界 / 003
    三 修辞和语辞形成的三阶段 / 006
    四 修辞同情境和题旨 / 010
    五 修辞的技巧和修辞的方式 / 013
    六 修辞研究的需要、进展和任务 / 016
    七 修辞学的功用 / 019

第二篇 说语辞的梗概 / 022
    一 修辞和语言 / 022
    二 "态势语" / 024
    三 声音语 / 026
    四 文字语 / 028
    五 声音 / 031
    六 形体 / 033
    七 意义 / 034

八　语言和文字的关系 / 037

　　九　汉语文变迁发展的大势 / 039

第三篇　修辞的两大分野 / 042

　　一　形式和内容 / 042

　　二　内容上的准备 / 044

　　三　两种表达的法式 / 046

　　四　语辞的三境界和修辞的两分野 / 048

　　五　两大分野的概观 / 051

　　六　两大分野的概观二 / 054

第四篇　消极修辞 / 058

　　一　消极修辞纲领 / 058

　　二　意义明确 / 059

　　三　伦次通顺 / 067

　　四　词句平匀 / 069

　　五　安排稳密 / 074

第五篇　积极修辞一 / 078

　　一　积极修辞纲领 / 078

　　二　辞格 / 079

甲类　材料上的辞格 / 080

　　三　譬喻 / 080

　　四　借代 / 089

　　五　映衬 / 101

　　六　摹状 / 103

七　双关 / 105

　　八　引用 / 115

　　九　仿拟 / 120

　　十　拈连 / 126

　　十一　移就 / 127

第六篇　**积极修辞二** / 129

　乙类　意境上的辞格 / 129

　　一　比拟 / 129

　　二　讽喻 / 131

　　三　示现 / 136

　　四　呼告 / 138

　　五　夸张 / 140

　　六　倒反 / 145

　　七　婉转 / 147

　　八　避讳 / 149

　　九　设问 / 153

　　十　感叹 / 155

第七篇　**积极修辞三** / 158

　丙类　词语上的辞格 / 158

　　一　析字 / 158

　　二　藏词 / 172

　　三　飞白 / 176

　　四　镶嵌 / 179

　　五　复叠 / 183

六　节缩 / 191

七　省略 / 198

八　警策 / 202

九　折绕 / 203

十　转品 / 206

十一　回文 / 210

第八篇　积极修辞四 / 216

丁类　章句上的辞格 / 216

一　反复 / 216

二　对偶 / 217

三　排比 / 219

四　层递 / 221

五　错综 / 223

六　顶真 / 231

七　倒装 / 235

八　跳脱 / 237

第九篇　积极修辞五 / 244

一　辞趣 / 244

二　辞的意味 / 244

三　辞的音调 / 250

四　辞的形貌 / 255

第十篇　修辞现象的变化和统一 / 259

一　格局无定 / 259

二　修辞现象也不是一定不易 / 261

　　三　修辞现象常有上落 / 264

　　四　修辞现象也常有生灭 / 267

　　五　适应更是形形色色 / 271

　　六　变化的统一 / 273

第十一篇　语文的体式 / 275

　　一　体式和体式的分类 / 275

　　二　简约繁丰 / 276

　　三　刚健柔婉 / 278

　　四　平淡绚烂 / 283

　　五　谨严疏放 / 291

　　六　语文体式的繁复情况 / 295

第十二篇　结语 / 297

　　一　从修辞学术萌芽时期说起 / 297

　　二　修辞文法混淆时期 / 298

　　三　中外修辞学说竞争时期 / 300

　　四　结语 / 304

初版后记 / 306

《修辞学发凡》第九版付印题记 / 308

一九五四年版重印后记 / 310

一九六二年版重印前言 / 311

一九七六年版重印前言 / 313

《修辞学发凡》九十年（代后记） / 315

初版刘序

一九三二年(民国二十一年),将要和一八九八年(民国元年前十四年,清光绪二十四年)同成为中国文学史上最可纪念的一年了。因为一八九八年是中国第一部文法书出版的一年,而一九三二年是中国第一部修辞学书出版的一年。

中国人说了几百万年的话,并且作了几千年的文,可是一竟并不曾知道有所谓有系统的文法。直到一八九八年,马建忠先生底《马氏文通》出来,才得有中国第一部有系统的古话文的文法书。这件事,是孙中山先生曾经拿它来证明他底行易知难的学说的。

中国人在说话的时候,修了几百万年的辞,并且在作文的时候,也已经修了几千年的辞,可是一竟并不曾知道有所谓有系统的修辞学。直到一九三二年,陈望道先生底《修辞学发凡》出来,才得有中国第一部有系统的兼顾古话文今话文的修辞学书。这件事,同样地可以拿它来证明孙中山先生行易知难的学说。

在《马氏文通》出来以前,诚然已经有了许多和文法有关的书。例如明代卢以纬氏底《助语辞》〔附注〕,清代王济师氏底《虚字启蒙》,袁仁林氏底《虚字说》,刘淇氏底《助字辨略》,王引之氏底《经传释词》,张文炳氏底《虚字注释》之类;而且一八六九年(民国元年前四十三年，清同治八年)更有了美国人高第丕氏和中国人张儒珍氏共著的《文学书官话》，是一部正式的今话文文法书。但是以前的那些，固然是不成系统，不能称为文法，而且都是仅仅说明古话文底虚字助字之类的；而《文学书官话》，又仅仅短期地流行于外国人社会和基督教社会间，现在差不多已经不存在了。所以《马氏文通》实在是中国有系统的古话文文法书——虽然只是古话文的——底第一部。

在《修辞学发凡》出来以前，诚然已经有了许多和修辞有关的书。例如六朝梁代刘勰氏底《文心雕龙》，宋代陈骙氏底《文则》，元代王构氏底《修辞鉴衡》，陈绎曾氏底《文说》等，以及宋以后的各种诗话、文话、词话、曲话、论文专著和各家集中与人论文书之类；而且近来更有如唐钺氏底《修辞格》，王易氏底《修辞学》，董鲁安氏底《修辞学讲义》，张弓氏底《中国修辞学》，薛祥绥氏底《修辞学》等，都是比较正式的修辞学书。但是以前的那些，固然是不成系统，不能称为修辞学；而《修辞格》……一类的书，又不是挂漏不全，或是专举古话文的例证，便是专门贩运外国文上所有的辞格，而不曾把中国各种修辞现象做过归纳功夫的。所以《修辞学发凡》，实在是中国有系统的兼顾古话文今话文的修辞学书底第一部。

以上拿《修辞学发凡》和《马氏文通》相比，是只就有系统的一点上说；其实，《修辞学发凡》底价值，可以说是超过于《马氏文通》的。孙中山先生对于《马氏文通》的批评说：

> 中国向无文法之学……自《马氏文通》出后，中国学者乃始知有是学。马氏自称积十余年勤求探讨之功，而后成此书。然

审其为用，不过证明中国古人之文章，无不暗合于文法；而文法之学，为中国学者求速成图进步不可少者而已。虽足为通文者之参考印证而不能为初学者之津梁也。继马氏之后所出之文法书，虽为初学而作，惜作者于此多犹未窥三昧，讹误不免；且全引古人文章为证，而不及今时通用语言，仍非通晓作文者不能领略也。——《孙文学说》第三章。

可见马氏只是证明古话文无不暗合于文法，而不引今话文为证，是他底大缺点。 现在陈先生底《修辞学发凡》，积十余年勤求探讨之功而后成此书，是和马氏相同的；而书中既引古人文章为证，并及今时通用语言，不但可以为通文者之参考印证，而且可以为初学者之津梁。 换句话说，他不但用今话文写述，而且关于各种辞格所引的例证，也是古话文今话文兼收并蓄——这在董鲁安氏底《修辞学讲义》上，虽然也有今话文的引例，但是他对于辞格，是很简略的。 在这一点上，却是有超过于《马氏文通》底价值的。

至于陈先生底著成此书，积十余年勤求探讨之功，这是我在这十余年中所目睹的。 这十余年来，他底生活，是终年忙碌于教室讲台黑板粉笔间的生活。 但是他一面忙碌着，一面就利用早上晚间以及星期的余暇，做这对于修辞学勤求探讨的功夫。 往往为了处理一种辞格，搜求一个例证，整夜地不睡觉；有时候，从一种笔记书上发现了引用的可以做例证的一句或一段文字，因为要明白它底上下文，或者要证明著者所引的有没有错误，于是去根寻它所从出的原书。 如果手头没有这种原书，他就向书肆或各处图书馆中去搜求；有可借处便借，没有可借处便只能买。要是此书是一部大部头的书，或者是在某种丛书中而不能抽买的，他也不惜重价，仅仅为了一个例证，而把全部书买了来。到了借无可借买无可买的时候，他还要向相识的友人，多方面地探询，一定要达到搜求到此书的目的为止。这样的勤求探讨的功夫，真是可以使人家钦佩的。此书在这十余年来，因为见解的进步，已经把稿子换了好几遍。最近一年来，更因为要努力完成此书的缘故，把一切教室讲台黑板粉笔间的忙碌生活，都摆脱了；专心致志地从头整理写述此书的稿子；结果是不但辞格底纲领组织和旧稿不同，就是关于修辞学的根本观念，也和旧稿不同，完全换了以语言为本位。只消看了他上册底五篇文字——尤其是第二篇，便可知道。我想有些不明白的人，看了这第二篇，或许以为这和修辞学有什么关系。因为像前面所举的各种关于修辞学的书，从来没有这样说法的，所以一般人难免少见多怪。不知道这正是此书底特点。

我是一个学殖荒落，而且对于修辞学只能一知半解的人，实在不配作此书的序；并且近来又因为害了很沉重的病，已经在床席间辗转困卧了半年有余，到现在还不曾恢复健康，不能作比较深沉的构思，比较久长的执笔。但是因为和陈先生笃厚的友谊，和十几年来眼见他对于此书勤求探讨的苦功，以及此书在中国文学史上价值底崇高，位置底重要，当它将要出版的时候，不能不说几句话。因此，在病枕上陆陆续续地口授儿子炳震胡乱地写成了这一点。

知道这中国第一部有系统的兼顾古话文今话文的修辞学书将要出版，固然使我病中欢喜；使我得于病中在这中国第一部有系统的兼顾古话文今话文的修辞学书上说几句话，尤其是我底荣幸了。

最后，还有可以附带提及的，陈先生在十年前曾经著有《作文法讲义》一书，在上海民智书局出版，这也是中国有系统的作文法书底第一部。

一九三二年元旦刘大白在杭州

〔附注〕 关于卢以纬氏的文法著作，大白先生早就提到《助语辞》，我们年来略事收集，并承朋友们帮助摄影、抄录，已经得到四种本子。 其中三种都是以"助语辞"为名：(1)明代出版的《新刻助语辞》，见胡文焕编的《格致丛书》，书前有万历壬辰年(公元一五九二年)胡文焕氏《助语辞序》；(2)清代出版的《音释助语辞补义》，康熙丁卯年(公元一六八七年)版，也录胡文焕氏《助语辞序》；(3)日本出版的《重订冠解助语辞》，享保丁酉年(公元一七一七年)版，也录胡文焕氏《助语辞序》。 这些名为"助语辞"的书，都是卢氏原著的改编本，书前标有"东嘉卢以纬允武著"或"原著"字样，但都不曾序说原著的经历，无从知道原著成书的年月，等等。 另外一种，书名《语助》，书的本文也比《助语辞》多了一页，见于《奚囊广要》丛书。 这种本子较为罕见，我们最近才看到它的摄制本和北京图书馆收藏原本。 这种本子前面有元泰定元年(公元一三二四年)胡长孺氏《语助序》，这就使我们对于原著的经历有了更为充分的了解，知道原著成书的年月为元代，原著的原名为"语助"。 原著的原名为"语助"，就在各改编本里也还可以看到痕迹，如各改编本在《语助》原来用"语助"字眼的地方还是都用"语助"字眼，只有《音释助语辞补义》偶有一二处，如在"云"字"已"字的诠释文中改用"助语"字样。 根据这些事实，我们需要考虑决定采用元代卢以纬氏著作《语助》的新说法来代替明代卢以纬氏著作《助语辞》的老说法。《语助》一书是我们现在所能见到的我国讲究汉语文虚字用法的最早的专著。 ——一九六二年五月十五日陈望道附注。

第一篇 引 言

一 修辞二字习惯用法的探讨

修辞本来是一个极熟的熟语,自从《易经》上有了"修辞立其诚"一句话以后便常常连着用的。 连用久了,自然提起了辞字,便会想起了修字,两字连结,简直分拆不开。 但是解说起来,终究还是修是修、辞是辞的,被人当作两个单词看。 直到现在讲修辞的还是如此。

而各人对于这两个单词的解说,又颇不一致,大体各可分为广狭两义:(甲)狭义,以为修当作修饰解,辞当作文辞解,修辞就是修饰文辞;(乙)广义,以为修当作调整或适用解,辞当作语辞解,修辞就是调整或适用语辞。 两相绮互,共得四种用法如下:

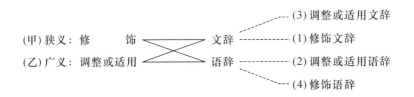

这四种用法,现在可说都是有人在那里用的,不过有意识的不意识的分别罢了。 我们要讲修辞,对这意识的或不意识的习惯用

法，必须约略先加探讨。

第一，是文辞还是语辞？这在过去，往往会回答你说：既然讲修辞，自然修的是文辞。如顾亭林所谓"从语录入门者多不善于修辞"（见《日知录》十九），便是隐隐含有这种意思的一个例。但若略加考察，便知这只是礼拜文言时期的一种偏见。在礼拜文言的时期，人们往往轻蔑语体，压抑语体，贬称它为"俚语"为"俗语"。又从种种方面笑话它的无价值。而以古典语为范围今后语言的范型。其实古典语在古典语出现的当时，也不过是一种口头语言，而所谓修辞又正是从这种口头语言上发展起来的。无论中外，都是如此。后来固然有过一大段语文分歧的时期，执笔者染上了一种无谓的洁癖，以谨谨守卫文言为无上的圣业。而实际从语体出身的还是往往备受非常的礼遇，如"於菟""阿堵"之类方言，竟至视同辞藻，便是其例。如所谓谐隐，逐渐发展，成为灯虎商谜，竟至视为文人雅事，也是其例。而(1)文辞上流行的修辞方式，又常常是受口头语辞上流行的修辞方式的影响的，要是承认下游的文辞的修辞方式，便没有理由可以排斥上游的语辞的修辞方式。(2)文辞和语辞的修辞方式又十九是相同的，要是承认文辞的修辞方式，也便没有理由可以排斥语辞上同等的修辞方式。(3)既是文辞语辞共有的同等现象，即不追寻源头也决没有理由可以认为文辞独得之秘。就修辞现象而论修辞现象，必当坦白承认所谓辞实际是包括所有的语辞，而非单指写在纸头上的文辞。何况文辞现在也已经回归本流，以口头语辞为达意传情的工具。而我们现在听到"演说的修辞"云云，也早已没有人以为不辞了。这就是实际上已经把语辞认作修辞的工具了。

第二，是修饰还是调整？这在过去，也往往会回答你说：既然说修辞，当然说的是修饰。如武叔卿所谓"说理之辞不可不修；若修之而理反以隐，则宁质毋华可也。达意之辞不可不修；若修之而意反以蔽，则宁拙毋巧可也"（见唐彪《读书作文谱》六），便是指修饰而说的一个例。这也只是偏重文辞，而且偏重文辞的某一局部现象的一种偏见。修辞原是达意传情的手段。主要为着意和情，修辞不过是调整语辞使达意传情能够适切的一种努力。既不一定是修饰，更一定不是离了意和情的修饰。以修饰为修辞，原因是在（1）专着眼在文辞，因为文辞较有修饰的余裕；（2）又专着眼在华巧的文辞，因为华巧的文辞较有修饰的必要。而实际，无论作文或说话，又无论华巧或质拙，总以"意与言会，言随意遣"为极致。在"言随意遣"的时候，有的就是运用语辞，使同所欲传达的情意充分切当一件事，与其说是语辞的修饰，毋宁说是语辞的调整或适用。即使偶有斟酌修改，如往昔所常称道的所谓推敲，实际也还是针对情意调整适用语辞的事，而不是仅仅文字的修饰。

二　修辞和语辞使用的三境界

至于所谓华巧不是修辞现象的全领域，我们只须从修辞的观点把使用语辞的实际一查考便可以了然。

我们从修辞的观点来观察使用语辞的实际情形，觉得无论口头或书面，尽可分作下列的三个境界：

　　（甲）记述的境界——以记述事物的条理为目的，在书面如一切法令的文字，科学的记载，在口头如一切实务的说明谈商，便是这一境界的典型。

（乙）表现的境界——以表现生活的体验为目的，在书面如诗歌，在口头如歌谣，便是这一境界的典型。

（丙）糅合的境界——这是以上两界糅合所成的一种语辞，在书面如一切的杂文，在口头如一切的闲谈，便是这一境界的常例。

内中(甲)(乙)两个境界对于语辞运用的法式，可说截然的不同。用修辞学的术语来说，便是(甲)所用的常常只是消极的手法，(乙)所用的常常兼有积极的手法。例如郑奠氏所举的《论语》的

君子疾没世而名不称焉。

和《古诗十九首》中的

回车驾言迈，悠悠涉长道。四顾何茫茫，东风摇百草。
所遇无故物，焉得不速老？盛衰各有时，立身苦不早。
人生非金石，岂能长寿考？奄忽随物化，荣名以为宝。

便是绝好比照的两个例。两例主要的意思可说完全相同，而一只"直写胸臆，家常谈话"，单求概念明白地表出，一却"托物起兴，触景生情，而以嗟叹出之"，除却表出概念之外，还用了些积极手法。所谓积极手法，约略含有两种要素：(1) 内容是富有体验性、具体性的；(2) 形式是在利用字义之外，还利用字音、字形的。如这首古诗的整整齐齐每句五言，便是一种利用

字形所成的现象。这种形式方面的字义、字音、字形的利用,同那内容方面的体验性、具体性相结合,把语辞运用的可能性发扬张大了,往往可以造成超脱寻常文字、寻常文法以至寻常逻辑的新形式,而使语辞呈现出一种动人的魅力。在修辞上有这魅力的有两种:一种是比较同内容贴切的,其魅力比较地深厚的,叫作辞格,也称辞藻;一种是比较同内容疏远的,其魅力也比较地淡浅的,叫作辞趣。两种之中,辞藻尤为讲究修辞手法的所注重。在小说、诗歌等类叙事抒情的语言文字上用得也最多。所谓华巧,也便是指这种形式的表面特色说的。

而实际,正如王安石《上人书》所说:"诚使巧且华,不必适用。诚使适用,亦不必巧且华。要之以适用为本。"华巧并不算是修辞的唯一的标的。这用古话来说,便是所谓"文"外还有所谓"质"。用我们的术语来说,便是积极的修辞手法之外,还有消极的修辞手法。

消极手法是以明白精确为主的,对于语辞常以意义为主,力求所表现的意义不另含其他意义,又不为其他意义所淆乱。但求适用,不计华质和巧拙。当"宁质毋华"的时候便"宁质毋华",当"宁拙毋巧"的时候便"宁拙毋巧"。(甲)一境界清真的语辞,实际都是单独用这种手法的。(丙)一境界的语辞,清真的部分也是单用这种修辞手法的结果。如上举"君子"云云,便是一个例。这是古话所谓"质"的部分。

此外古话所谓"文"的部分,如(乙)的全体及(丙)的另一部分,实际消极方面也不能不参用消极手法,而求语辞的精确明白。这又就是古话所谓"文附质""质附文"的质文相待情况。刘勰《文心雕龙·情采》篇所谓"联辞结采,将欲明理。采滥辞诡，则心理愈翳"，与王若虚《滹南遗老集·〈新唐书〉辨》所谓"作史与他文不同。宁失之质，不可至于芜靡而无实；宁失之繁，不可至于疏略而不尽。宋子京不识文章正理，而惟异之求。肆意雕镂，无所顾忌。以至字语诡僻，殆不可读。其事实则往往不明，或乖本意"，可说便是针对这种情况而言。

三　修辞和语辞形成的三阶段

我们若再考察涉及内容的语辞形成的三阶段，将更可以明了修辞的实际情形。

语辞的形成，凡是略成片段的，无论笔墨或唇舌，大约都须经过三个阶段：一、收集材料；二、剪裁配置；三、写说发表。这三个阶段的工作并非同受一样条件的支配。如收集材料最与生活经验及自然社会的知识有关系。剪裁配置最与见解、识力、逻辑、因明等有关系。写说发表最与语言文字的习惯及体裁形式的遗产有关系。三个阶段的条件顺次递积，到了写说发表的时候，便已成为与生活、经验、自然社会的知识，与见解、识力、逻辑、因明，与语言文字的习惯及体裁形式的遗产等无不有关的条件复杂的景象。而始终从中暗暗指挥的，便是也许写说者自己觉得的也许自己不觉得的一定的生活上的需要。无论是觉得的或不觉得的，必以实现这一定的需要，在收集材料；必以实现这一定的需要，在剪裁并配置所收集的材料；也必以实现这一定的需要，在写说发表所已经剪裁定妥、配置定妥的材料。这种需要，在语辞上常被具现为一篇文章或一场说话的主意或本旨。若将写说单作写说者个人的情事看，可说写说便是为了发挥这个意旨起见,运用语辞来表出上述条件复杂的景象的一种工作。

但写说本是一种社会现象,一种写说者同读听者的社会生活上情意交流的现象。从头就以传达给读听者为目的,也以影响到读听者为任务的。对于读听者的理解、感受,乃至共鸣的可能性,从头就不能不顾到。而尤以发表这一阶段为切要。因为这一阶段,是写说者将写说物同读听者相见的时候。写说者和写说物和读听者各都成为交流现象上必不可缺的要素。当这时候,写说者纵然还有"藏之名山"的志向,也不便再以"藏之名山"自豪了。对于夹在写说者和读听者中间尽着传达中介责任的语辞,自然不能不有相当的注意。看它的功能,能不能使人理解,能不能使人感受,乃至能不能使人共鸣?

古来因为中介语辞不能尽责,甚至闹成笑话的很多。试举几个例子。例如范雎说的:

> 郑人谓玉未理者璞,周人谓鼠未腊者朴。周人怀朴过郑贾曰:"欲买朴乎?"郑贾曰:"欲之。"出其朴,视之,乃鼠也。因谢不取。(见《战国策·秦策》)

这就等于放了一个谣言。缺失最大。也有缺失不到这样程度的,例如钱大昕说的:《论语》的

> 攻乎异端,斯害也已。

也就有两解:一,把"攻"作攻治解,"已"作助词"了"字解;

二，"攻"作攻击解，"已"作动词"止"字解（见《养新录》三）。

根据这种事实上的缺失及其他事实上的需要，所以材料配置定妥之后，配置定妥和语辞定着之间往往还有一个对于语辞力加调整、力求适用的过程；或是随笔冲口一恍就过的，或是添注涂改穷日累月的。这个过程便是我们所谓修辞的过程；这个过程上所有的现象，便是我们所谓修辞的现象。

同这现象有关系的具体的事项自然极其复杂，即就上头说过的来说，便已有生活、经验的关系，有自然社会知识的关系，有见解识力的关系，有逻辑因明的关系，有语言文字的习惯及体裁形式的遗产的关系，又有读听者的理解力、感受力等的关系。普通作文书上常说的有所谓"六何"说。以为最有关涉的不过六个问题，就是"何故""何事""何人""何地""何时""何如"等六个"何"。普通常说：第一个"何故"，是说写说的目的：如为劝化人的还是但想使人了解自己意见或是同人辩论的。第二个"何事"，是说写说的事项：是日常的琐事还是学术的讨论，等等。第三个"何人"，是说认清是谁对谁说的，就是写说者和读听者的关系。如读听者为文学青年还是一般群众之类。第四个"何地"，是说认清写说者当时在什么地方：在城市还是在乡村之类。第五个"何时"，是说认清写说的当时是什么时候：小之年月，大之时代。第六个"何如"，是说怎样的写说：如怎样剪裁、怎样配置之类。其实具体的事项何止这六个！但也不必劳谁增补为"七何""八何"。至少从修辞的见地上看来，是可以不必的。

我们从修辞的观点看来，觉得上述复杂的关系，实际不妨综合作两句话：（1）修辞所可利用的是语言文字的习惯及体裁形式的遗产,就是语言文字的一切可能性;(2)修辞所须适合的是题旨和情境。 语言文字的可能性可说是修辞的资料、凭借;题旨和情境可说是修辞的标准、依据。 像"六何"说所谓"何故""何人""何地""何时"等问题,就不过是情境上的分题。 情境是拘束的、理知的,或题旨是抽象的、概念的,如前述(甲)一境界的语辞,便只能用消极手法。 例如《史记·律书》说律数便只能说:

> 九九八十一以为宫。三分去一,五十四以为徵。三分益一,七十二以为商。三分去一,四十八以为羽。三分益一,六十四以为角。

而不能用"周余黎民,靡有孑遗"那样孟轲所谓必须"以意逆志"的夸张法。 再如情境是自由的、情趣的,或题旨是具体的、体验的,如前述(乙)一境界或(丙)一境界某部分的语辞,那又未尝不可任情随题,采用积极的表现。 例如《南史·到溉传》:

> 溉孙荩早聪慧。尝从武帝幸京口,登北顾楼赋诗。荩受诏便就。上以示溉曰:"荩定是才子,翻恐卿从来文章假手于荩。"因赐绢二十四。后溉每和御诗,上辄手诏戏溉曰:"得无贻厥之力乎?"

最后一句君臣相戏的话,用了一个藏词法把"贻厥"这两个字来贴套一个"孙"字,也觉得于题旨于情境并没有什么不适合,没有理由可以像颜之推那样说它纰缪不通的(参看《颜氏家训·文章》篇)。

四　修辞同情境和题旨

　　但是消极修辞积极修辞虽然同是依据题旨情境调整语辞的手法,却也不是毫无什么侧重:(1)消极手法侧重在应合题旨,积极手法侧重在应合情境;(2)消极手法侧重在理解,积极手法侧重在情感;而(3)积极手法的辞面子和辞里子之间,又常常有相当的离异,不像消极手法那样的密合。我们遇到积极修辞现象的时候,往往只能从情境上去领略它,用情感去感受它,又须从本意或上下文的连贯关系上去推究它,不能单看辞头,照辞直解。如见"一日不见,如三秋兮"一句句子里的一个"秋"字,便当如本书借代章所说的作"年"字解,不能望文生义,直把"秋"字解作夏后冬前的"秋"。

　　然而可惜古来的见解多是单看辞头的。或因辞头略有转折,便以为破格不通。例如关于上举藏词,颜之推在《家训·文章》篇便说:

> 诗云:"孔怀兄弟。"孔,甚也,怀,思也,言甚可思也。陆机《与长沙顾母书》,述从祖弟士璜死,乃言"痛心拔脑,有如孔怀"。心既痛矣,即为甚思,何故言"有如"也?观其此意,当谓亲兄弟为"孔怀"。诗云:"父母孔迩。"而呼二亲为"孔迩",于义通乎?

这我们可以称为破格说。或因辞头略离题旨,便以为虚浮不实。例如关于譬喻,刘向《说苑》记梁王对于惠施的故事道:

> 客谓梁王曰:"惠子之言事也善譬,王使无譬,则不能言矣。"
> 王曰:"诺。"明日见,谓惠子曰:"愿先生言事则直言耳,无譬也。"

这我们可以称为虚浮说。或因辞头略乎华巧,便以为是一种华丽的装饰。例如王安石《上人书》道:

> 所谓辞者,犹器之有刻镂绘画也。

这我们可以称为装饰说。这些单看辞头的说法,虽然同滥用辞头的形迹不同,其实便是滥用辞头的同病别发。因为一样不甚留意修辞同题旨和情境的联系,尤其是同情境的联系。一旦遭遇根据情境的反对论,便将无法解答。例如惠施对梁王说:

> "今有人于此,而不知弹者,曰:弹之状何若?应曰:弹之状如弹,则谕乎?"王曰:"未谕也。""于是更应曰:弹之状如弓,而以竹为弦,则知乎?"王曰:"可知矣。"惠子曰:"夫说者固以其所知谕其所不知而使人知之。今王曰无譬,则不可矣。"王曰:"善。"

我们知道切实的自然的积极修辞多半是对应情境的:或则对应写说者和读听者的自然环境社会环境,即双方共同的经验,因此生在山东的常见泰山,便常把泰山来喻事情的重大,生在古代的常见飞矢,便常把飞矢来喻事情的快速;或则对应写说者的心境和写说者同读听者的亲和关系、立场关系、经验关系,以及其他种种关系,因此或相嘲谑,或相反诘,或故意夸张,或有意隐讳,或只以疑问表意,或单以感叹抒情。种种权变,无非随情应境随机措施。

　　这种随情应境的手法，有时粗看，或许觉得同题旨并无十分关系，按实正是灌输题旨的必需手段。语言学家巴利曾经说过：我们说话便是一种战斗。因为人间信念、欲望、意志，等等，都还不能完全吻合，这人以为重大的未必旁人也以为重大，这人以为轻微的未必旁人也以为轻微，因此每有两人接触，便不能不开始所谓语辞的战斗，运用所谓语辞的战术。有时辛辣，有时纡婉，有时激越，有时和平，有时谦恭愁诉，简直带有伪善的气息。必须如此，才能攻倒对方壁垒的森严，传达自己的意志到对方，引起对方的行动。而所以说话的目的，方才可以如愿达到(见所著《语言活动和生活》)。他因此断定语言活动便是社会的生活的表现，语言便是椅桌间折冲的武器。我们倘若也用武器来做譬喻，便也可说修辞是放射力、爆炸力的制造，即普通所谓有力性动人性的调整，无论如何，不能说是同立言的意旨无关的。

　　总之，修辞以适应题旨情境为第一义，不应是仅仅语辞的修饰，更不应是离开情意的修饰。即使偶然形成华巧，也当是这样适应的结果，并非有意罗列所谓看席钉坐的钉饾，来做"虚浮"的"装饰"；即使偶然超脱常律，也应是这样适应的结果，并非故意超常越格造成怪怪奇奇的"破格"。凡是切实的自然的修辞，必定是直接或间接的社会生活的表现，为达成生活需要所必要的手段。凡是成功的修辞，必定能够适合内容复杂的题旨，内容复杂的情境，极尽语言文字的可能性，使人觉得无可移易，至少写说者自己以为无可移易。略如福洛贝尔教导他的弟子莫泊桑的"一语说"所谓无论什么只有一个适切的字眼可用而写说者就用那个唯一适切的字眼来表出的一样，或更说得切实些，竟如卢那卡尔斯基所谓"内容自在努力，趋向一定的形式"的一样。

五　修辞的技巧和修辞的方式

这种修辞技巧的来源有两个：第一是题旨和情境的洞达，这要靠生活的充实和丰富；第二是语言文字可能性的通晓，这要靠平时对于现下已有的修辞方式有充分的了解。技巧是临时的，贵在随机应变，应用什么方式应付当前的题旨和情境，大抵没有定规可以遵守，也不应受什么条规的约束。只有平日在这两面做下了充分的准备功夫，这才可望临时能够应付裕如。除此便是天资的关系。

这两面的功夫，前者是关于语言文字之外的，后者是关于语言文字本身的。两面之间，临时大抵有所偏重。临时大概必要心眼中只有题旨情境才好。而平时必当两面并重。一面充实生活，同时也不当荒废语言文字的观察和研究。详察精究之后，运用时才能心中无法，手上有法，或心中无法，口上有法，可望做到应手应口的地步。或竟能够更进一步，独出心裁，别开生面。

所以平时对于修辞的方式颇要有精密的观察和系统的研究。有精密的观察可免浑沦懵懂，认识不真；有系统的研究可免混淆杂乱，界限不清。

一、精密的观察　这有两层：（甲）个性的观察。如前所说，每个具体的切实的修辞现象，都是适应具体的题旨和情境的，我们应当把每个方式就题就境看出它的个别性质，这样才见语辞是有根的是活的，是有个性的，是不能随便抄袭，用做别题别境的套语的。其次，也应当分别观察因为所用语言不同而生的个别性质。我们知道文言口语，同用一个修辞方式，往往是口语中明白得多、自然得多。这中间必然含有大同小异的所在。我们也应当把那所在随时察出。即如前说藏词，文言中用的成语大抵采自《诗经》《书经》等几部知识分子比较熟悉的古书，口语中却就更进一步，只用一般人口头上熟习的成语。这就是使这方式更为亲切，更为有趣的原因。每次观察也应当把这种语言个性连同注意。还有体式、风格不同，也颇会形成了大同中的小异。例如把诗歌和歌谣相比，大抵是歌谣质朴得多，每用一个方式往往从头直用到底。这也要分别留神才是。

（乙）功能的观察。即如前头说过的藏词，主意是在将所用的词藏去。单将所用的词藏去，旁人将必无从领悟，故必取一句中间含有这个词的人人熟悉的成语来，露出成语的别一部分，来贴套本词。那一部分，单任贴套，不表意义。意义仍在所藏的词，所以我们称为藏词。这种方式，大约魏晋时代便已盛行。例如陶渊明的诗（《庚子岁从都还》）中便有这么两句："一欣侍温颜，再喜见友于。"利用《书经》上"友于兄弟"一句成语，把"友于"来贴套"兄弟"。不过那时民间流行的情形，现在已经很难考见了。只有宋代以后，笔记流传较多，我们还可以从笔记中约略查得一些事略。如宋吴处厚《青箱杂记》一云：

烨又尝与筠连骑趋朝，筠马病足行迟。烨谓曰："马何故迟？"筠曰："只为五更三——。"言"点"蹄也。烨应声曰："何不与他七上八—?"意欲其"下"马徒行也。

又如清褚人获《坚瓠二集》一云:

> 吴中黄生相掀唇,人呼为"小黄窍嘴"。读书某寺中,一日,寺僧进面,因热伤手忒地,黄作歇后语谑之曰:
> "光头滑—,光头浪—,光头练—,光头勒—。"谓"面汤搋忒"也。僧亦应声戏曰:
> "七大八—,七青八—,七孔八—,七张八—。"盖隐"小黄窍嘴"四字。黄亦绝倒。

照此看来,藏词方式显然不能望文生义,照字直解。假如有人照字直解,那就可说不懂它的功能。其次也应当留神历史或社会背景所印染成的色彩。即如藏词,总看各例大抵带有俳谐情味,就是构成,也同制造灯谜不相高下。自然要算用在有打灯谜那样欢乐的情境中最为合拍。

二、系统的研究 这也有两层:(甲)每式之内的系统。即如前说藏词,有藏去后部的,古来名叫歇后,如"友于""贻厥"等各例都是。也有藏却头部的,古来名叫藏头,如曾有人称十五岁为"志学年",称三十岁为"而立年",便是藏却"十五而志于学""三十而立"等成语头部的藏头语。如"续貂"一语,便是藏却"狗尾续貂"这一成语头部的藏头语。此外藏却腰部的藏腰语,也有人用过,如龚自珍《广陵舟中为伯恬书扇》诗:

> 红豆生苗春水波,齐梁人老奈愁何!逢君只合千场醉,莫恨

今生去日多。
. . .

以"去日多"言"苦",用的便是藏词,也就是曹操《短歌行》里"去日苦多"句中间"苦"字的藏腰语;不过,这类藏腰语的用例,比较罕见。就是藏头语,也颇不多见。只有歇后语特别发达。照民间的用例看来,且有延展到譬解语,利用譬解语来做歇后语的倾向。那种歇后语,我们可以另称为新型歇后语。例如"猪八戒的脊梁,悟能之背"(无能之辈),便是一句民间流行的譬解语,上句为譬,下句为解。现在就渐渐有截去"悟能之背"一截,单说"猪八戒的脊梁"一截来贴套"无能之辈"的倾向,成为一种新型歇后语了。像这样每式内部的系统最好能够明了。(乙)各式之间的系统。再用藏词做例,我们不但应该明了藏词内部的各色情形,还应当明了藏词同析字、飞白以及譬喻、双关、回文等一切方式的同异关系。明了之后,对于各种修辞方式方才不会将同作异,将异作同。一个修辞现象到前,一看便能了然。可以不再发生把我们所谓双关和某君所谓词喻,我们所谓析字和某君所谓字喻当作两种,又把我们所谓回文和某君所谓字喻混作一种的错误。应用起来,也可脱口而出,毫不踌躇。

六　修辞研究的需要、进展和任务

但是这样的观察和研究颇要耗费相当的时日,又不是人人一时所能双方并进的。因为精密的观察是注意方式中的小异,系统的研究却要留心方式中的大同。虽然研究也不是从头就可不注意小异，但当归纳时，必当用舍象法将小异舍去，抽出它的大同来，才能将它同别的有这大同的现象构成一个相当的系统。所以研究的注意必在同。而平日的观察却在异。同异双方同时注意，固然不是不可能，但必须先有相当的经验做基础。有了相当的经验做基础，再去做精密的观察，方才功能容易明白，个性容易看清，得益才更容易，才更大。

我们的先辈似乎也颇知道此中的底细。故颇有相当的与人论文书传给我们。又常在诗话、文谈、随笔、杂记中，记下一些经验来，供我们开始观察时候参阅。但可惜多不是专为修辞说的，故内容颇杂，又多不是纯粹说明的态度，所收现象也多是偏于古典的。那于研究古典或古代某一部分的修辞现象，固然也可以做参考，却颇不适于我们想要系统地知道修辞现象者之用。因此颇有人想略仿西方或东方的成规，运用归纳的、比较的、历史的种种研究法，将所常见的，或文学史上还须说到的修辞现象，分别部类，做成一种修辞学。修辞学原是"勒托列克"（Rhetoric）的对译语，五四以后才从西方盛行传入东方的。但最初用修辞这个熟语正名本学的，却是元代的王构（肯堂）。他曾著有《修辞鉴衡》一书，虽不甚精，似乎还是可以算是修辞专书的滥觞。不过那是属于萌芽时期的著作，自然同我们所谓运用归纳的、比较的、历史的研究法的修辞学没有直接的关系。

修辞学的任务是告诉我们修辞现象的条理，修辞观念的系统。它担负实地观察、分析、综合、类别、记述，说明

（一）各体语言文字中修辞的诸现象

（二）关涉修辞的诸论著

的责任，从（一）的原料和（二）的副料中归纳出一些条理一个系统

来,做我们练习观察的基础,或直接做我们自由运用的资助。它不是立法者。就是出现某一实例的语言文字也不是立法者。没有什么权力可以约束我们遵从它。故所归纳出的,决不能误解作为条规。但实例是很重要的。它是归纳的依据,它有证实或驳倒成说的实力。近人常说"拿出证据来",它便是证据。唐钺氏的《修辞格》在现在许多修辞研究中所以比较地可以认为有成绩,便是因为他极注意搜集实例的缘故。又旧著,不是为修辞写的,如王若虚的《滹南遗老集》、俞樾的《古书疑义举例》,对于修辞研究所以比较地有贡献,也便是因为他们极注重实例的缘故。实例除了助成归纳之外,本身还可显示修辞如何必须适合题旨情境的实际,故在条理归纳清楚之后还当将它保存,并且记明篇章出处,借便翻阅原文,细玩它的意味。至于各种论著,无论是中的外的古的今的,都只能做比较的研究或历史的研究的参考,备万一要解说某一现象而不能即得确当解说时的提示,或做解决方式的佐证。如周钟游氏的《文学津梁》、郑奠氏的《中国修辞学研究法》便是在这一方面颇可备供参考的关于中国修辞古说的参考书。

至于修辞学本身,它应该告诉我们下列几件事:

一、修辞方式的构成 如譬喻,应该说明它由(1)思想的对象,(2)譬喻语词,(3)另外的事物三者构成。

二、修辞方式的变化 如譬喻有三种变化:

(1) 明喻——譬喻语词指明相类,形式为"君子之德如风"。又有时隐去。

(2) 隐喻——譬喻语词指明相合,形式为"君子之德风也"。又有时隐去。

（3）借喻——思想的对象和譬喻语词都隐去，单说"风"，如"先生之风，山高水长"。

据《容斋五笔》，范仲淹《严先生祠堂记》的这两句，原作"先生之德，山高水长"，做好之后给李泰伯看，李泰伯教他把"德"字改作"风"字的。据此我们可以猜度这个"风"字是借喻"君子之德"。

三、修辞方式的分布　如譬喻遍布在古今文中，又遍布在文言和口语中，不过口语中把譬喻语词改作"好像""如同""一样""就是"等就是了。

四、修辞方式的功能或同题旨情境的关联　如前引惠施所谓"以其所知谕其所不知而使人知之"之类的说明。

五、各种方式的交互关系　如譬喻同借代相近，而同前举藏词则相距颇远之类。

以上五条，在修辞学书中，大抵把（一）（二）（三）说得较详，（四）（五）说得较略，或者只用界说或类别来提示。因为这样，比较可以免掉挂一漏万，而且条理也比较地清楚些。

七　修辞学的功用

像这样的修辞学，我们可以说是一种语言文字的可能性的过去试验成绩的一个总报告。最大的功用是在使人对于语言文字有灵活正确的了解。这同读和听的关系最大。大概可以分做三层来说：

（一）确定意义　以前往往把修辞现象当作"可以意会，不可以言传"的境域，其实修辞现象大半是可以言传的。

我们既知道它的构成,又知道它的功能,大半就可确定它的意义所在,扩大了所谓言传的境域。例如所谓"笋席"便是竹席,所谓"笋舆"便是竹舆,倘若知道借代,便可不必繁征什么方言来证明、解说。

(二)解决疑难　偶然有修辞上的疑难,也比较容易解决。例如柳宗元《柳州山水近治可游者记》说:"又西曰仙弈之山……其上有穴……其鸟多秭归。石鱼之山全石,无大草木。山小而高,其形如立鱼,在多秭归西。有穴,类仙弈。"人往往以为"在多秭归西"一截不可解,也有人以为应该删去"在"字,而将"西"字连下读。其实倘若知道借代,又看过一点《山海经》的借代法,便可断定应该这样读,而且可以断定所谓"多秭归",就是指上文仙弈山。

(三)消灭歧视　人又往往以为文言可以做美文,口语只能做应用文。而所谓美文者,又大抵是指辞采美富而说。其实文言的辞采,口语大抵都是可以做到的。例如文言中有"春秋鼎盛"一句话,人或许以为"春秋"二字美,而不知"春秋"二字,实际是同口语中的"东西"两字同用一样的修辞法。倘若知道借代,也便可以将一切歧视文言口语的偏见立时消灭。

其次便是可以顺次做系统的练习。因为修辞学已经把同类的辞例汇集在一起了,要做系统的练习,实际很容易。其次才是写说。修辞学可以说同实地写说的缘分最浅。因为实地写说,如前所说,是必须对应题旨情境的,决不能像读和听那样不必自己讲求对应的,容易奏效,也决不能像练习那样不必十分讲求对应的,容易下手。而一度试用有效的,又并不能永久保存作为永久灵验的处方笺，所以也决不能借为獭祭的方便。但同实地写说也不是全无关系。倘从好的方面说来，大抵可以疗治两种病象：

（一）屑屑摹仿病　从前有些人不知修辞的条理，往往只知屑屑摹仿古人，现在条理明白，回旋的地位大了，屑屑摹仿病想必可以去了一半。而且也会知道有些地方是绝对不可蹈袭的，例如现在已经不常看见飞矢，为什么还要用飞矢来喻快速，已经知道泰山也不是异乎寻常的大山，为什么还要用泰山来喻重大或高大？

（二）美辞堆砌病　又有些人不注意语言文字和题旨情境的关系，错觉以为有些字眼一定是美的，摘出抄起，备着做文的时候用。殊不知道语言文字的美丑是由题旨情境决定的，并非语言文字的本身有什么美丑在。语言文字的美丑全在用得切当不切当：用得切当便是美，用得不切当便是丑。近来有人把那些从前以为美辞丽句的叫作烂调套语，便是因为用得不切当的缘故。

倘从好的方面说来，或许可以疗治这些病象。但也要看听的看的人态度如何，写的说的人方法如何。大概方式的选择要精，说述要明，举例要用意周到，评断要不违反现代语言文字的趋向和语言文字的本质，才能做到如此地步。一切健全的写说都是内容决定形式的，而内容又常为生活所决定。没有健全的生活（学术的或日常的）便不会有健全的内容，也就不会有健全的形式。修辞学的本身，也是如此。此刻有谁敢说能够做到如何健全呢？

第二篇　说语辞的梗概

一　修辞和语言

　　语辞就是普通所谓语言。语言是达意传情的标记，也就是表达思想、交流思想的工具。传情达意可以用各种的标记，可以通过各种的感觉。如用兰臭表示意气相投，兰臭便是一种嗅觉的标记；用握手表示情意相亲，握手便是一种触觉的标记。而最常用又最有用的，却是一种听觉的标记，就是口头的语言。普通所谓语言，便是指这一种口头语言而言。

　　其次，为了留久传远起见，又须用文字做中介，把口头语言写录做文字。文字是诉诸视觉的标记，性质自然同听觉的语言不很同，但同语言很有密切关系。语言学书上往往并这文字也称做语言。而把口头语言叫作声音语或口头语，文字叫作文字语或书面语。较广义的语言，又是指语言和文字这两种而言。

　　再看聋哑和婴儿，又颇有用摇头、摆手、顿脚等装态作势的动作来传情达意的事实。我们谈话、演说，也还时时利用它来做补助的标记。故有时更加扩大范围，又往往连这种态势也算做语言，把它叫作"态势语"。语言的更广义，又是含有声音语、文字语和"态势语"这三种。

第二篇　说语辞的梗概

前说修辞所可利用的，是语言文字的一切可能性；所谓语言文字的可能性，一半便是这些种语言的习性。另一半是体裁形式的遗产。如前头说过的藏词，便是一种利用遗产的修辞法。此外如引用，如仿拟，也是利用遗产。这种利用遗产的修辞法，以前很盛行。但都偏于引用古人的成句或故事。普通叫作"用典"。用典虽然可以构成联想内容，但很容易喧宾夺主，破了美意识的纯一境界。有时甚至使人不懂说的是什么。例如现在酒店柜屏上常写着"青州从事"四个字。这四个字，我们固然知道它是指说好的酒，但是曲折之多，却正可供瑞典语言学家高本汉引去做中国语文费解的有力的证据。他说："最有力的例证，是用'平原督邮'代替'劣等的酒'，'青州从事'代替'优等的酒'。中国人说：美酒可以及于'脐'，而劣酒只能及于'鬲'。这个'脐'字，恰好同另外一个也读这音的'齐'字，形体相似，而'齐'为一个地名，属于青州治下；所以美酒叫作'青州从事'。另一方面，'鬲'字也同另外一个也读这音的'鬲'字，形体相似，而'鬲'也是一个地名，属于平原县治；又因为劣酒止及于'鬲'，所以叫作'平原督邮'。桓温的主簿是一个酒的鉴赏家，发出这种文学的诙谐语，正可用为代表中国语精巧的一个例子。"（参看张世禄译高本汉《中国语与中国文》第六章及《世说新语·术解》篇）这种说法，当时是精巧的，现在可就觉得很费解了。五四前后的"文学革命"所努力的，大半便是这种费解的用典风气的体无完肤的攻击。《中国语与中国文》出版于一九二三年，大约著者当时还不十分知道中国已经有了一种新文风，故还处处以用典为中国语文的特征。现在我们也已经把这种措辞法认作一种乞灵法，或没有时间熔铸新辞时的救急法，不再认它为正常的措辞法了。除了几种浅显明白的不必查考典故便可懂得的之外，都已废弃不用。所以我们研究修辞，也就无须浪费精力，从事偏僻的用典方式的研究。而语言习性的利用，却比以前更为注意。至少也不比以前忽略。虽然现在另有语言学、文字学等专科的研究，也不能不在将要进讲修辞方式的时候，把这修辞工具的性质说述一点梗概。

二 "态势语"

"态势语"，是用装态作势的动作，就是态势，来做交流思想的工具。苏轼所谓"海外有形语之国，口不能言，而相喻以形，其以形语也，捷于口"（见《怪石供》），便是指着它说的。它同所要表示的意思极直接，一般不过用它来补助口头语言的不足，在不能用普通语言交流思想，或没有共通语言交换意思的时候，也还可以用它来做交流思想的工具。如聋哑和婴儿以及其他一切人的指手画脚之类便是。

态势共有三种：就是表情的、指点的和描画的。如用微笑表示欢喜或许可，蹙额表示愤怒、厌恶或反对，便是表情的。表情的态势虽然似乎多是反射作用，未经反省的，但刺激旁人的功用却颇大。指点的态势，是直接指点对象的态势，如指人说人，指物说物之类。这种态势，自然只能用以指点前后左右视觉可及范围内的事物和方向。在视觉所不及的范围中的事物，便要应用描画的态势来表示。描画的态势又可以分作三种。如一手支头，两眼紧闭，表示睡着，是象形的；伸出大指头表示大，伸出小指头表示小，是指事的。指着前方表示将来，指着后方表示过去，是象征的。 第一种是直写事物的形状，第二种是借他物重要的特征来表示这物，第三种是借适宜描画别方的行动来表示这方的事物。 态势能够做出这样三种来，表意的功能已可说是不小了。

但它总是直观的，不能表示抽象的意思。 如"凡人皆有死"这句话，用"态势语"来翻译便不容易翻译出来。 遇有接连的时候，又只能用印象的接连法，不能有普通的文法组织。 其接连法大抵如次：

主语，附加语——补语，谓语

故如说"黑牛吃草"便要化成"牛，黑——草，吃"的形式。 而文法上的名词、形容词、动词等词品，又几乎无法分别。 如指黑土可以说黑，也可以说土，指青草可以说草，也可以说青。 究竟说什么，全要从情境上去臆度它。 就是语气，也是如此。 同是指点一件东西，一带有疑问的表情便会成为询问语，一带有发急的表情便会成为命令语，也要从情境上猜度它。 种种方面凑集起来，"态势语"便成为很粗陋笨拙、暧昧不明的思想交流法，大不及声音语的简捷而明确。 对于声音语来说，只可算是粗笨的漫不足道的交际工具，不能同声音语相提并论。 除了某些情形特殊的人，如聋哑、婴儿之类，或遇到某些特殊的情境，如彼此言语不通之类，用它来约略示意之外，一般不过用它来做补助声音语言的工具。 在修辞上也只同口说或记录口说的文辞有关系。 如《论语·八佾》篇：

或问禘之说。子曰："不知也。知其说者之于天下也，其如示诸斯乎？"指其掌。

指其掌是一种手势，是态势的一种。"指其掌者，弟子作《论语》时言也。 当时孔子举一手伸掌，以一手指之，以示或人曰：其如示诸斯乎？弟子等恐人不知示诸斯，谓指示何等物，故著此一句，言是时夫子指其掌也。"假如孔子当时没有这指点的手势或记录时并不记录出这指点的手势，他的话中就不能用那等于现在说"这个"或"这里"的"斯"字。 故在口说或记录口说的文辞中，态势实际也同修辞有相当的关系。 它能指示说话时的情境，而本身也便是说话时的情境之一，修辞须得同它相应合。但它实在不是所要调整的语辞的本身。 所以除了演哑剧，学演说，教聋哑，领婴儿，或者另外须有特殊的研究的之外，修辞上已不将它作为可供利用的工具了。

三 声 音 语

修辞上最要注意的是声音语。 我们常简称它为语言。 声音语是由声音和意义两个因素的结合构成的，自然离了声音便不能存在，缺了意义也不能成立。 但声音和意义的关系，却不像"态势语"那样的直接。 如说骑马拴马，在"态势语"是将手做几下摇鞭的姿势，将脚做一下跨上的姿势，来表示在骑马。 又将脚做一下跨下的姿势，将手做几下结绳的姿势，来表示在拴马。都就用表意行动的本身做思想交流的手段。 是直接的。 而声音语，却不用行动本身做思想交流的工具，而用行动所生的结果——声音——做思想交流的工具。 是间接的。 这种间接的声音，在约定习成之后，自然也会觉得声音和意义之间仿佛有着一种自然的必然的关系。 似乎无可改动，无可移易。 例如马，你不能叫作鹿，鹿也不能叫作马。但当初全是适然的，人定的。正如荀况所谓"名无固宜，约之以命。约定俗成谓之宜，异于约者，谓之不宜"(《荀子·正名》篇)，嵇康所谓"夫言非自然一定之物，五方殊俗，同事异号，举一名以为标识耳"(《嵇中散集·声无哀乐论》)。它是意思、事物的约定俗成的标记，而非意思、事物的自然、必然的表征。大约当初生活在同一地方的，生理和环境都很相似，经验也差不多，经验既经互相认识，用以表示该经验的声音也复互相承认，随后便将那声音来做表示同样经验的约定标记，这就成了这种用声音表示意思的语言。

　　语言是从劳动过程中产生的。劳动使人脱离了其余的动物界，劳动创造了人，使人成为社会的生物，劳动也使人有了语言和思想。语言和思想都早就产生的。语言的产生是由于人在劳动和生产的过程中，有交流思想，协调共同活动的需要，因而形成、发展起来的。马克思和恩格斯都曾经说过(见《德意志意识形态》和《劳动在从猿到人转变过程中的作用》)。产生当初，也是异常简陋，语汇是很贫乏的，文法组织也是很原始的，但因语言的声音和意义两个因素的结合全然随应社会的习惯约束，只要约定俗成，即便可以声入心通，富有因应社会而变迁改动的可能，可以因应社会的发展而发展。

　　语言是社会的产物，同时也是社会组织的工具。社会假如没有语言，必致混乱。我们大概都还记得《旧约》中巴别塔的传说。那在《创世纪》第十一章中记着说：

　　　　那时天下人的口音语言，都是一样。他们往东边迁移的时候，在示拿地遇见一片平原，就住在那里。他们彼此商量说……

来罢,我们要建造一座城和一座塔,塔顶通天,为要传扬我们的名,免得我们分散在全地上。耶和华降临要看看世人所建造的城和塔。耶和华说,看哪,他们成为一样的人民,都是一样的语言。如今既已作起这件事来,以后他们所要做的事就没有不成就的了。我们下去,在那里混乱他们的口音,使他们的语言,彼此不通。于是耶和华使他们从那里分散在全地上,他们就停工不造那城了。因为耶和华在那里混乱天下人的语言,使众人分散在全地上,所以那城便叫作巴别(巴别就是混乱的意思)。

这传说便是显示语言不通是怎样的不便。

四　文　字　语

及至经验发达,不能单靠口头传述,直接记忆,从这一时代留传给别一时代,又社会扩大,人事增繁,不能单靠口头,维持这一地方和别一地方的关系和团结。于是单有语言,也还觉得不便。社会上便又有诉之视觉的文字语发生。我们常常简称它为文字。

现在人一说到文字,总以为文字是语言的标记,或说"言者意之声,书者言之记"(《尚书·序》疏)。这就现在而论,也符事实。假若追溯源头,文字实同语言别出一源,决非文字本来就是语言的标记。

文字从起初到现在约略可以分为下列四个时期:

（一）记认时期

（二）图影时期

（三）表意文字时期

（四）表音文字时期

就是在今日通用的表音文字之前都曾用过表意文字，表意文字之前又曾用过别的几种图记。

在文字未同语言连合的过渡时代，大抵先用结绳、刻符、串贝等方法，补助人类的记忆。这是文字史前的记认时期。据说中国的汉族也曾有过结绳时代。《易经·系辞》说："上古结绳而治。"又曾有过刻符时代。即所谓"后世圣人易之以书契"。而中国的苗人，也用过刻符。方亨咸《苗俗纪闻》说："俗无文契，凡称贷交易，刻木为信，未尝有渝者。木即常木，或一刻，或数刻，以多寡远近不同，剖而为二，各执一，如约时合之，若符节也。"其次便是用种种的图形，写录种种的意思的时期。这是文字史前和文字史的过渡时期。故或划入史前，或划入史中称它为"图影文字"，说法颇不一致。但凡连篇的图影同语言还不连合的，似以划入史前较便说明。如下图是奥吉倍族的女子写给一个男人的情书。左上一个熊是女子的图腾，左下一条泥鳅是男子的图腾，便是信上的发信人和收信人。旁边两条线是路径，两个三角垛是相会的帐幕，里面画有招他去的标记。三个

奥吉倍女子的情书

十字架表示幕周居民都是基督教徒，对他说明四周的情况；还有三个圈，是表示那里有湖沼，用以指示位置，仿佛等于说那是什么路多少号。我们中国什么时代用过这类的图影，现在还未考究清楚。但据沈兼士氏推测，以为《虞书》上说的欲观古人之象而作日月至黼黻十二章，《左传》宣公三年，王孙满说的"昔夏之方有德也，远方图物，贡金九牧，铸鼎象物，百物而为之备，使民知神奸"，大约便是这一种图影。不过古代纯粹用这一种图影记事的古迹已经很难考见了。

后乎图影的就是表示各个观念的象形文字。象形文字是表意文字的第一步。中国的汉字普通用作六书"象形"之例的⊙☽（日月），用作"指事"之例的⊥⊤（上下）等，就是这一步的表意文字。埃及的楷书，表太阳的⊙，表月亮的☽，也是这一步的表意文字。由此再进一步，拼合了这等象形文字来表意思，便成了一种完成的表意文字。这在中国的汉字如六书中的所谓"会意"，合"人""木"两字作一个"休"字，合"刀""牛""角"三字作一个"解"字等，就是适例。

表意文字以后便是表音文字了。这里有了一个显著的分歧：一面埃及楷书的象形文字发达为行书（僧侣文字）和草书（民间文字）之后，腓尼基人采取楷书及行书造了拼音字母的原形，递嬗下来，成为今日世界通行的拼音字母。而一面如我们中国的汉字，虽然也有六书中称为"形声""转注"等半表音文字及称为"假借"的纯表音法，却始终只借固有文字为表音记号，直到注音字母以及其他种种拼音字母（包括采用拉丁字母的拼音字母）出现为止，不曾定出什么以简御繁的拼音字母。现在的汉字，虽然因为经了几次字体改变，已经如钱玄同氏所谓"四方的太阳

（日），长方的月亮（月），四条腿的鸟（鳥），一只角的牛（牛），象形字也不象形了"，毕竟还带有几分图形的性质。

文字是诉之视觉的，从记认记号、图影记号、象形文字等诉之视觉的方面发达起来，也是自然的趋势。但单单诉诸视觉，直接表示意思，不同语言连合，必如"态势语"似的，繁重而不便应用。既同语言连合，文字就不但表示意义，也且表示语言中诉之听觉的声音。文字就成为语言的标记。普通所谓文字，就是指这兼表音义的文字说的。陈澧《东塾读书记》（十一）说："天下事物之象，人目见之，则心有意；意欲达之，则口有声……声不能传于异地，留于异时，于是乎书之为文字。文字者所以为意与声之迹也。"是否"为意与声之迹"，是现在我们区别文字和非文字的一种普通标准。

用这标准，我们才把表意和表音的划入文字之内。而表意文字和表音文字便都由文字形体、意义和声音三者构成，其分别不过在文字对于意义和声音的直接间接的关系：直接表声音，间接表意义的，便是表音文字；直接表意义，又直接表声音的，便是表意文字。往下将就文字、意义、声音这三者，加以约略的分析。

五　声　音

语言中的声音也是一种音。凡是略略翻过物理学的，大约都知道音是由于物体的振动而成。这振动从空气中或从别种物体中传达到我们的耳朵，刺激了我们的听神经，我们就发生了音的感觉。我们知道音有音别、音色等音质。音质是由于许多振动复合所成的色彩。 又有强有弱，有高有低。 强弱是由于振幅的大小，高低是由于振动的快慢。 又有长有短。 长短是由于振动延续的久暂。 此外还有发音的时分，发音的地点，发音的方向、距离，等等。 凡是音，必都具有这些因素。 而音到了耳朵，还将有使人觉得愉快或觉得不愉快等情调的反应。

语言的声音也是一种音，当然也具有这种种因素。 但语言中的声音并不像别种物体的音，例如上课的钟声、吃饭的铃声，那样简单。 钟声、铃声是反射的，语言的声音却是有意表出的。 这有意表出的声音，或许当初也有一些是摹拟事物的声音，但当约定俗成之际，却都要依照社会的约束、习惯。 无论所用的音素，音素的排列以及其他种种，都依现有的习惯。 习惯假如不同，声音也便不能一律。 世界语言所以千差万殊，便是因为习惯不一致的缘故。

又全具这些因素的乃是一种具体的声音。 具体的声音例如谁说"我在读书"，自然具有以上种种的因素。 你的口音和他的口音不同，便是音质的不同。 你也许说得轻，他也许说得重，便是强弱的不同。 你也许说得尖，他也许说得粗，便是高低的不同。 然而口音等，平常说话听话多半是不计的。 平常说话听话的过程是这样：

全过程是由从意思到发音，从听音到意思的两个作用联合而成。 联合两作用的是声音。 做各个作用的中介的是声音意象。 声音

意象平常多不过是抽象的声音。由于各个具体的声音中，抽去许多各别的因素，单单留下一些共同的因素构成。固然没有时分、地点、方向、距离等因素，也没有音色、轻重等因素。只是一个漠然的声音意象。我们平常说话听话时都以这种抽象的声音意象做基础。例如现在你有必要，要说"我在读书"这句话，这时这个抽象的声音意象就浮现上来。随后你的发音器官（喉舌等）应和着动，便可发音。这时所发的声音是一个具体的声音。有个人的音彩，有一定的时分地点等因素。这个具体的声音比之抽象的声音，内容属性多好多。但这些多的属性平常你并不留意，你只要抽象声音的属性能够被包含在这具体的声音中，便算已经达到了目的，你便觉得心满意足了。你所要发的，毕竟只是单含抽象声音因素的声音。此外的属性，例如音色等，你并不关心。说的人如此，听的人也是如此。听的人平常也只注意对方具体声音中，关于这抽象声音的一部分。除非是特别引人注意的话，总不将那具体的声音一并记住。所以语言学上，颇有人将语言声音所含的因素，分作固有的和临时的两种。将具体声音中，各个具体声音所共通的抽象部分，叫作"固有因素"；各个具体声音临时所加的因素，叫作"临时因素"。

六　形　　体

　　文字的形体也是社会约束的习惯的东西，同信笔涂抹不同。那约束最重要的，便是前头说过的"为意与声之迹"，做书面语言的标记，代表语言的两个因素：声音和意义。故同单表意的图影，单表意义的数学记号等类标记不同，也同单表声音的音标不同。古今中外的文字所以千差万殊，也便是因为文字形体同约束习惯关系复杂各别的缘故。

形体也有具体和抽象之分。某人在某时某地所写的是具体的形体。具体的形体有特定的书体、笔势、大小，有特定的位置、方向、行式，又有特定的墨色、纸质等。并且有特定的时间：什么时候写，可以保存到什么时候，等等。例如殷代的兽骨龟甲文字到现在还被保存。此外也有一种看形体时所反应的情调。如好字看了使人愉快，坏字看了使人不快之类。具体的文字形体，必都具有这等一切的属性。

但我们平常对于文字形体所存的观念，也多不过是抽象的形体。由各个具体的形体中，抽去许多各别的因素，单单留下些许共同的因素而成。所以将具体的形体分析，也可以发见中间含有"固有因素"和"临时因素"。临时因素是经几次经验之后会被抽去的成分，如我们心里的一个"大"字，便没有一定的大小，或什么人的笔迹，乃至纸质墨色，等等。只是一个漠然的"大"字。这漠然的"大"字，便是"大"字形体的固有因素。

形体的固有因素大约只有下列几项：（一）笔画，如"大"字有一横，一撇，一捺；（二）个数，如"大"是一个字，"一"是一个字，"一""大"相合为"天"，也是一个字。我们平常写字、认字，也不过拿这几项固有因素做基础。

七　意　义

用某声音或某形体代表某意义，也是一种社会的约束习惯。如图，或以声音代表意义，如一切的语言；或取双重关系，以形体代表意义，又以形体代表声音，如一切的表意文字；或取单重关系，仍以声音代表意义，只以形体记出声音，如一切的表音文字，都无不可。不过声音和形体原不过是一种标记。标记的作用只要能够引起所意谓的

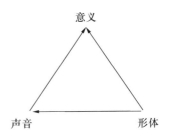

事物的联想便算有效。有效的程度相等，标记本身便愈简便愈容易愈好。采取双重关系，无异叠架重床，照现在看来，实无必要，而且也不能完全做到。如前头说过的，中国的汉字中也已经有一部分的表音文字，便是不能完全做到的明证。又因为声音形体只是一种标记，并非事物本体的摹本，只要标记和事物的联想能够成立，就可完成任务；声音、形体、意义三者，实际也有变更的可能。

意义也有具体抽象的区别。这同心理学或逻辑学上所谓概念观念相当。平常出没在我们知觉、记忆、想象中间的，常是事物的观念。观念是具体的。如马，必是或黑或白，或大或小，或胖或瘦，或驯或野的马。而"马"这一个声音或这一个形体所代表的，却是包括一切具有黑白等毛色，大小胖瘦等形体，及驯野等性格的马，便是事物的概念。概念是由事物经过几次经验之后，抽异存同，我们的心理构成，是抽象的。这抽象概念所含的属性自然同具体观念所含的属性不同，比之具体观念所含的属性少好多。如"马"就只含有四脚、善跑等少数共有的因素。从概念所内涵的因素说，这"马"竟可说不是那些含有特殊因素的"白马""黑马"以及其他种种的马。所以中国古时公孙龙曾有所谓"白马"非"马"说。但从所涉及的外延说，这"马"却

又能够包括那些含有特殊因素的"白马""黑马"以及其他种种的马。只要是同类的个体，都可以应用。倒比单能表示各个观念的简便得多。

一切语言文字的意义，平常都是抽象的，都只表示这等概念。就是专有名词的意义也只表示概念。专有名词如西湖，初看似乎是代表西湖的观念，但西湖也有晴雨，有热闹冷静等的特殊相，单讲西湖也已经将这等特殊相抽去了，也只是一个概念。概念所含的因素，是意义的"固有因素"。

及至实际说话或写文，将抽象的来具体化，那抽象的意义才成为具体的意义。例如《西游记》第十六回唐僧在观音院前"下马进门"。那马便是一匹鞍辔齐全、性格驯良的白马。虽然单说一个"马"字，"马"字所含便已不止"马"字概念所含的因素，另外还含有毛片性格等许多的"临时因素"。

照此看来，语言文字的声音、形体、意义，都有固有和临时两种因素。这等因素平常都只凭着经验来分析。经验不同，分析也就不能符合。一个有特殊发音经验的，或许对于发音的运动感觉特别留心。一个特别爱好写字或特别欢喜揣摩字眼的，或许对于字眼的好歹或筋肉感觉特别清楚，甚至并入固有因素之中。可是未必人人如此。至于意义，更是这样。意义的体会常随经验而不同。常因经验不同而各人的联想感想不能互相一致。例如说白马，我此刻想起了唐僧的白马，你也许想起了白马将军的白马，另一些人或许又想起了上海跑马厅的白马。而对于白马的情趣和价值，也就各人的感想不能全同。对于含情的字眼，更是如此。

八　语言和文字的关系

　　以上大体就单音、单形而说。　此外单音、单形的组合，如音质上单音的多少、单音的先后，等等，也都同意义有关系。　我们总看声音、形体和意义的情状，大抵平常总只是抽象的，只有一些固有因素，及至实际应用，这才成为具体的声音，具体的形体，具体的意义。　声音要到实地发音，才成为具备所有因素的具体声音，形体也要到实际写在纸上，才成为具备地位、方向、大小等一切因素的具体形体。　意义也是一样，必要到实地应用才成为具备实际一切因素的具体意义。　其所加的临时意义，大抵都由情境来补充。　例如我此刻对你说，"请你把书闭拢"，你必定知道我说的就是你刚才在那里看的一本书，有一定的大小颜色等一切因素，而不止是书的概念所含的因素。　这除出概念因素以外的临时因素，便是情境所补充的因素。　此刻的情境是实际的环境；如果不是实际的环境，必是文字的背景。　如前举"马"的一例，便是由于情境补充，我们因此知道它是说鞍辔齐全、性格驯良的那一匹白马。　此外意义的临时因素，大抵凭声音形体的临时因素来表示。　声音和形体的关系也是如此。　如意义上特别着重的，在声音上可以相应地说重，文字上也就可以相应地写大或印大。　又如意义上有断续的，在声音上可以用断续表示它，在文字上也可以用虚线表示它。　再如一个人转述两个人对话的时候，在声音上可以变更地点来表示，在文字上也就可以变更行列来表示。　其他书体、方向、行式、墨色、纸质等临时因素，也无不可供利用。

还有说话,可以用态势帮助,使人明了或注意。文字也可以用图画帮助,使人明了或注意。

大抵用声音代形体,或用形体代声音,都有相当的可能。不过声音是听觉的标记,形体是视觉的标记,所诉的感官既然不同,功用自然也有不能交替的所在。诉之听觉的有时不如语言。例如现在文字固然对于声音的高低强弱等等多没有表示,即使有表示,也决不能记录下具体语言的一切临时因素。语言的临时因素很多,如某一个人特有的音色、声调、抑扬、缓急等都是。要用文字精密地记录下这些具体声音因素的全部,总觉得是不可能。万不如同是诉之听觉的留声机。而诉之视觉的,却又有时不如文字。例如文字上,可以用各式的提行、空格、空行,各种的行式,各种的书体,各种的墨色,各种大小不同的铅字,各种的地位方向,来表示意义的变化,语言上却又觉得不能完全做到。又,文字可用种种的记号,如文字的标点:、(顿号),,(逗号);;(分号):(冒号),。(句号),?(问号),!(感叹号),''或""(引号),()或〔〕(括号),——(破折号),……(虚缺号),·(着重号,加在重要语句的上下左右),——(专名号,加在专名的上下左右),〜〜(书名号,加在书名的上下左右),数学的记号:+(加)、−(减)、×(乘)、÷(除)、=(等于)、<(小于)、>(大于)等。此外还有化学的物理的等一切记号。最重要的还是各种的图表。图表可以刺激人的眼目,使人一目了然,而语言却总无法做到那样的简明。例如下列一表(《史记·十二诸侯年表》),便是一例。我们试改用语言朗述一遍,便知它是如何的简明。

		庚申		三	四
周		共和元年 以宣王少大臣共和行政	二 厉王子居召公宫是为宣王	三	四
鲁	真公濞	十五年，一云十四年	十六	十七	十八
齐	武公寿	十年	十一	十二	十三
晋	靖侯宜臼	十八年	釐侯司徒元年	二	三
秦	秦仲	四年	五	六	七
楚	熊勇	七年	八	九	十
宋	釐公举	十八年	十九	二十	二十一
卫	釐侯	十四年	十五	十六	十七
陈	幽公宁	十四年	十五	十六	十七
蔡	武侯	二十三年	二十四	二十五	二十六
曹	夷伯	二十四年	二十五	二十六	二十七
郑					
燕	惠侯	二十四年	二十五	二十六	二十七
吴					

九　汉语文变迁发展的大势

汉语文是世界上最发达最重要的语文之一，汉语文正在蓬勃发展，这里且让我们简单地谈谈汉语文变迁发展的大势。

汉语文变迁发展的大势，可以简括为三点来说：

第一，语文合一了　汉语文曾经有过一个语文分离的时期。一般书面都用远离口语的文言文。但接近口语的白话文还是作为通俗写生用语，作为文学哲学用语，在社会上流行。千百年来不断地逐渐地发展，终至发展成为比之文言文更便于写生活，记事物的书面语。到了五四前后，经过称为"文学革命"的运动一推动，它便取了文言文的地位而代之，成为大家公用的文体。汉语文从此消灭了语文分离或言文分歧的现象，重新确立了"语文合一"或"言文一致"的语文正常关系。这种语文合一的文体正在日益扩展它的应用范围，正在日益充实它的成分，经常从民间、从古代、从外国，吸收好的有用的成分来丰富自己。而人民大众也经常从这种文体中吸收有用的成分来使自己的语言更精炼、更普通，逐渐形成为一种新型的普通话，为广大的人民传情达意之用。这是汉语文变迁发展的总的趋势。这是第一点。

再就汉语文的组织来说：

第二，词的构成多音节化了　汉语文增添新词，一般早就停止使用造字为词的老方法，改用组字为词的新方法。汉字是单音节的，而组字为词组成的词一般是多音节的。汉语文开始组字为词就是汉语文的词的构成开始多音节化。组字为词的方法用得越多，多音节化的趋向也就越加显著。组字为词的方法在白话文中本来很盛行，在最近几十年来的白话文中尤其用得普遍。现在不但增加新词，常常用这种方法来创制新词，就是引用旧词，也常常用这种方法来改换旧词。例如"道听途说"的一个"道"字，我们现在引用就会增为"道路"两字，"天下有道"的一个"道"字，我们现在引用就会增为"道理"两字。词的构成这样的多音节化，可使词的声音意义都更明白分明，也使词的构成本身更有错综变化。虽然多音节化的词用汉字写出来，看去还都是一块块的，但它多已不是各自独立的分散的块块，而是结成长短不一的条条的块块了。这是第二点。

第三，文法组织更加精密灵便了　文法组织，无论是词的组织，还是句的组织，都是比之某些词汇较难变动的，但在汉语文中也已经有了不少的变动、改进。 例如《庄子·齐物论》说：

我胜若，若不我胜，我果是也，而果非也邪？

第一个"若"字和第二个"我"字同是补语，却把一个放在谓语后面，一个放在谓语前面，组织上彼此歧异不一。 这种歧异不一的组织，现在就已经不用了。 这在现在说起来，一定是说"我赢了你，你赢不了我"，两个补语都放在谓语之后，没有什么差别了。 这就是现在文法组织更加灵便的方面。 此外如"他""她""它"的分化，"的""底""地"的分用，"那""哪"的分用，等等，现在文法组织比之以往更加精密的处所也不少。 这是第三点。

　　总之，我们的语文已经日益发展成为更丰富、更灵活、更精密、更完美的语文。 这种汉语文变迁发展的大势，实是年来我们语文改进和文字改革的大根基。 我们讲究修辞，需要通晓汉语言文字的一切可能性，尤其需要通晓这种汉语言文字变迁发展的大势，正确地灵活地加以阐发和利用。

第三篇　修辞的两大分野

一　形式和内容

　　照前篇所说的看来，可见语言本身也便有形式和内容两方面，音形便是形式，意义便是内容。如把这等内容便作写说的内容，那么，鸲鹆鹦鹉也能仿效人的语言，鸲鹆鹦鹉仿效的人语，也便可以说是有内容的说话了。但是这里有一个重大的界限，便是所谓调节。人禽在语言上的分界，便在禽类不能用有调节的声音，而人类却不特用调节的声音，还将那调节的声音调节地随应意思的需要来使用。

　　人类，除了小孩把新学来的语言说着玩之外，大抵都是随应意思内容的需要调节地运用语言文字的形式。这内容是指第一篇所谓意旨的内容、题旨的内容，而非仅指附随形式，玩着形式也便带有内容的语言的内容。语言的内容，对于写说的内容只能算是一种形式的内容，在讨论文章说话时常常把它归在形式的范围之内。

　　内容形式原是不能截然分开的。我们无法做到形式变了而内容不变，或内容变了而形式不变的地步，像煞我们穿着衣裳一样，脱了这件，穿上那件，或这人穿过，又给旁人去穿。但若并不忘记它们的关联作用，却又未尝不可以把它们分开来说。

我们对于它们，当然期望形式能够和内容调和。但是事实上，只有内容形式两并充足的时代能够如此。此外大抵或者偏重内容，或者偏重形式，有些畸形的状态。不过内容偏重的畸形是一种上升的畸形，形式偏重的畸形却是一种没落的畸形。其发展的顺序大抵如下所列：

（一）内容过重时期

（二）内容和形式调和时期

（三）形式过重时期

当一种新内容才始萌生或者成长的时期，总觉得没有适应的形式可以把它恰当地传达出来，原有形式的遗产纵然多，也觉得不足以供应付。而急于探求新形式的意识，或又使人失去一部分利用旧形式的兴趣。于是便有一种形式缺乏的现象发生，使人觉得生硬，觉得传达得不适当、不自然。这我们称它为内容过重时期。内容过重一般并不是故意的，只为谋求"言随意遣"，而言尚不足以供应付，意又还不足以创成新形式，这才发见了这样的现象。这现象是每一新内容要求有自己的适应的新形式的开创时期一种公有的现象。最明显的，如佛教输入、文学输入以及自然科学社会科学的输入时期，都曾有过这样的现象。

其次便是形式进步，足以应付内容，而内容也更丰富深厚，足以副称形式的时期。这就是王充所谓"外内表里自相副称"的时期。

再次，内容有些涸竭的情形，单想从形式这一面取胜，便是一个将近没落的形式过重时期。对于形式，像斗测巧板似的，竭力求其工巧，而于内容却是死守旧见，不事开展。这样的时期，名为形式过重，其实也不是真的形式过重。因为形式所有的不过是概念，没有内容去充实它，那概念也就是一个不活泼不生动的死概念。没有现实的意义，也没有真实的力量。名为偏重形式，其实正是形式的糟蹋。

这对于个人，也是同样的真实。

二　内容上的准备

个人固然少不了形式上的学习，同时更其少不了内容上的磨炼。这磨炼是使我们"有诸其中"的唯一的源头，也是使我们形式成为富有现实意义现实价值的唯一的枢纽。磨炼功夫约有下列几项：

（1）生活上的经验——生活上的经验，不但使我们多识多知，也与一个人的思想见解趣味非常地有关系；差不多暗暗之中，做着思想见解趣味等的无形的最后裁判。无论外延的广涉的经验，和内涵的深入的经验，都属必要。而深入的经验，更能辅助我们想象未曾经验的境界。

（2）学问——实际不曾经验过的，可以借学问的力量来补充。但要探求生活直接所要求的学问。学问越是生活直接所要求的，越能给人生命，使亲近它的人得到了实际的学力。对于那种学力的浅深和广狭，也就像对于生活上经验的浅深和广狭一样，将要无可隐藏地反映在写说上。

（3）见解和趣味——经验和学问累积的结果，就会形成了个人特殊的见解和趣味。而个人特殊的见解和趣味，也能左右个人以后的经验和学问。见解如果不能与时并进而化成古怪，趣味不能循向正大滋长而流为怪僻，则经验和学问，对于那人也就等于路上的尘埃和垃圾。越积聚得多，越会污秽了他。

以上是说写说者必不可少的经常修养，就是所谓储蓄知识才能的经常方法。有如吴曾祺氏所谓"储才之法，可储之于平日，而不能取之于临时"（见《涵芬楼文谈》）。但是临时也不是没有可以经心努力的地方，约略说来，也有两项：

（1）观察——随时细心的观察，在修养上为医治见解僵化，趣味腐倾的良药，在修辞上也是使写说鲜新活泼能够关切现实的好法。观察的规模，可大可小。大规模的观察，非有长年久月不能告一段落，简直可以算作一种修养。细小零星的观察，则在临时，也未尝不可以从事。例如所谓小品，多半就是依据临时观察所得的结果写下来的。这大小各面的观察，都是所谓不以晓得种种的法则的概念为满足的人，用着自己的血肉活身心，去应接亲近眼前正在显现正在变动的活事实的事。当然以能穿微入细，明变知因为最好。因此讲观察的，多将灵敏而深刻，或者细密而锐敏，悬作观察的理想。而要认真讲究真实正确，要免除因生理、因习惯、因心理而来的错误，也和一般研究科学没有什么两样。

（2）检阅——临时也可检阅报章、杂志和书籍。报章、杂志、书籍上所记的情状，都已经经过剪裁删节，而且多已经经过拣选炮制。不但不如自己所观察的，直接而且具体，也且或已转到另外一个方向，换成另外一副面貌。这比之观察更须有经验学问等做指针，从字里行间去推求事情的真际。但记载本来可以用正看、反看、侧看等方法；对于不能正看的，我们也未尝不可以反看、侧看。例如鲁迅所谓"历来都竭力表彰五世同堂，便足见实际上同居的为难；拼命的劝孝，也足见事实上孝子的缺少"，便是一种反看法。我们不应为了他们的说话有时不实便简直抛撇了不顾的。

总之，写说不纯全是椅桌间的修炼，在修辞之前少不了要有经验、学问、观察、检阅等种种内容上的准备的。写说以后的成败，虽然同写说当时的生理、心理以及社会环境等类的条件也颇有关系，然而大体总是看这种种准备是否充分为转移。

三 两种表达的法式

这样准备所得的成果，我们可以用两种很不相同的法式来表达它：第一种是记述的；第二种是表现的。记述的表达以平实地记述事物的条理为目的。力避参上自己个人的色彩。常以实事求是的态度，精细周密地记录事物的形态、性质、组织，等等，使人一览便知道各个事物的概括的情状。其表达的法式是抽象的、概念的、理知的：

> 类别之事，看似容易，而实甚难。往往一大类之物，欲为别分小部，不知从何入手。常法但取其及见而便事者以为分。譬如分小舟，则取用汽用帆用桨用篙；而任重之兽，则云牛马骡驼驴象驾鹿等；又如家有藏书，则分经史子集。但用此法，自名学规则观之，往往必误。故曰难也。
>
> 盖如是为分，不独多所遗漏，其大弊在多杂厕而相掩入也。中国隆古之人，已分一切物为五行矣。五行曰金、木、水、火、土，

意欲以此尽物。则试问：空气应归何类？或曰：空气动则为风，应作属木；《易》巽为木，而亦为风。则吾实不解气之与木，有何相类之处。又矿质金石相半，血肉角骨自为一部，凡此皆将何属？且使火而可为"行"，则电又何为而不可？若谓原行不收杂质，则五者之中，其三四者皆杂质也。是故如此分物，的成呓语。中国人不通物理，五行实为厉阶。（严复译述《名学浅说》三十八节至三十九节）

这类的文章或说话，同科学的关系最密切；其形式也受逻辑文法之类的约束最严紧。

表现的表达是以生动地表现生活的体验为目的。虽然也以客观的经验做根据，却不采取抽象化、概念化的法式表达，而用另外一种特殊的法式表达。其表达的法式是具体的、体验的、情感的：

车辚辚，马萧萧，行人弓箭各在腰。耶娘妻子走相送，尘埃不见咸阳桥。牵衣顿足拦道哭，哭声直上干云霄。道旁过者问行人，行人但云点行频。或从十五北防河，便至四十西营田。去时里正与裹头，归来头白还戍边。边庭流血成海水，武皇开边意未已。君不闻汉家山东二百州，千村万落生荆杞。纵有健妇把锄犁，禾生陇亩无东西。况复秦兵耐苦战，被驱不异犬与鸡。长者虽有问，役夫敢申恨？且如去年冬，未休关西卒。县官急索租，租税从何出？信知生男恶，反是生女好。生女犹得嫁比邻，生男埋没随百草。君不见青海头，古来白骨无人收。新鬼烦冤旧鬼哭，天阴雨湿声啾啾！（杜甫《兵车行》）

这类的写说同社会意识的关系最密切；受社会意识的浸润也最深。

这可以算是两个极端的代表。我国以前论表达的法式，如《文心雕龙·体性》篇所谓"情动而言形，理发而文见"，《湖南文征序》所谓"人心各具自然之文，约有二端：曰理，曰情。二者人人之所同有。就吾所知之理，而笔诸书而传诸世，称吾爱恶悲愉之情而缀辞以达之，若剖肺肝而陈简策，斯皆自然之文"，也是以这两个极端做代表。此外处在这两个极端中间的当然也很多。我们可以将它们分成三个境界，就是

（甲）记述的境界

（乙）表现的境界

（丙）糅合的境界

如引言所说。

四　语辞的三境界和修辞的两分野

因此修辞的手法，也可以分作两大分野。第一，注意在消极方面，使当时想要表达的表达得极明白，没有丝毫的模糊，也没有丝毫的歧解。这种修辞大体是抽象的、概念的。其适用的范围当然占了（甲）一境界抽象的概念的语辞的全部，但同时也做着其余两个境界的底子。其适用是广涉语辞的全部，是一种普遍使用的修辞法。假如普遍使用的，便可以称为基本的，那它便是一种基本的修辞法。

第二，注意在积极的方面，要它有力，要它动人。同一切艺术的手法相仿，不止用心在概念明白地表出。大体是具体的、体

验的。这类手法颇不宜用在(甲)一境界的语辞,因为容易妨害了概念的明白表出,故(甲)一境界用这种手法可说是变例。但在(乙)一境界中,却用得异常多。如前举杜甫的《兵车行》中,开端的"辚辚""萧萧"便是。那不用抽象的概念的表出,说它车行马嘶,却用具体的体验的写法说它"车辚辚""马萧萧",便是这类手法的应用。此外,(丙)一境界的语辞,如一切的杂文,寻常的闲谈等,却又用不用都无妨。这两类手法,和三种语辞境界的关系,大体如右图。

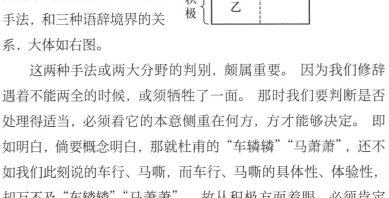

这两种手法或两大分野的判别,颇属重要。因为我们修辞遇着不能两全的时候,或须牺牲了一面。那时我们要判断是否处理得适当,必须看它的本意侧重在何方,方才能够决定。即如明白,倘要概念明白,那就杜甫的"车辚辚""马萧萧",还不如我们此刻说的车行、马嘶,而车行、马嘶的具体性、体验性,却万不及"车辚辚""马萧萧"。故从积极方面着眼,必须肯定"车辚辚""马萧萧"是一种更好的表现法。积极修辞方面,事实上也有为了表达情感起见,故意说得不明不白的,如所谓婉转、避讳之类的修辞都是。例如司马迁《报任少卿书》:

恐卒然不可为讳。

"不可为讳"就是说他死,但不直说死,便是因为情感上不忍直说或不便直说的缘故。但虽然这样换了一个说法,也必仍要看的人或听的人看得懂听得懂。 所以我们仍说也是以消极的手法做底子。

古来有些关于修辞的争论，其实便是这两个分野的争论。例如《春秋穀梁传》成公元年：

> 季孙行父秃，晋郤克眇，卫孙良夫跛，曹公子手偻，同时而聘于齐。齐使秃者御秃者，使眇者御眇者，使跛者御跛者，使偻者御偻者。

后头四个排句（排句中的"御"，音迓，迎也；下文改作"逆"，逆亦迎也），是本来可以括举，而文中故意列举的。 刘知几以为不必这样列举。 在《史通·叙事》篇说：

> 若《公羊》（当作《穀梁》）称：郤克眇，季孙行父秃，孙良夫跛；齐使跛者逆跛者，秃者逆秃者，眇者逆眇者。盖宜除跛者已下句，但云：各以其类逆。必事加再述，则于文殊费，此为烦句也。

魏际瑞（号伯子）又反对这一说。 在《伯子论文》中说：

> 古人文字有累句，涩句，不成句处，而不改者，非不能改也。改之或伤气格，故宁存其自然。名帖之存败笔，古琴之存焦尾是也。昔人论……《公羊传》，齐使跛者逆跛者，秃者逆秃者，眇者逆眇者，宜删云各以类逆。简则简矣，而非公羊……之文，又于神情特不生动。知此说者，可悟存瑕之故矣。

这一论争，便是侧重消极修辞和侧重积极修辞的论争。

五　两大分野的概观

这两大分野的详细情形，我们将在随后几篇里陈说。现在先将这两分野的内容做一个概略的观察。

大概消极修辞是抽象的、概念的。必须处处同事理符合。说事实必须合乎事情的实际，说理论又须合乎理论的联系。其活动都有一定的常轨：说事实常以自然的、社会的关系为常轨；说理论常以因明、逻辑的关系为常轨。我们从事消极方面的修辞，都是循这常轨来做伸缩的功夫。关于事实的，例如《左传》庄公八年：

> 僖公之母弟曰夷仲年，生公孙无知，有宠于僖公，衣服礼秩如适。襄公绌之。

《管子·大匡》篇作：

> 僖公之母弟夷仲年，生公孙无知，有宠于僖公，衣服礼秩如适。僖公卒，以诸儿长，得为君，是为襄公。襄公立后，绌无知。

既少一个"曰"字，又多"僖公卒，以诸儿长，得为君，是为襄公"一句，却仍无妨为完文，便是因为未出常轨的缘故。关于理论的，如《庄子·知北游》篇说：

> 人生天地之间，若白驹之过郤，忽然而已。

而《盗跖》篇却作：

> 天与地无穷，人死者有时。操有时之具，而托于无穷之间，忽然无异骐骥之驰过隙也。

化一句做二句，又把"若白驹之过郤，忽然而已"伸长作"忽然无异骐骥之驰过隙也"，也因仍在同一常轨之中，所以没有妨碍。但若变作"异于骐骥之驰过隙"，那就破坏了常轨，不特与《知北游》的话不相符，便同上文的话也是不相合不可通了。在这分野里边，就是先后的顺序也可以依事实或理论的关系来断定。如《左传》僖公二十五年：

> 赵衰为原大夫，狐溱为温大夫。——卫人平莒于我。十二月，盟于洮。修卫文公之好，且及莒平也。——晋侯问原守于寺人勃鞮，对曰："昔赵衰以壶飱从径，馁而弗食。"故使处原。

王引之说这段话里有错简，"晋侯"以下二十八字应移在"卫人平莒于我"之前，因为"故使处原"正是说赵衰应当做原大夫的原由，必当紧接在"赵衰为原大夫"的纪叙文之后（见《经义述闻》十七），便是根据事理来断定文字应有顺序的一个例。这一分野的修辞，第一要义在能尽传达事理的责任。其价值如何，就要看写说的结果同事理的真际是否切合或切合的程度如何而定。因此就以明确、通顺、平匀、稳密等顾念事理的条件，作为修辞上必要的条项。

然而积极的修辞,却是具体的、体验的。价值的高下全凭意境的高下而定。只要能够体现生活的真理,反映生活的趋向,便是现实界所不曾经见的现象也可以出现,逻辑律所未能推定的意境也可以存在。其轨道是意趣的连贯。它同事实虽然不无关系,却不一定有直接的关系。即如前举《庄子》的例,一样的意思在《知北游》中说"白驹"过郤,在《盗跖》中却说"骐骥"过隙,事实虽不同,意旨仍相仿,在这一分野中,便没有高下可分。又如《战国策·魏策》一,苏秦对魏襄王说的:

> 人民之众,车马之多,日夜行不休,已无异于三军之众。

这一句,《史记·苏秦列传》作:

> 人民之众,车马之多,日夜行不绝,輷輷殷殷,若有三军之众。

多了"輷輷殷殷"四个摹状辞,虽然这是依据想象添上的,也并没有什么不实的嫌疑。再如李白的《秋浦歌》:

> 白发三千丈,缘愁似个长;
> 不知明镜里,何处得秋霜。

所谓"白发三千丈"更是事实上所不会有的事。它是情趣的文,自然没有什么可议;假如放在(甲)一境界中,便得受沈括的讥笑了。大抵这分野的修辞,多诉诸我们的体验作用,多不用三段论法或什么分析,常照我们体验的想象的真感实觉直录下来。在是真实的一点上,原可同前一分野的语辞并驾齐驱——例如说白发三千丈,也同说白发几寸几分,各自占领了真实的一面,难以分别上下。但这以具体的体验的描写为主的倾向,到底同前一以抽象的概念的说明为主的分野不同,就使不能划然分开,也必不能茫然混同。

在这一分野里的修辞条项,约有辞格和辞趣两大部门。辞格涉及语辞和意旨,辞趣大体只是语言文字本身的情趣的利用。

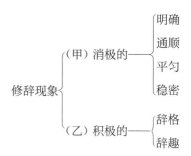

六 两大分野的概观二

以上大体就意旨一面而说。再看语辞本身及语辞所须适应的情境,也是两个分野很有一些不能混同的地方。

消极手法是抽象的、概念的,对于语辞常以意义为主。唯恐意义的理解上有隔阂,对于因时代、因地域、因团体而生的差异,常常设法使它减除。又唯恐意义的理解上有困难,对于古怪新奇,及其他一切不寻常的说法,也常常设法求它减少。有时还怕各人的理解不能一致,预先加以界说,临时加以说明。

总之力求意义明白，而且容易明白。

　　同时也几乎就以明白为止境。 对于语辞所有的情趣，和它的形体、声音，几乎全不关心。 固然有时也留心声音的混同或响亮，比如说到"形式""型式"两词容易混淆，"集体""集团"两词声音的差别，等等，实际仍以意义为主，是为意义的明白而讨论声音，并非对于声音本身有任何的关心。 对于形体，也持同样的态度。

　　但积极修辞却经常崇重所谓音乐的、绘画的要素，对于语辞的声音、形体本身，也有强烈的爱好。 走到极端，甚至为了声音的统一或变化，形体的整齐或调匀，破坏了文法的完整，同时带累了意义的明晰。 像张炎的《词源》里说他的父亲作了一句"琐窗深"，觉得不协律，遂改为"琐窗幽"，还觉得不协律，后来改为"琐窗明"，才协律了。 为了协律起见，至于不顾窗子到底是幽暗还是明敞，随意乱改，原是不足为据。 但在不改动主意的范围内，为了声音或形体的妥适而有种种的经营，却是一种常见的现象，也是一种不必讳言的事实。 不必说讲求格律的诗和词，不免有这类经营；就是不讲求格律的散文，有时也不免有这类经营的痕迹。 例如《孟子·滕文公上》："夏后氏五十而贡，殷人七十而助，周人百亩而彻。""五十""七十"之下都省去了"亩"字，到了"百"字之下才说出一个"亩"字，我们固然说它是探下省略的修辞法，但何以要在这里应用探下省略的修辞法呢？恐怕力求句调匀整是一个重要的原因。 不过两面比较起来自然在诗词歌谣之类的语辞上比较地讲究些。 但这也只是量的问题。 即如我们常言，说"几何"有时也说"几几何何"，说"转弯"有时也说"转转弯弯"，这在寻常文法也可说是不很通顺的，但为声音的关系，却也流行得极普遍。至于析字、双关之类，更完全是形音的利用。可见一切的积极修辞都是对于形式本身也有强烈的爱好：对于语辞的形、音、义，都随时加以注意或利用。这两大分野形式内容的不同，我们可以把它画成一个粗略的想象图如下。

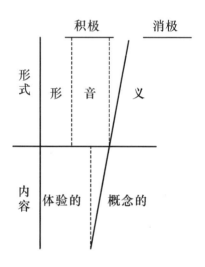

因为积极修辞是利用语辞的本身的，故颇有些方式无法译成语辞不同的别种语文。例如双关、析字之类，利用形音的，便难译成形音不同的别种文字。如回文、对偶之类，利用汉语的文言文的特性的，就是译成现代口头语也觉得为难。回文是少女的刺绣，对偶是壮夫的雕虫，它们在现在原已不一定还能发挥什么大作用，不过我们也还可以从中窥见历来如何利用文字各种因素的苦心。

总之，消极修辞是抽象的概念的；积极修辞是具体的体验的。对于语言一则利用语言的概念因素，一则利用语言的体验因素。 对于情境也一常利用概念的关系，一常利用经验所及的体验关系。 一只怕对方不明白，一还想对方会感动、会感染自己所怀抱的感念。 这两种手法同时使用时，如（乙）一境界的写说，固然常常不分先后。 并非先用消极手法，随后用积极手法。或先用积极手法，随后用消极手法。 常常一面要说得使人明白，一面又想说得使人感动，把两面修辞的工作同时进行。 但当用某一手法觉得妨碍了别一种手法时，或当观察纯用某一种手法，或某一种手法的特殊一部分时，如观察偏于消极的科学文字，或玩用声音文字或玩用特一方式的歌谣时，必会显明地浮出这两大分野的区别。 而知这两分野的区别，乃是一种切要的区分，并不是什么无关紧要的观念的游戏。

第四篇 消极修辞

一 消极修辞纲领

记述的境界,如科学文字、法令文字及其他的诠释文等,都以使人理会事物的条理、事物的概况为目的。而要使人理会事物的条理、概况,就须把对象分明地分析,明白地记述。所以这一方面的修辞总是消极的,总拿明白做它的总目标。而要明白,大抵应当:(1)使它没有闲事杂物来乱意;(2)没有奇言怪语来分心。所以所用的语言,就要求是概念的、抽象的、普通的,而非感性的、具体的、特殊的。因为概念的、抽象的、普通的语言,才能使它的意义限于所说,而不含蓄或者混杂有别的意思;若用感性的、具体的、特殊的语言,那就无论如何简单,也总有多方面可以下观察、下解释,而且免不了有各自经验所得的感想附杂在内,要它纯粹传达一个意思,实际非常为难。又所用的语言,也须是质实的、平凡的,不是华丽的、奇特的。因为假如用了华丽奇特的语言,又将使读者分心于语言的外表,而于内里反不留心了。所以消极修辞的总纲是明白,而分条可以有精确和平妥两条。而要将这总纲分条应用于实际,却不妨按照普通说法,将记述的话语文章先分析为内容和形式两方面;而将实际应讲的隶属在它的下面。

话语文章通例可以分为内容和形式两方面。内容方面是写说者所要表出的意思，形式方面是表出这意思的语言文字。所以消极的修辞，照例也可以分为两个部分。一个部分是偏重内容一方面，应该讨论如何才得把自己的意思明通地表出来，这个部分所注重的是意思之明通的表出法。另外一个部分是偏重形式一方面，我们将要讨论如何才得把自己的思想平稳地传达给别人；这个部分所着眼的是语言文字之平稳的使用法。要把意思明通地表出来，在话语文章上就需要具备明确和通顺两条件；要把意思平稳地传给别人，在话语文章上就需要具备平匀和稳密两条件。所以本章细分起来，共有四端。这四端是消极修辞最低的限度，也是消极修辞所当遵守的最高的标准。所谓四端如下：

$$内容方面\begin{cases}明确\\通顺\end{cases}$$

$$形式方面\begin{cases}平匀\\稳密\end{cases}$$

二　意　义　明　确

文章内容方面，共有明确通顺两个条件，上文已经说过了。现在就从明确这一个条件先加细说。

要明确就是要写说者把意思分明地显现在语言文字上，毫不含混，绝无歧解。这件事说来虽然容易，做到也颇烦难。但不做到这般地步，所谓表达思想的表达，也便成了不很可靠的话。所以虽然不大容易，也宜首先努力。

努力的途径不外两途：第一力求内容本身上的明确；第二力求表出方式上的明确。内容本身如不十分明确，语言自然含混，不敢断言。即使断言也是似是而非，别人无从理会。故要说话明确，写说者必当在未曾拿笔或者开口的时候，先把自己意思的头绪理得极清楚；面面都想到，又复节节都认真，凡是力所能及一毫不肯放松，才是正当态度。

内容本身既经理得清楚了，第二应当努力的就是表出方式上的明确。这事头绪，约有下列三端：

（一）应用意义分明的词；

（二）应使词和词的关系分明；

（三）应分清宾主。

（一）应用意义分明的词　　文章根本的原素是词，所用的词如其意义模糊，或者意义繁杂，所说必然随着意义不明。故凡意义不很明白分明的词，都该避去不用。无法避去，便当立加解释。例如"以上"两字，便有两种数法：1. 作连身数，从本数数起，如说"二以上"，便是说从二数起直至无穷；2. 作离身数，从本数的下一数数起，如说"二以上"便是说从三数起直至无穷，"二"的本身却不在内。诸如此类尽当审慎斟酌，可避则避。

话中有同义异词或同词异义的现象时，每易有不明确的弊病。如：

我今特来借三宝，暂且携归陷空岛。南侠若到卢家庄，管叫御猫跑不了。（《三侠五义》第五十回）

便须细辨才能明白卢家庄就是陷空岛，御猫就是南侠。 又如：

> 世有伯乐，然后有千里马。千里马常有，而伯乐不常有。故虽有名马，只辱于奴隶人之手，骈死于槽枥之间，不以千里称也。（韩愈《杂说》）

用了两个"千里马"，两个"千里马"又不是代表一样的意思——如是代表一样的意思，这两句句子便互相矛盾了，便不能既说要有伯乐才有千里马的话，又说什么伯乐不常有而千里马却常有的话——这也需要细心分辨方才知道第一个"千里马"是说千里马的名，第二个"千里马"是说千里马的实，同前面"以上"两字同类。 诸如此类的掉文换意，除非别有特殊的需要或趣味，总是不掉不换的好；不掉不换，少有费解误解的危机。 王若虚在《滹南遗老集》（三十五）中说：

> 退之《盘谷序》云："友人李愿居之。"称"友人"则便知为己之友，其后但当云，予闻而壮之，何必用"昌黎韩愈"字。柳子厚《凌准墓志》既称"孤某以其先人善予，以志为请"。而终云："河东柳宗元……哭以为志"。山谷《刘明仲墨竹赋》既称"故以归我"而断以"黄庭坚曰"，其病亦同。盖予我者自述，而姓名则从旁言之耳。刘伶《酒德颂》始称"大人先生"，而后称"吾"。东坡《黠鼠赋》始称"苏子"而后称"予"……皆是类也。前辈多不计此，以理观之，其实害事，谨于为文者，当试思焉。

话虽然似乎说得太认真一点，其实也是有益的忠告。 ——总括一句话，要求明确先得从所用的词的本身求其个个明确起。

（二）应使词和词的关系分明　把许多词聚合起来，便是一句、一段、一章、一篇。句段章篇之中，都有词和词的关系。既求词的本身明确，其次还当力求词和词的关系分明。关系倘不分明，则各个词义就使极其分明，所表出的思想还是会模糊的。例如几年前我国报纸上曾就"某国的民主主义的发展"这个标题展开了讨论。当时有人指出这个标题的意义不明，含有歧解。1.可作"某国底民主主义的发展"解；2.可作"某国底民主主义底发展"解。于是便有许多人发表了许多改进的意见。结果，多说单用一个"的"字，关系不易分明，主张于"的"字之处，再用一个"底"字。有些时候，另外还当添用一个"地"字，作"民主地协商"之类之用。现在所以有人有"的""底""地"分用的习惯，就是从那个时候起的。分用的理由，其实很简单，不外是本节所说的为要使词和词的关系分明罢了。为求词和词的关系分明起见，像那样分用词的新习惯也要不怕麻烦从新养成，假使无须如此麻烦，只须把文字上下一倒或只须把文字略略修改便可确定关系的，写说者自然更该努力了。

又为词和词的关系分明起见，用代词也须注意。用代词代替名词，决不可用到叫人猜不透代的是什么名词。《潏南遗老集》（三十五）说：

　　退之《行难》篇云，"先生矜语其客曰，某，胥也；某，商也。其生某任之，其死，某诔之。"予谓上二某字，胥商之名也。下二某字先生自称也。一而用之，何以别乎？

便是此意。大抵用代词过多或用名词过少，都容易犯这毛病。如《左传》桓公十八年：

> 春，公会齐侯于泺，遂及文姜如齐。齐侯通焉。公谪之。以告。夏四月丙子，享公，使公子彭生乘公，公薨于车。

我们可以有"齐侯通焉"，通谁？"公谪之"，谪谁？"以告"，谁以告？告于谁？等怀疑，而《管子·大匡》篇作：

> 鲁桓公……遂以文姜会齐侯于泺。文姜通于齐侯。桓公闻，责文姜。文姜告齐侯。齐侯怒，飨公。使公子彭生乘鲁侯，胁之。公薨于车。

复用了几个名词便觉异常明白，无可置疑。但这同代词有没有分别，有没有分化有关系；代词分化之后有些地方就不必复用名词也可以使它的关系分明。例如裴多菲《勇敢的约翰》：

> 这殷勤的女人说后，就依了约翰，
> 立即领了他走到她的坟地，
> 那里，让他独自与苦痛同在，
> 他跌倒在爱人的坟边，流着眼泪。
>
> 他想念着过去的、美丽的时光，
> 她的纯洁的真心燃烧着情焰，

> 她的甜蜜的心,她的娇媚的脸——
>
> 凋谢了,此刻在冰冷的地下长眠。

虽然重用了几个他称代词,也觉仍无疑问;假使仍像从前那样"他""她"不分,便非复用名词,不能使它这样明确了。

还有,为使词和词的关系分明起见,使用句读符号也不可忽略。近来都用新式标点,理由也就为了旧式句读符号不能充分表明词和词的各种关系的缘故。

(三)应分清宾主　以上各项都无可议了,要求说话文章明确,最后还当分清宾主,使说话文章的着重处,一目便可了然。例如:

> 王冕又在《楚辞图》上看见画的屈原衣冠,他便自造一顶极高的帽子,一件极阔的衣服。遇着花明柳媚的时节,把一乘牛车载了母亲,他便戴了高帽,穿了阔衣,执着鞭子,口里唱着歌曲,在乡村镇上以及湖边,到处顽耍。惹得乡下孩子们三五成群跟着他笑,他也不放在意下。(《儒林外史》第一回)

这段文中第二句里的"他便"两字,照文法论,原也可以放在"把"字之前。但若这样,那第二句便归重在"把一乘牛车载了母亲"一截;结果就同前一句里的高帽阔衣不相连贯,和第二句里的"跟着他笑"也不连贯。我们看了很容易设想那些乡下的孩子们笑的竟是他用牛车载母亲的一件事,真意就隐晦了。所以此句布置,必须如此才好。又如:

赶紧到脊梁上来罢。你一面歇歇力,我就送你到岸边去。(鲁迅译《春夜的梦》)

这里的第二句,也非这样侧重"送你到岸边去",便同上文不贯。凡是此等地方,都该细心斟酌,分错了宾主固然误事;即不把宾主分明地显现出来,也不能使说话文章的关系分明,意思了然。

在我国的论文书中曾经有过好多则关于黄犬奔马句法的工拙论。第一个在书上谈起的似乎是沈括(存中)。沈括的《梦溪笔谈》(十四)说:

> 往岁文人多尚对偶为文,穆修、张景辈始为平文,当时谓之古文。穆、张尝同造朝,待旦于东华门外。方论文次,适见有奔马践死一犬,二人各记其事以较工拙。穆修曰:"马逸,有黄犬遇蹄而毙。"张景曰:"有犬死奔马之下。"时文体新变,二人之语皆拙涩,当时已谓之工,传之至今。

看了这条,可知黄犬奔马句法是当时流传的名句;沈括是因为听了不服才记下来的。而陈善却就以为沈括的句法好过他们。在他所著的《扪虱新话》(五)中说:

> 文字意同而立语自有工拙。沈存中记穆修、张景二人同造朝。方论文次,适有奔马践死一犬,遂相与各记其事,以较工拙。穆修曰:"马逸,有黄犬遇蹄而毙。"张景曰:"有犬死奔马之下。"今较此二语,张当为优。然存中但云"适有奔马践死一犬",则又浑成矣。

其实张语并不见得优，沈语也不见得怎样浑成。只因张着眼在犬，沈着眼在马，各为一句，穆着眼在犬马两物，就此记以两句罢了。而《唐宋八家丛话》记载同样的黄犬故事，又说：

> 欧阳公在翰林日，与同院出游，有奔马毙犬于道，公曰："试书其事。"同院曰："有犬卧通衢，逸马蹄而死之。"公曰："使子修史，万卷未已也。"曰："内翰以为何如？"曰："逸马杀犬于道。"

于是一个死犬故事，就有六种句法：

1. 有奔马践死一犬；
2. 马逸，有黄犬遇蹄而毙；
3. 有犬死奔马之下；
4. 有奔马毙犬于道；
5. 有犬卧通衢，逸马蹄而死之；
6. 逸马杀犬于道。

依我看来，这都由于意思有轻重，文辞有宾主之分，所以各人的意见不能齐一；而前人却都沿了存中的观点，以为是什么工拙之别，纷纷在抽象地发挥所谓工拙论，所以终于不得要领。——总而言之，有宾主可分时，宾主是须分清的，但分清宾主必须按照具体的情况，由写说者随着意思的轻重，而使言辞有宾主之分，并非像死犬句法论者模样，凭空抽象地讨论所能判定工拙优劣的。

关于明确，大约如此，往下请论通顺。

三　伦　次　通　顺

通顺是关于语言伦次上的事。语无伦次，固然不成其为语，便有伦次，而不免紊乱、脱节、龃龉，也终不是语言的常态。所以寻常修辞，都不可不依顺序，不可不相衔接，并且不可没有照应。能够依顺序，相衔接，有照应的，就称为通顺。

顺序有关于语言习惯的，有关于上下文的情形的。如汉语以"喝茶"为顺，"茶喝"为倒，日语以"茶喝"为顺，"喝茶"为倒，便是前者的例；如某氏的《文章学纲要》开头一段说：

> 诗曰："他山之石，可以攻玉。"中国从来独创文化，第知则古称先，以往古为他山之石。今也不然，五洲棣通，不独可横而沟通中外，并可纵而贯穿古今焉。英语之流佗列克，源于希腊之流阿，本流水之义，以人类谈话，亦从思想流出，遂联想而转成此语。

其中"不独可横而沟通中外，并可纵而贯穿古今"一语，被《觉悟》指为颠倒着的，便是后者的例。照理，上文说古今，下文说中外，中间一句当然该作"不独可纵而贯穿古今，并可横而沟通中外"；且必如此才同本句前半截"今也不然，五洲棣通"八字顺连。原文疏忽，未曾顾及上下文，所以便不通顺了。

所谓顾及上下文，便是上文所谓相衔接，普通也称相贯串。清代唐彪《读书作文谱》（五）曾经说：

> 文章不贯串之弊有二：如一篇中有数句先后倒置，或数句辞意少碍，理即不贯矣。承接处字句或虚实失宜，或反正不合，气即不贯矣。二者之弊，虽名文亦多有之。读文者不当以名人之文，恕于审察；必细心研究，辨析其毫厘之差。

上举"不独"一语便是"先后倒置"的一个例。

其次又要有照应。 照应的事，无论在材料的取舍上，语言的表出间，都颇重要。 单就语言一面而论，如：

> 沽酒市脯不食。（《论语·乡党》）
> 大夫不得造车马。（《礼记·玉藻》）
> 润之以风雨。（《易·系辞》）
> 猩猩能言，不离禽兽。（《礼记·曲礼》）

等例中，造字对于马，润字对于风等便都欠照应。 谁曾见马可造，风会润的呢？所以宋代陈骙称它为"病辞"（见《文则》上），俞樾也称它为"疏略"（见《古书疑义举例》二）。 再如：

> 伯乐一过冀北之野而马群遂空。夫冀北马多天下，伯乐虽善知马，安能空其群耶？解之者曰，吾所谓空，非无马也，无良马也。（韩愈《送温处士赴河阳军序》）

以及：

> 这里雨村且翻弄诗籍解闷。忽听得窗外有女子嗽声，雨村遂起身往外一看，原来是一个丫鬟在那里掐花儿。……雨村不觉看得呆了。那甄家丫鬟掐了花儿，方欲走时，猛抬头见窗内有人，敝巾旧服，虽是贫窘，然生得腰圆背厚，面阔口方，更兼剑眉星眼，直鼻方腮。这丫鬟忙转身回避。(《红楼梦》第一回)

也是同样的可议。 韩文一例，正如金王若虚在《滹南遗老集》(三十五)所说"此一吾字害事；夫言群空及解之者自是两人，而云吾所谓，却是言之者自解也……"所用的"解之者"三字和"吾"字自然未免同上文欠照应。 至如《红楼梦》一例，甄家丫鬟不但"忙转身"便能看清雨村的又是敝巾旧服，又是面阔口方，又是剑眉星眼，又是直鼻方腮，并且在看呆了的雨村的对面也能看见雨村的"背厚"，这就更加离奇了。 虽然人有活泼自由不拘小节的人，话也可以有超然脱略，富于"入不言，出不辞"的风趣的话。 但这大抵在联络照应之外，行其活泼不拘，且也不宜过于突兀。 至于照应、关联、统一却就是整个制作所以为整个制作的基本，缺欠了它，是要陷于支离险怪的。《三侠五义》第二十一回开头，有"忽听得寒光一缕"一语。 寒光可听，或许可以插加新解，然而总之已涉险怪，不是侧重理解的文字所宜用。

四　词　句　平　匀

在内容方面能如上述具备明确和通顺两个条件，对于记述大体已算称职了，但还难保便是一篇平稳无议的达意语辞。 要求平稳无议，大约还须在明确通顺以外或以上，另从语言方面注意以下几件事。

　　第一选词造句，究竟用古的今的，中的外的，文的白的，官的土的，粗的细的，生的熟的，难的易的，繁的简的，须有一个平正的标准。关于标准，普通说的有纯正、雅洁等条项，现在可采取的是平匀。因为平易而没有怪词僻句，匀称而没有夹杂或驳杂的弊病，读听者便不致多分心于形式，可以把整个心意聚注在内容上面。消极的达意的选造词句，最好拿它做标准。

　　宋惠洪《冷斋夜话》（一）载"白乐天每作诗，令一老妪解之。问曰解否？妪曰，解，则录之；不解则易之"，不知白氏究竟如何；倘真常行此事，可说崇尚平易极了。同偏爱僻涩，被欧阳修嘲为用"宵寐匪祯，札闼洪庥"等僻字撰史的宋子京，简直是南北极。但要一一依着老妪的声口来校改自己的词句，也不是人人耐烦做的事。寻常实行的，大抵不是校对任何具体的语言，而是凭据下列公用的三条件：

　　第一，以地境论，是本境的；
　　第二，以时代论，是现代的；
　　第三，以性质论，是普通的。

　　超出本境的是非读者听者的民族语言及方言。将来世界语言或有统一的一日，那时所谓本境便是全球，球语之外或许更无所谓民族语言；抑或限于乡土，像骆宾王或者我，对于自己的父母弟妹说的，自然都是些"大""小"有语尾变化的义乌话，方言之外也竟更无亲切惯熟的语言。像这情形，球语方言便是本境的了，当然人人都欢喜用。但是现在，阔还不及世界一统，狭也不能专对故乡人说故乡话，所谓本境也者，暂时自然应以同文的区域为界。把这区域以外以内的外国语作外国语用,方言作方言用,固然有时也是必需而且有趣;但因为它不能使多数人声入心通,决不宜用作经常的工具。例如《儿女英雄传》里安老爷在上房见程师爷时:

> 安老爷合他彼此作过揖,便说道:"骥儿承老夫子的春风化雨,遂令小子成名,不惟身受者顶感终身,即愚夫妇也铭佩无既。"只听他打着一口的常州乡谈道:"底样卧,底样卧!"(第三十七回)

程师爷的这"底样卧,底样卧",当时除了安老爷以外,满屋里就没有第二人能够懂得就是等于"什么话,什么话"的一句谦逊话。日本仁斋汉文写的《语孟字义》里的

> 俭而好施者,为诚大德之人。(第三十三章)

这句里头的"为诚"虽然可懂,又要能够像徂徕那样知道所谓"为诚"就是"诚为"才能通晓,这都是不用读者听者本境语言所生的障碍,要求平易,先当留意。

单单注意地境还嫌不够,其次还当采用现代的。语言也如其他的一切,不无新陈代谢,虽然有的依旧留存在现在的语言之中,有的实已淘汰成为古语、死语、废语,或者貌似神异,早已改变了古有的意思或情趣。例如"共和"一词,虽然大众共知,但周代"共和"的意趣已不全含在如今的"共和"之中;而"则个""恁地"等,便连语言也已经死了废了。死废的东西,在别

一方面也许另有一种价值，例如几千年前的骸骨，倘若至今尚存也就异常可贵。但若迷恋这考古学上的骸骨，以为今人不如古骨，必欲拥骸骨以凌活物，却就不免是特种的怯者。刘知几的《史通·言语》篇中说：

> 夫天地长久，风俗无恒，后之视今，亦犹今之视昔。而作者皆怯书今语，勇效昔言，不其惑乎？

顾亭林在《日知录》（十九）论"文人求古之病"也说：

> 《后周书·柳虬传》："时人论文体有今古之异，虬以为'时有今古，非文有今古。'"此至当之论。夫今之不能为《二汉》，犹《二汉》之不能为《尚书》《左氏》。乃剿取《史》《汉》中文法以为古，甚者猎其一二字句，用之于文，殊为不称。

所谓"时有今古，非文有今古"，就是说古代的语言变成现代的语言，语言的不同，乃由于时代的不同，故若骇怪文变了，倒不如骇怪时变了。《镜花缘》（二十三回）中那著名的淑士国酒保和儒者拟古的可笑，并不是偶然的。以后我们采用古语废语，自当充分地审慎。采用新语、生语，也应如此。废语已经不是现代的了，生语还未成为现代的，两者都不是现代的语言。

除了现代的和那本境的之外，还有一条应当留意的便是性质的普通。普通与否大抵同职业或团体有关系。社会上一种职业或一个团体之中往往有一些特殊的语言，如商贩的市语，江湖的切口之类，为一般社会或别一职业别一团体的成员所不明了。

倘若任意使用此种局中语，也便将同局外人有了语言的隔膜。所以普通的一条也当留意。 明陶奭龄著《小柴桑喃喃录》（上）中有这一节：

> 元末闽人林钬为文好用奇字，然非素习，但临文检书换易，使人不能晓。稍久，人或问之，并钬亦自不识也。昔有以意作草书，写毕付佢誊录，佢不能读，指字请问，伫视良久，恚曰，何不早问？所谓热写冷不识，皆可笑。

这所谓以意作草书者，在宋惠洪的《冷斋夜话》（九）中指明说是张丞相。 又前曾经提及的《涵芬楼文谈》（五）载：

> 宋人宋子京……与欧阳文忠并修唐史，往往以僻字更易旧文。文忠病之，而不敢言，乃书"宵寐匪祯，札闼洪庥"八字以戏之。宋不知其戏己，因问此二语出何书，当作何解。欧言此即公撰《唐书》法也：宵寐匪祯者，谓夜梦不祥也；札闼洪庥者，谓书门大吉也。宋不觉大笑。

这连成一片的自笑和他笑，也不是可以看作偶然而忽略过去的事（"书门大吉"，《涵芬楼文谈》原作"阖宅安吉"，今依赵翼《陔余丛考》卷二十二《文章忌假借条》校改）。

但文章的传达情思究竟以密切实际为第一要义。 譬如走路，上文说的不过是平时平稳的走法；遇到非常，自然跳越飞跃也是事所可有。 尤其在文学变动的时候，倾向已经变了，应得从新估定的一切之中的语言，因为倾向限制，自然也不能"取之无尽，用之不竭"，如果再凭着本境的、现代的、普通的三个条件去选，或许更难有适切的语言可以表达情思。遇着这等情形的时候，自当以自己达意为急，使人了解从缓，或另外设法：应该毅然决然地使方言超升，古语重生，外国语内附，且把生语充分地增制。先力求被选的词汇丰富，暂将选的标准换作自由。这时的选词造句，大抵只求态度和文格的条贯，就是标题上所谓"匀"。平是经常的，匀是最后的。我们应该最后不忘经常，处处都以平易为主。

五 安排稳密

除了上述词句的平匀，第二就应注意词句的安排，是否契合内容的需要。词句对于内容的需要，至少要有切境切机的稳和不盈不缩的密。

稳不是说同世间相妥协，只是同内容相贴切。而写说者的目的何在，内容的情状如何，便是决定所用词句是否贴切的最重要的关键。譬如目的，作者初执笔时，便该自审，在乎教诲，还是在乎诱导。想要辩正是非，还是想要叙述事实。此等目的不同，所有词句上的安排，也便应得随着而有变动。倘然随笔所至，意在诱导的却用了些嘲刺语，意在叙述的却用了些教诲语，或者此外有了种种同内容需要不相符合的表达，这就使人不能理解作者的态度究竟怎样，同时也不能理解写说者的本意到底何在。如此的写说，纵在别一意义上还可算是好说话好文章，然而总已埋没了写说者当时的意思，因而在当时的思想上总之是已经失败了。

其次内容的情状更同词句的贴切有关系。往往同一的词句,在这里价值少,在那里价值多,在别一处不但全无价值而且要有牵累。《文则》曾引"鹰子在颊则好,在颡则丑"的古话,来说词句各有所宜,不便任意摘抄,所见极是。例如"抚恤"两字何尝不是平易可用;但用在《红楼梦》四十五回开头"话说凤姐正在抚恤平儿,忽见众人进来"一句里面,便觉得有些不稳,不如有正版本,刊作"安慰"。而在别处,"安慰"或又不如"抚恤",自然各随情状而定。

文要切合情状,颇须辨别意义仿佛的语言。那些意义仿佛可以称为类语的语言,瞥眼虽然相类,细辨也许仍有应辨的差异。或有广狭的不同,就如"溪"和"河";或有强弱的不同,就如"失望"和"绝望";或有公私上下的不同,就如"告示"和"告白";或者含有主客施受的不同,例如"望"和"见","听"和"闻"等。甚或一切都相同,单因地域有别,时代有别,却也不能混用。如东京有巡查,杭州南京有警察,这是地的关系;四十余年前只有华众会,如今只有青莲阁,这是时的关系。

文要切合情状,也须能够应合当时的急需。就像《红楼梦》第十九回的这一段:

> 袭人一面说,一面将自己的坐褥拿了来,铺在一个杌子上,扶着宝玉坐下,又用自己的脚炉垫了脚。向荷包内取出两个梅花香饼儿来,又将自己的手炉掀开烘上,仍盖好,放在宝玉怀中。然后将自己的茶杯斟了茶,送与宝玉。

文中连用了四个"自己的",看去似乎烦赘,其实正该如此,才可写出作者在本段里所要竭力描写的宝袭两人的亲昵光景来。所以虽然重复，倒是极应急需，同所述的内容贴切。

但若无如此急需而有烦赘或疏缺的词句时，这可便是稳的反面，同时又是密的反面，却当竭力戒避。例如：

> 从人看此光景，必是闹出来了，一壁也就随着跟来。(《三侠五义》第十回)

"随着跟来"就像烦赘。又如：

> 王使屈平为令……每一令出，平伐其功曰，以为非我莫能为也。王怒而疏屈平。(《史记·屈原传》)

王若虚《滹南遗老集》(三十七)便说"曰字与以为意重复"。又如：

> 台，吾望以拂云之亭；池，吾俯以澄虚之阁；水，吾泛以画舫之舟。(欧阳修《真州东园记》)

邵博《闻见后录》(十六)便说"曾南丰读欧阳公《昼锦堂记》来治于相，《真州东园记》泛以画舫之舟二语，皆以为病"。又如：

> 虽无丝竹管弦之盛，一觞一咏亦足以畅叙幽情。(王羲之《兰亭集序》)

周煇《清波杂志》(五)说"《兰亭序》丝竹管弦或病其说,而欧阳公《真州东园记》泛以画舫之舟,南丰曾子固亦以为疑"。再如《汉书·张苍传》：

> 苍免相后,年老口中无齿,食乳。

刘知几《史通·叙事》篇也说"盖于此句之内去年及口中可矣。夫此六字成文而三字妄加,此为烦字也",就是说它太烦赘了。

反之,如《史记·樗里子传》："……母,韩女也。樗里子滑稽多智……"苏辙《古史》删了"樗里子"三字,作"母,韩女也,滑稽多智"。黄震《黄氏日钞》(五十一)就说："似以母为滑稽矣,然则樗里子之文其可省乎?"又如《史记·甘茂传》："甘茂者,下蔡人也,事下蔡史举,学百家之说。"苏辙《古史》去了一个"事"字,作"下蔡史举学百家之说"。于是黄震《黄氏日钞》(同卷)又说："似史举自学百家矣,然则事之一字其可省乎?"再如柳宗元《段太尉逸事状》："晞一营大噪尽甲。……太尉……解佩刀,选老躄者一人持马,至晞门下。甲者出,太尉笑且入。曰：'杀一老卒,何甲也? 吾戴吾头来矣。'"宋子京(祁)在《新唐书》中只作"吾戴头来矣"。邵博《闻见后录》卷十四评云："去一吾字,便不成语;吾戴头来者,果何人之头耶?"这又就是说它太疏缺了。

词句的是否契合内容需要,原是一件必须审察却又难以详细分析列举的事。不过我们知道,不密大抵由于用语数量的太多或太少,不稳大抵由于语言性质的不切境对机,追寻病源,并不烦难罢了。

第五篇　积极修辞一

一　积极修辞纲领

　　积极的修辞和消极的修辞不同。消极的修辞只在使人"理会"。使人理会只须将意思的轮廓，平实装成语言的定形，便可了事。积极的修辞，却要使人"感受"。使人感受，却不是这样便可了事，必须使看读者经过了语言文字而有种种的感触。语言文字的固有意义，原是概念的、抽象的，倘若只要传达概念的抽象的意义，此外全任情境来补衬，那大抵只要平实地运用它就是，偶然有概念上不大明白分明的，也只要消极地加以限定或说明，便可以奏效。故那努力，完全是消极的。只是零度对于零度以下的努力。而要使人感受，却必须积极地利用中介上一切所有的感性因素，如语言的声音、语言的形体，等等，同时又使语言的意义，带有体验性、具体性。每个说及的事物，都像写说者经历过似的，带有写说者的体验性，而能在看读者的心里唤起了一定的具体的影像。

　　这种积极的手法，也如消极的手法一样，可以分作内容和形式两方面。内容方面大体都是基于经验的融合，对于题旨、情境、遗产等为综合的运用，就中尤以情境的适应为主要条项。

所以颇有人以所谓联想做这方面的各样手法分类的根据。 形式方面，大体是我们对于语言文字的一切感性的因素的利用，简单说，就是语感的利用。 前面已经说过积极修辞可以分为辞格和辞趣两类。 辞格便是两方面综合的利用，辞趣便是形式一方面单独的利用。

二　辞　格

如今先说辞格。 辞格以前颇有种种的分类。 或分为思想上的辞格、语言上的辞格等两种，把设问、感叹、呼告等归入前种，层递、省略、对偶等归入后种。 或分为文法上的辞格，修辞上的辞格等两种，把飞白、复叠、节缩等归入前种，譬喻、借代、设问等归入后种。 或分为类似、关连、反对等三种，而以所属不明的列入"杂"类。 又或分为譬喻、化成、布置、表出等四种。 分类之多，简直难以列举。

本书的分类，大体依据构造，间或依据作用。 同先前所有的分类，都不尽同。 因为我相信这样分时，说明比较便利。 这种分类，或许也有不大自然的地方，但实际，经过十几次的修改。 对于名称，也很慎重，大抵都曾经过仔细的考量，又曾经过精密的调查，凡是中国原来有名称可用的都用原来的名称，不另立新名。 今请列举本书所要分讲的辞格于下：

（甲类）材料上的辞格：

一、譬喻　　二、借代　　三、映衬
四、摹状　　五、双关　　六、引用
七、仿拟　　八、拈连　　九、移就

（乙类）意境上的辞格：

一、比拟　　　二、讽喻　　　三、示现

四、呼告　　　五、夸张　　　六、倒反

七、婉转　　　八、避讳　　　九、设问

一〇、感叹

（丙类）词语上的辞格：

一、析字　　　二、藏词　　　三、飞白

四、镶嵌　　　五、复叠　　　六、节缩

七、省略　　　八、警策　　　九、折绕

一〇、转品　　一一、回文

（丁类）章句上的辞格：

一、反复　　　二、对偶　　　三、排比

四、层递　　　五、错综　　　六、顶真

七、倒装　　　八、跳脱

总计三十八格。各格之中又有若干式。别人说的一格，往往只当本书的一式。若把各式尽作一格算，总计当有六七十格。我们应当知道的辞格已经包括无余了。以下请就各格顺序细细地分说。

甲类　材料上的辞格

三　譬　喻

思想的对象同另外的事物有了类似点，文章上就用那另外的事物来比拟这思想的对象的，名叫譬喻。这格的成立，实际上共有思想的对象、另外的事物和类似点等三个要素，因此文章上也就有正文、譬喻和譬喻语词等三个成分。凭着这三个成分的异同及隐现，譬喻辞格可以分为明喻、隐喻、借喻三类如下表：

成分 \ 句式 \ 辞格	明喻		隐喻		借喻
	详式	略式	详式	略式	
正文	现	现	现	现	（隐）
譬喻语词	"好像""似""如"之类	（隐）用平行句法代替	"是""也"之类	（隐）	（隐）
譬喻	现	现	现	现	现

一、明喻——是分明用另外事物来比拟文中事物的譬喻。正文和譬喻两个成分不但分明并揭，而且分明有别；在这两个成分之间，常有"好像""如同""仿佛""一样"或"犹""若""如""似"之类的譬喻语词绾合它们。例如：

（一）我的佳偶在女子中，好像百合花在荆棘内。（《旧约·雅歌》）

（二）这……是黄昏时候，高寒明净的月光，漫盖山野，田野尽头冒着薄霭，如在梦里；树林含烟，仿佛浮着一般，低的河柳的叶尖的积露，珠子一样的发光。（《现代日本小说集·少年的悲哀》）

（三）君子之交淡若水，小人之交甘若醴。（《庄子·山木》篇）

（四）侨闻学而后入政，未闻以政学者也。……譬如田猎，射御贯则能获禽；若未尝登车射御，则败绩厌覆是惧，何暇思获？（《左传》襄公三十一年）

（五）人之有学也，犹木之有枝叶也。木有枝叶犹庇荫人，而况君子之学乎？（《晋语》九）

这类的譬喻，往往用较熟悉较具体的事物作比，使人对于正文格外看得真切。 如：

（六）王小玉……唱了几句书儿，声音初不甚大……唱了十数句之后，渐渐地越唱越高；忽然拔了一个尖儿，像一线钢丝抛入空际，不禁暗暗叫绝。哪知他于那极高的地方，尚能回环转折；几啭之后，又高一层；接连有三四叠，节节高起。恍如由傲来峰西面攀登泰山的景象：初看傲来峰削壁千仞，以为上与天齐；及至翻到傲来峰，才见扇子崖更在傲来峰上；及至翻到扇子崖，又见南天门更在扇子崖上，愈翻愈险，愈险愈奇。那王小玉唱到极高的三四叠后，陡然一落，又极力骋其千回百折的精神，如一条飞蛇在黄山三十六峰半中腰里盘旋穿插，顷刻之间周匝数遍。（《老残游记》第二回）

（七）有人的性情，例如我自己的，如以气候作喻，不但是阴晴相间，而且常有狂风暴雨，也有最艳丽蓬勃的春光。（徐志摩《曼殊斐儿》）

又往往就用眼前的事物作比，使眼前的两件事物格外密切。 如：

(八)微风早经停息了;枯草支支直立,有如铜丝。一丝发抖的声音,在空气中愈颤愈细,细到没有,周围便都是死一般静。(鲁迅《药》)

(九)糠和米本是相依倚,却遭簸扬作两处飞,一贱与一贵,好似奴家与夫婿,终无见期。丈夫便是米呵,米在他乡没处寻。奴家便是糠呵,怎地把糠来救得人饥馁?好似儿夫出去,怎地教奴供养得公婆甘旨!

思量我生无益,死又值甚的,倒不如忍饥死了为怨鬼!只是公婆老年纪,靠奴家共依倚,只得苟活片时!片时苟活虽容易,到底日久也难相聚!漫把糠来比,这糠尚有人吃,奴的骨头知他埋在何处!(《琵琶记·吃糠》)

要用譬喻,约有两个重要点必须留神:第一,譬喻和被譬喻的两个事物必须有一点极其相类似;第二,譬喻和被譬喻的两个事物又必须在其整体上极其不相同。倘缺第一个要点,譬喻当然不能成立;若缺第二个要点,修辞学上也不能称为譬喻。例如:

(十)上排牙齿如同下排牙齿。

(十一)火车的汽笛如同轮船汽笛一般发响了。

这样单单举了相同的事物同正文排叠的,虽然也有类似点,也有"如同"一类的绾合词,绝不能算是明喻。又如:

(十二)他很鄙薄城里人,譬如用三尺长三寸宽的木板做成的凳子,未庄叫"长凳",他也叫"长凳",城里人却叫"条凳";他想:这是错的,可笑!油煎大头鱼,未庄都加上半寸长的葱叶,城里却加上切细的葱丝;他想:这也是错的,可笑!(鲁迅《阿Q正传》)

这样单单举出正文中特殊事物来做例证的,虽然也和正文有类似点,有"譬如"之类的绾合词,也只是例证,不是明喻。

明喻通常都如上文所举各例,在白话里常有"如同""好像"等词,在文言里常有"犹""若""如""似"等词标明。 这是详式。 至于略式,大抵省去这等语词,把正文和譬喻配成对偶、排比等平行句法。 如:

(十三)富润屋,德润身。(《大学》)

(十四)流丸止于瓯臾,流言止于智者。(《荀子·大略》)

(十五)狡兔死,走狗烹;高鸟尽,良弓藏;敌国破,谋臣亡。(《史记·淮阴侯列传》)

(十六)离娄之明,公输子之巧,不以规矩不能成方圆;师旷之聪,不以六律不能正五音;尧舜之道,不以仁政,不能平治天下。(《孟子·离娄》上——以上譬喻在前)

(十七)人道敏政,地道敏树。(《中庸》)

(十八)养儿防老,积谷防饥。(谚语——以上譬喻在后)

备览——

"明喻"这名,系沿用清人唐彪所定的旧名(见《读书作文谱》八)。 唐彪以前,曾有宋人陈骙称它为"直喻"。《文则》卷上丙节条举十种"取喻之法"说:

一曰直喻。或言"犹",或言"若",或言"如",或言"似",灼然可见。《孟子·梁惠王》曰:"犹缘木而求鱼也,"《书·五子之歌》曰:"若朽索之驭六马",《论语·为政》曰:"譬如北辰",《庄子·大宗师》曰:"凄然似秋"。此类是也。

日本人所著的修辞书中,历来都是根据这一条,把我们所谓明喻叫做直喻,近来中国也有人用这个名称,但我以为还不如明喻这一个名称显明。

二、隐喻——隐喻是比明喻更进一层的譬喻。正文和譬喻的关系,比之明喻更为紧切;如用风喻君子之德,用草喻小人之德,在明喻应用"君子之德如风,小人之德如草"一类形式的,在隐喻却用下列两项形式:

(十九)君子之德,风也;小人之德,草也;草上之风,必偃。(详式——《孟子·滕文公》上)

(二十)君子之德,风;小人之德,草;草上之风,必偃。(略式——《论语·颜渊》)

我们就此可以知道上列两类譬喻,表明正文和譬喻关系的形式,显然有点不同:明喻的形式是"甲如同乙",隐喻的形式是"甲就是乙";明喻在形式上只是相类的关系,隐喻在形式上却是相合的关系。这种形式关系的不同,再看下举几例,更可了然:

(二十一)我同你去科学庙里游逛看。你先跑到博物学殿上,自然只看见动植物标做活物,金石标做碳物。你若再转到化学宫里，便差不多看见金石都活了起来。你又走向物理学的宝塔上面去、看见了万有引力菩萨及相对性大神，你才把万有一齐都活了起来，自然直活到"一个"身上去了。(《科学与人生观，一个新信仰的宇宙观与人生观》)

(二十二) 嗟怨之水，特结愤泉。感哀之云，偏含愁气。(庾信《拟连珠》)

(二十三) 怕听阳关第四声，回首家山千万程，博着个甚功名，教俺做浮萍浪梗。(乔孟符《扬州梦》杂剧)

(二十四) 旧恨春江流不尽，新恨云山千叠。(辛弃疾《念奴娇》词)

(二十五) 赵衰，冬日之日也，赵盾，夏日之日也。(《左传》文公七年)

(二十六) 杨布问曰："有人于此：年，兄弟也；言，兄弟也；才，兄弟也；貌，兄弟也；而寿夭，父子也；贵贱，父子也；名誉，父子也；爱憎，父子也；吾惑之。"(《列子·力命》篇)

备览——

陈骙在《文则》卷上丙节里也曾说到隐喻。但他所谓隐喻，适当我们下文说的借喻，同此刻说的隐喻不同。

三、借喻——比隐喻更进一层的，便是借喻。借喻之中，正文和譬喻的关系更其密切；这就全然不写正文，便把譬喻来做正文的代表了。如：

(二十七) 我觉得立在大荒野的边界，到处都是飞沙。(《点滴·沙漠间的三个梦》；大荒野喻浊世，飞沙喻恶俗。)

(二十八)缲成白雪桑重绿,割尽黄云稻正青。(王安石《木末》诗;白雪喻丝,黄云喻麦。)

(二十九)这些雕,从古以来,几千年几万年地接连了燃烧着一种的希望。(鲁迅译《爱罗先珂童话集·雕的心》)

(三十)博陵崔斯立种学绩文,以蓄其有。(韩愈《蓝田县丞厅壁记》)

(三十一)岁寒,然后知松柏之后凋也。(《论语·子罕》篇;借喻人在浊世才见得君子守正。)

借喻如上所引,有只用一两个词的,有用全句全段的;那用全句全段的,就是世俗所谓"借题发挥"。

用这类借喻有两件事应该独特留神:第一件事,应该避免混用几个借喻在一起。如说:

社会革命的潮流,已在呼唤我们了。

这样把"潮流""呼唤"两个借喻糅杂在一起,固然不很好;就使不是这样混用两个借喻,单把一个借喻和一个平语来混用也是不大相宜。如说:

马克思是社会主义的始祖,也是燕妮的爱人。

这样将一个借喻的"始祖"和一个平语的"爱人"混合起来用,也便觉得有点不伦不类。第二件事,应该避免采用容易引起误解的借喻。据《新约》,耶稣曾经用过这样一种借喻,现在就引

了他的一段故事,来显示用这种借喻的无益有损:

> 门徒渡到那边去,忘了带饼。耶稣对他们说,你们要谨慎,防备法利赛人和撒都该人的酵。门徒彼此议论说,这是因为我们没有带饼罢。耶稣看出来,就说,你们这小信的人,为什么因为没有饼彼此议论呢?你们还不明白么?……我对你们说的话,不是指着饼说的,你们怎么不明白呢?你们却要防备法利赛人和撒都该人的酵。门徒这才明白他说的,不是叫他们防备饼的酵,乃是防备法利赛人和撒都该人的教训。(《马太传》第十六章)

备览——

"借喻"这名,系沿用元人范德机的定名(见《木天禁语》"借喻"条),此外所有的名称,如"隐语"(见元人陈绎曾所著《文说》论"造语法"条,如"譬况"(见明人杨慎所著《丹铅总录》卷十三"订讹"类"譬况"条,又卷十八"诗话"类"双鲤"条),如"暗比"(见清人唐彪所著《读书作文谱》卷八"暗比"条)等,或太浮泛,或同别的譬喻名称不很连贯,都觉得不大适用。

以上三级的譬喻,从譬喻所以成立的根本上看来,原本没有什么区别,都是由于思想对象同取譬事物之间有类似点构成,可是:(一)譬喻越进了一级,形式就越简短起来;(二)譬喻越进了一级,用做譬喻的客体就越升到了主位。 从形式上和内容上看来,都有不同的地方,因此它们实际的用处也就不免有些差别。 大概感情激昂时,譬喻总是采用形式简短的譬喻;譬喻这一面的观念高强时,譬喻总是采用譬喻越占主位的隐喻或借喻。

四　借　代

　　所说事物纵然同其他事物没有类似点，假使中间还有不可分离的关系时，作者也可借那关系事物的名称，来代替所说的事物。如此借代的，名叫借代辞。一切的借代辞，得随所借事物和所说事物的关系，大别为两类。一为旁借；二是对代。

　　第一，旁借——旁借的关系，是随伴事物和主干事物的关系。在原则上是，用随伴事物代替主干事物，用主干事物代替随伴事物，都没有什么不可以。不过事实上是多用随伴事物代替主干事物；用主干事物代替随伴事物的，虽不是完全没有，却是不大有的，名为旁借，便是为此。旁借的方式，约有四组：

（1）事物和事物的特征或标记相代

　　（一）我拿了新闻看。长腿装着无聊的脸，坐在安乐椅子上。(《现代日本小说集·沉默之塔》。长腿指有长腿特征的人，借特征代人。)

　　（二）马氏五常，白眉最良。(《三国志·蜀书·马良传》说："马良字季常……兄弟五人，并有才名。乡里为之谚曰：'马氏五常，白眉最良。'良眉中有白毛，故以称之。"也借特征代人。)

　　（三）归来且看一宿觉，未暇远寻三朵花。(苏轼《三朵花》诗。序说："房州……有异人，常戴三朵花，莫知其姓名，郡人因以三朵花名之。"也借特征代人。)

　　（四）纨袴不饿死，儒冠多误身。(杜甫《赠韦左丞丈》诗。纨袴是富贵子弟的标记，儒冠是文人学者的标记，诗中各借标记代人。)

（五）梧桐更兼细雨，到黄昏点点滴滴。这次第，怎一个愁字了得！（李清照《声声慢》词。愁字代愁字所标记的情感，并非即指愁字这字，也借标记相代。）

（六）我虽贫呵，乐有余；便贱呵，非无惮；可难道脱不的二字饥寒。（郑光祖《王粲登楼》杂剧第一折。"二字饥寒"也是借代饥寒二字所标记的生活状况。）

(2) 事物和事物的所在或所属相代

（七）严致和又道："却是不可多心；将来要备祭桌，破费钱财，都是我这里备齐。"（《儒林外史》第五回。祭桌是祭品的所在，代祭品。）

（八）焦遂五斗方卓然，高谈雄辩惊四筵。（杜甫《饮中八仙歌》。筵代筵上的人们。）

（九）严家家人掇了一个食盒来，又提了一瓶酒，桌上放下。揭开盒盖，九个碟子，都是鸡鱼火腿之类。严贡生请二位先生上席，斟酒奉过来，说道："本该请二位老先生降临寒舍。一来，蜗居恐怕亵尊；二来，就要进衙门去，恐怕关防有碍：故此备个粗碟，就在此处谈谈，休嫌轻慢。"（《儒林外史》第四回。粗碟代碟里的鸡鱼火腿之类。）

（十）余殷道："彭老四点了主考了，听见前日辞朝的时候，他一句话回的不好，朝廷把他身子拍了一下。"余大先生笑道："他也没有什么说的不好；就使说的不好，皇上离着他也远，怎能自己拍他一下？"（《儒林外史》第四十五回。朝廷即代下文所谓皇上。)

（十一）四海之内,皆举首而望之。(《孟子·滕文公》下。四海之内代四海之内的人。)

（十二）万钟则不辨礼义而受之;万钟于我何加焉?(《孟子·告子》上。钟代钟里所盛的粟。)

（十三）大江东去,浪淘尽千古风流人物。(苏轼《念奴娇·赤壁怀古》词。大江说大江里的流水。)

（十四）张氏与卫公李靖将归太原,行次灵石旅舍;既设床,炉中烹肉,且熟。张氏以发长委地,立梳床前。公方刷马。忽有一人,中形,赤髯如虬,乘蹇驴而来。投革囊于炉前,取枕欹卧,看张梳头。公怒甚,未决,犹亲刷马。张熟视其面,一手映身摇示公,令勿怒。急急梳头毕,敛衽前,问其姓。卧客答曰:"姓张。"……问第几,曰:"第三。"……张氏遥呼"李郎,且来见三兄。"公骤拜之,遂环坐。曰:"煮者何肉?"曰:"羊肉,计已熟矣。"……曰:"有酒乎?"曰:"主人西则酒肆也。"(张说《虬髯客传》。主人为灵石旅舍所属,这里就用"主人"代灵石旅舍。)

(3) 事物和事物的作家或产地相代

（十五）我们这里时时有人说,我是受了尼采的影响的。这在我很诧异,极简单的理由,便是我没有读过尼采。(鲁迅《译了〈工人绥惠略夫〉之后》所引。尼采代尼采所著的文哲学书。)

（十六）熟读王叔和,不如临症多。(《儒林外史》第三十一回。王叔和曾采集众论,著《脉经》《脉诀》《脉赋》,又编次张仲景《伤寒论》为三十六卷;例中的王叔和是代王叔和编著的这些医书。)

(十七)慨当以慷,忧思难忘。何以解忧?惟有杜康。(曹操《短歌行》。杜康,人名,代酒。伊士珍《琅嬛记》中卷说:"杜康造酒,因称酒为杜康。")

(十八)常恐夜寒花索寞,锦茵银烛按《凉州》。(陆游《花时遍游诸家园》十首之八。洪迈《容斋随笔》十四说:"今乐府所传大曲,皆出于唐,而以州名者五;《伊》《凉》《熙》《石》《渭》是也。《凉州》今转为《梁州》,唐人已多误用,其实从西凉府来也。凡此诸曲,唯《伊》《凉》最著。")

(十九)红儿谩唱《伊州》遍,认取轻敲玉韵长。(罗虬《比红儿》诗。说明见上。)

(二十)南山在其(结匈国)东南,自此山来,虫为蛇,蛇号为鱼。……比翼鸟在其东,其为鸟青赤,两鸟比翼。……羽民国在其东南,其为人长头,身生羽。(《山海经·海外南经》。用比翼鸟这产物代比翼鸟的产地。张华《博物志》卷三"异鸟"条下有云"比翼鸟一青一赤,在参嵎山",这里用"比翼鸟"三个字差不多等于用"参嵎山"三个字。)

(二十一)又西曰仙弈之山。……其上有穴。……其山多柽,多楮,多篔筜之竹,多橐吾。其鸟多秭归。石鱼之山全石,无大草木。山小而高,其形如立鱼。在多秭归西。有穴,类仙弈。(柳宗元《柳州山水近治可游者记》。后面一个"多秭归"系代仙弈山。)

以上诸例中用产物代产地的只有二十、二十一两个例,用作物代作家的也极少见,这里不举例。

(4) 事物和事物的资料或工具相代

（二十二）我最佩服北京双十节的情形。早晨，警察到门，吩咐道："挂旗！""是！挂旗！"各家大半懒洋洋地踱出一个国民来，撅起一块斑驳陆离的洋布。这样一直到夜——收了旗关门，几家偶然忘却的，便挂到第二天的上午。（鲁迅《呐喊·头发的故事》。洋布是民国国旗的资料，借代民国国旗。）

（二十三）严致和道："老舅怕不说的是。只是我家嫂也是个糊涂人，几个舍侄，就像生狼一般，一总不听教训；他们怎肯把这猪和借约拿出来？"王德道："妹丈，这话也说不得了。假如令嫂令侄拗着，你认晦气，再拿出几两银子，折个猪价，给了王姓的；黄家的借约，我们中间人立个纸笔与他，说寻出作废纸无用：这事才得个耳根清净。"（《儒林外史》第五回。纸笔代退据；纸是资料，笔是工具。）

（二十四）说来说去，说的老太转了口，许给他二十两银子，自己去住。（《儒林外史》第二十七回。口代说话。）

（二十五）平生闻若人，笔墨极奇峭。相望二千里，安得接谈笑？（陆游《谢徐志父帐干惠诗编》诗。笔墨代诗文。）

（二十六）无丝竹之乱耳，无案牍之劳形。（刘禹锡《陋室铭》。丝竹代音乐。）

（二十七）田园寥落干戈后，骨肉流离道路中。（白居易《望月有感》。干戈代战争。）

（二十八）民有持刀剑者，使卖剑买牛，卖刀买犊；曰："何为带牛佩犊？"（《前汉书·循吏龚遂传》。牛代可以卖了买牛的剑，犊代可以卖了买犊的刀，都用资料名代本名。）

(二十九)陆生昼卧腹便便,叹息何时食万钱。(陆游《蔬园杂咏》五首之五《咏芋》。万钱代用万钱为资料所换得的食品。)

第二,对代——这类借来代替本名的,尽是同文中所说事物相对待的事物的名称,也可以分作四组如下:

(1) 部分和全体相代

(三十)你历年卖诗卖画,我也积聚下三五十两银子,柴米不愁没有。(《儒林外史》第一回。柴米代日用的全体。)

(三十一)李纨道:"嗳呀,这硬的是什么?"平儿道,"是钥匙。"李纨道:"有什么要紧的东西怕人偷了去,却带在身上?我成日家和人说笑:有个唐僧取经,就有个白马来驮着他;刘智远打天下,就有个瓜精来送盔甲;有个凤丫头,就有个你。你就是你奶奶的一把总钥匙,还要这钥匙做什么?"(《红楼梦》第三十九回。梁章钜《浪迹续谈》卷七说:"通行之语……谓物为东西。物产四方而约举东西,犹史记四时而约言春秋耳"。也以部分代全体。)

(三十二)夫魏,一万乘之国也,然所以西面而事秦,称东藩,受冠带,祠春秋者,以秦之强足以为与也。(《史记·魏世家》。说明见上。)

(三十三)过尽千帆皆不是,斜晖脉脉水悠悠。(温庭筠《望江南》词。帆代船的全体。)

(三十四)十目所视,十手所指。(《大学》。十目十手都说十人,也以部分的目手代全体的人。)

以上借部分代全体。

（三十五）汽笛曼声的叫了。汽船画着圆周，缓缓的靠近埠头去。埠头上满是人。为要寻出有否知己的谁，一意的注视着人们的脸。然而没有，并无一个人。（鲁迅译《现代日本小说集·省会》。落末一个"人"字并非指埠头上全部的人，单指人中一部分的知己。）

（三十六）子无谓秦无人，吾谋适不用也。（《左传》文公十三年，绕朝语。这人专指人中一部分的识者。）

以上借全体代部分。

备览——

俞樾在《古书疑义举例》里，曾经批评过从前注释家对这一组对代的误解。他说："古人之文有举大名以代小名者，后人读之而不能解，每每失其义矣。《仪礼·既夕》篇'乃行祷于五祀'。郑注曰'尽孝子之情。五祀，博言之；士二祀：曰门，曰行'。推郑君之意，盖以所祷止门、行二祀，而曰五祀者，博言之耳。五祀，其大名也。曰门曰行，其小名也。祀门、行而曰五祀，是以大名代小名也。贾疏曰：'今祷五祀，是广博言之，望助之者众'，则误以为真祷五祀矣。"他又说："又有举小名以代大名者。《诗·采葛》篇'一日不见，如三秋兮'，三秋即三岁也。岁有四时而独言秋，是举小名以代大名也。《汉书·东方朔传》'年十二学者，三冬文史足用'，三冬，亦即三岁也。学书三岁而足用，故下云'十五学击剑'也。注者不知其举小名以代大名,乃泥冬为说,云'贫子冬日乃得学书',失其旨矣。"他的所谓"以大名代小名",就是我们所谓用全体代部分;他的所谓"以小名代大名",就是我们所谓用部分代全体。

(2) 特定和普通相代

（三十七）三人请问房钱;僧官说:"这个何必计较。三位老爷来住,请也请不到。随便见惠些须香资,僧人哪里好争论?"（《儒林外史》第二十八回。不说银钱而说香资,是以特定代普通。）

（三十八）孔子曰:"吾闻之,古也墓而不坟;今丘也东西南北之人也,不可以弗识也。"（《礼记·檀弓》上。不说四方而说东西南北,也是以特定代普通。）

（三十九）在于王所者,长幼卑尊皆薛居州也,王谁与为不善? 在王所者,长幼卑尊皆非薛居州也,王谁与为善?（《孟子·滕文公》下。两个薛居州都是代善士。）

（四十）因威公之问,举天下之贤者以自代,则仲虽死,而齐国未为无仲也,夫何患三子者?（苏洵《管仲论》。第二个"仲"字代贤者。）

附记——

以定数代不定数,也是以特定代普通的一格。清人汪中曾考明中国古书中,常用定数"三"代多于一二的不定数,又常用定数"九"代"三"还不能充分表明的极大的不定数。他著的《述学》一书中,有《释三九上》一篇,专论这一格；他说的话还算精密，时常有人引用它，现在节录于下，以便阅览："生人之措辞，凡一二之所不能尽者，则约之三以见其多；三之所不能尽者，则约之九以见其极多。此言语之虚数也。实数可稽也，虚数不可执也。何以知其然也?《易·说卦》'近利市三倍'，《诗·大雅·瞻卬》篇'如贾三倍'，《论语·微子》'焉往而不三黜'，《春秋传·定公十三年》'三折肱为良医'(《楚辞》作九折肱)，此不必限以三也。《论语·公冶长》'季文子三思而后行'，《乡党》'雌雉……三嗅而作'，《孟子·滕文公》下'陈仲子食李三咽，此不可可知其为三也'。《论语·公冶长》'子文三仕三已'，《史记》'管仲三仕三见逐于君，三战三走'(《管晏传》)，田忌三战三胜(《田完世家》)，范蠡三致千金(《货殖传》)，此不必其果为三也。故知三者虚数也。《楚辞·离骚》'虽九死其犹未悔'，此不能有九也。《诗·豳风·东山》篇'九十其仪'，《汉书·司马迁传》'若九牛亡一毛'，又'肠一日而九回'，此不必限以九也。《孙子·形》篇'善守者，藏于九地之下，善攻者，动于九天之上'，此不可以言九也。故知九者虚数也。推之十百千万，固亦如是。"(汪氏原文，《汉书》误作《史记》，"九牛"下又多了一个"之"字。)

(四十一)人叫他(胡七喇子)新娘，他就要骂，要人称他"太太"。……后复嫁了王三胖，王三胖是一个候选州同，他真是太太了。他做太太又做的过：把大呆的儿子媳妇，一天要骂三场；家人婆娘，两天要打八顿。(《儒林外史》二十六回。一天三场，两天八顿，都只是多的意思。)

（四十二）十目所视，十手所指。(《大学》)

（四十三）百世以俟圣人而不惑。(《中庸》)

（四十四）来往烟波，此生自号西湖长；轻风小桨，荡出芦花港。得意高歌，夜静声偏朗。无人赏，自家拍掌，唱得千山响。(正嵒《点绛唇》词)

（四十五）游子悲故乡，吾虽都关中，万岁之后，吾魂魄犹乐思沛。(《汉书·高帝纪》)

（四十六）有情潮落西陵浦，无情人向西陵去；去也不教知，怕人留恋伊。忆了千千万，恨了千千万，毕竟忆时多，恨时无奈何。(萧淑兰《菩萨蛮》词。这五例中，十、百、千、万、千千万，也只是极多的意思。)

以上用特定代普通。

（四十七）到了除夕，严监生拜过了天地宗祖，收拾一席家宴，同赵氏对坐。吃了几杯酒，严监生掉下泪来，指着一张橱里，向赵氏说道："昨日典铺内送来三百两利银，是你王家姐姐的私房。每年腊月二十七八日送来，我就交与他，我也不管他在哪里用。今年又送银子来，可怜就没人接了。"(《儒林外史》第五回。这"人"专指王氏。)

（四十八）彼此说着闲话，掌上灯烛，管家捧上酒、饭、鸡、鱼、鸭、肉，堆满春台。王举人也不让周进，自己坐着吃了，收下碗去。(《儒林外史》第二回。这"肉"单指猪肉。)

以上用普通代特定。

（3）具体和抽象相代——具体和抽象两词，歧义很多，这里说的具体概指事物的形体，抽象概指事物的性质、状态、关系、作用等类而言：

（四十九）饮食男女，人之大欲存焉；死亡贫苦，人之大恶存焉。(《礼记·礼运》篇。男女代男女的关系。)

（五十）渡头余落日，墟里上孤烟。(王维《辋川闲居赠裴迪》。落日指落日的残光。)

（五十一）无穷江水与天接，不断海风吹月来。(陆游《泊公安县》诗。月代江中的月色流光。)

（五十二）平生最喜听长笛，裂石穿云何处吹。(陆游《黄鹤楼》诗。笛代笛声。)

这都是用具体代抽象。

（五十三）正义完全胜利。却跋多烧成灰烬，住民不分男女老少，都砍杀了。(波兰·显克微支《点滴·酋长》。正义代仗正义的日耳曼人。)

（五十四）天下有道，小德役大德，小贤役大贤。天下无道，小役大，弱役强。(《孟子·离娄》上。小德大德，小贤大贤，尽代人；小大弱强，尽代国。)

（五十五）被坚执锐，义不如公。(《史记·项羽本纪》，宋义语。坚说铠甲，锐说兵器。)

（五十六）死伤未收而弃之，不惠也；不待期而薄人于险，无勇也。(《左传》文公十二年。死伤说死伤的人。)

（五十七）白鸥没浩荡，万里谁能驯？（杜甫《赠韦左丞》诗；胡仔《渔隐丛话》前集卷三说："浩荡，谓烟波也。"）

（五十八）忆欢不能食，徘徊三路间，因风觅消息。（无名氏《读曲歌》八十九首之二十二。欢代恋爱关系的对方。）

（五十九）昨夜雨疏风骤，浓睡不消残酒。试问卷帘人，却道海棠依旧。知否，知否？应是绿肥红瘦。（李清照《如梦令》词。绿代海棠叶，红代海棠花。）

（六十）伫立多时，徘徊半晌，猛听得塞雁南翔，呀呀的声嘹喨，却原来满目牛羊，是兀那载离恨的毡车，半坡里响。（马致远《汉宫秋》杂剧第三折。离恨代怀抱离恨的王昭君。）

这都是用抽象代具体。

(4) 原因和结果相代

（六十一）故乡吴江多好山，笋舆篾舫相穷年。（范成大《题金牛洞》诗；笋舆就是竹舆，用原因的"笋"代结果的"竹"。）

（六十二）汉皇重色思倾国，御宇多年求不得。（白居易《长恨歌》。"倾国"代"佳人"。汉李延年歌说："北方有佳人，绝世而独立。一顾倾人城，再顾倾人国。宁不知倾城与倾国，佳人难再得。"因此就算佳人是原因，倾国是结果。这里用结果代原因。）

（六十三）文公曰："……矢石之难，汗马之劳，此复受次赏。"（《史记·晋世家》。汗马代力战，也是用结果代原因。）

关于这借代格，曾经有人揭举过运用时种种必须注意处：如用特征或标记代主体时，必须该特征或标记真真足以代表该主体,所以用代旧女子的"脂粉"等字来代现在的女性就不可通;用资料或工具代主体时,也须那资料或工具是该主体的主要的资料或工具,所以从前用以代替音乐的"丝竹"等字,如果用在现在的西乐上也就不大合用,必须另行创造。诸如此类的繁琐规例,我们倘能洞明上述此格构成的条理,就可触类旁通,不必备举。

五　映　衬

这是揭出互相反对的事物来相映相衬的辞格。约分两类:一是一件事物上两种辞格两个观点的映衬,我们称为反映;二是一种辞格一个观点上两件事物的映衬,我们称为对衬。作用都在将相反的两件事物彼此相形,使所说的一面分外鲜明,或所说的两面交相映发。

（甲）反映

（一）宝玉说:"关了门罢。"袭人笑道:"怪不得人说你无事忙！这会子关了门,人倒疑惑起来,索性再等一等。"(《红楼梦》第六十三回。"无事忙"原是宝钗讥诮宝玉的话,见同书第三十七回。)

（二）好聪明的糊涂法子！你们两个之间还用得着这种过节么？(杨丙辰译《费德利克小姐》第一幕)

以上两例,都是关于一件事物的两种辞格的映衬。它的前半截,都是本书中的别一种辞格。如"无事忙"的"无事"便是借代辞,"事"字的原意是"紧要的事";"好聪明的糊涂法子"的"好聪明"便是倒反辞,正意是"好糊涂"。

（三）萧金铉道："今日对名花，聚良朋，不可无诗，我们分韵何如？"杜慎卿道："先生，这是而今诗社里的故套：小弟看来，觉得雅的这样俗，还是清谈为妙。"（《儒林外史》第二十九回）

（四）我们到那里出兵，只消几天没有水吃，便活活的要渴死了。（《儒林外史》第三十九回）

（五）嘉会难再遇，三载为千秋。临河濯长缨，念子怅悠悠。（李陵《与苏武诗》三首之二）

（六）举秀才，不知书；举孝廉，父别居；寒素清白浊如泥；高第良将怯如黾。（《后汉书》逸文。此据《古诗源》及《古谣谚》两书录引。同《抱朴子·外篇》卷十五《审举》篇所引略有不同。《审举》篇说："灵、献之世，阉宦用事，群奸秉权，危害忠良。台阁失选用于上，州郡轻贡举于下。夫选用失于上，则牧守非其人矣；贡举轻于下，则秀、孝不得贤矣。故时人语曰：'举秀才，不知书……'盖疾之甚也。"）

以上四例，都是两个观点的映衬。也如上文两例前半截是本文以外的辞格一样，它的前半截是本文以外一个观点上所得的结果。如"雅的这样俗"一句中所谓"雅"便是"觉得俗"这个人以外人们的意见，"活活的要渴死"一句中所谓"活活的"便是"要渴死"以前的观点所有的景象。

（乙）对衬

（七）吃素菜彼此相爱，强如吃肥牛彼此相恨。（《旧约·箴言》十五章十七节）

（八）本位应在幼者，却反在长者；置重应在将来，却反在过

去。(鲁迅《我们现在怎样做父亲》)

(九)先天下之忧而忧,后天下之乐而乐。(范仲淹《岳阳楼记》)

(十)一将功成万骨枯。(曹松《己亥岁二首》)

(十一)与其有誉于前,孰若无毁于其后;与其有乐于身,孰若无忧于其心。(韩愈《送李愿归盘谷序》)

(十二)直如弦,死道边,曲如钩,反封侯。(顺帝末童谣,见《后汉书·五行志》)

(十三)只许州官放火,不许百姓点灯。(谚语。《老学庵笔记》卷五载:"田登作郡,自讳其名,触者必怒。……于是举州皆谓灯为火。上元放灯,许人入州治游观;吏人遂书榜揭于市曰:'本州依例放火三日。'"所引谚语盖本于此。)

以上各例,凡用同种记号标出的都是同一观点上所得的事物本身的映衬。

对衬和对偶,颇有交错的地方。如例九,便同时可以用做对偶的例。所以也有一些修辞学书将这两种并成一种。但是两者的要点,实不相同:对衬如前所说,在乎将相反的两件事物互相对照,句法是否对偶在所不问;对偶在乎将相类的两个句子互相对照,事物的相类相反在所不问。因此,对偶可说比较偏于形式一面,对衬比较着眼在内容一面,还是分作两种,较便说明。

六 摹　状

摹状是摹写对于事物情状的感觉的辞格。有摹写视觉的,如"适有大星,光煜煜自东西流"(程敏政《夜渡两关记》),也有摹写听觉的,如"伐木丁丁,鸟鸣嘤嘤"(《诗经·伐木》)。而摹写听觉的尤为常见。 所以普通就称它为摹声格。 摹声格所用的摹声辞,概只取其声音,不问意义。 如:

(一)过了水仙祠,仍旧下了船,荡到历下亭的后面。两边荷叶荷花,将船夹住;那荷叶初枯,擦的船嗤嗤价响。那水鸟被人惊起,格格价飞。(《老残游记》第二回)

(二)猛听得角门儿呀的一声,风过处,衣香细生。(《西厢记·酬韵》)

(三)车辚辚,马萧萧,行人弓箭各在腰。耶娘妻子走相送,尘埃不见咸阳桥。牵衣顿足拦道哭,哭声直上干云霄。(杜甫《兵车行》)

(四)黯黯江云瓜步雨,萧萧木叶石城秋。(陆游《登赏心亭》诗)

(五)天王营门外,大小天兵,接住了太子,气哈哈的喘息未定。(《西游记》第六回)

(六)我头岑岑也,药中得无有毒?(《前汉书·外戚传》)

摹声格是吸收了声音的要素在语辞中的一种辞格,约略可以分作两类:(一)是直写事物的声音的;(二)是借了对于声音所得的感觉,表现当时的气氛的。 如前面所举数例,从(一)到(四)可以算是前者;(五)和(六)可以算是后者。

用这两类的摹声辞各有一点应该预防:用前一类时应防流于轻佻;用后一类时应防没有使人同感的力量。 我国文中用后一类的,素来不多,指摘尚可不必;而用第一类的每每有人把"当当当""叮当、叮当、叮当"之类毫无节制地用,所有失败的事例早就可观,必须留意。

七 双　　关

　　双关是用了一个语词同时关顾着两种不同事物的修辞方式。例如刘禹锡的《竹枝词》:

>　　杨柳青青江水平,闻郎江上唱歌声。
>　　东边日出西边雨,道是无晴还有晴。

这首《竹枝词》中的"晴"就是一种双关辞。一面关顾着上句"东边日出西边雨",说晴雨的晴,意思是照言陈(就是语面的意思)说"道是无晴还有晴",一面却又关顾着再上一句"闻郎江上唱歌声",说情感的情,意思是照意许(就是语底的意思)说"道是无情还有情"。照以前评注的通例画起表来,便是这样:

>　　杨柳青青江水平,闻郎江上唱歌声,⎫
>　　东边日出西边雨,　　　　　　　　⎬——道是无晴还有晴。

就这个例来说,晴字双关所及的两个不同的对象,内容上是有轻重主从的分别的:如眼前的事物"晴"实际是辅,心中所说的意思"情"实际是主。但在语言文字上却是并无轻重主从的分别地双方都关顾到。就形式说,却是平行地双关的。

双关这种辞格,形式颇与析字格中借音的析字相类,而内容不同,因为借音是借这音去表那意的,不是双关两意的;内容又颇与起兴相似,而形式不同,因为起兴总是起兴辞摆在前头,而这却是放在后头的。

谢榛的《四溟诗话》说:

> 古辞曰:"黄蘗向春生,苦心随日长。"又曰:"雾露隐芙蓉,见莲不分明。"又曰:"石阙生口中,衔碑不得语。"又曰:"桑蚕不作茧,昼夜长悬丝。"又曰:"理丝入残机,何悟不成匹。"又曰:"桐枝不结花,何由得梧子。"又曰:"杀荷不断藕,莲心已复生。"此皆吴格,指物借意。

"指物借意"四字,实是这类辞法的正确说明。但就说是"吴格",却又未免太被几个吴声歌曲的成例所拘束了。

指物借意的双关辞,并不是吴地所独有(甚至并不是中国所独有),这在以前也不是完全没有人知道。如李调元的《雨村诗话》(十三)就曾经说:

> 诗有借字寓意之法。广东谣云:"雨里蜘蛛还结网,想晴惟有暗中丝。"以晴寓情,以丝寓思。

所引的广东歌谣正是这一类辞法;又如梁绍壬《两般秋雨盦随笔》(六)中也曾经说:

> 粤俗好歌……语多双关。

所引的广东歌谣中间也正有这一类辞法。不过事实上是《乐府诗集》的吴声歌曲中用这类辞法最多,也是因为吴声歌曲用这类辞法最多,这才引起文人的注意和模仿的。所以像李调元那样已经知道这种辞格并不是什么"吴格"的人,也还是要说它是"乐府闺怨体也"(引同上)。

这类辞格的成立,是以语音能够关涉眼前和心里的两种事物为必要条件。重心在乎语音。在乎用作双关的语音,和那表明主意的语音的等同或类似。所以这类的辞例,经常见于歌谣戏剧之类注重语音的文辞中。

至于字形字义是否类同,原本可以不论。假如为了便于分析起见,把形义也同时放在眼里来考察,则我们可以把双关语词对于表明主意的语辞的关系,分为下列三种:

(1) 音类同;

(2) 音、形类同;

(3) 音、形、义类同。

其中(1)(2)两种多见于歌谣;(3)这一种多见于平话小说。我们可以把它们归总作两群,把(1)(2)两种,言陈之外暗藏意许之义的,称作表里双关;(3)这一种将一义明明兼指彼此两事的,称作彼此双关。

一、表里双关——(甲) 单单谐音的:

(一) 将懊恼——石阙昼夜题,碑泪常不燥。(《华山畿》)

(二) 别后常相思——顿书千丈阙,题碑无罢时。(《华山畿》)

(三) 打坏木栖床,谁能坐相思?三更书石阙,忆子夜题碑。(《读曲歌》)

（四）奈何许——石阙生口中,衔碑不得语。(《读曲歌》)

（五）闻乖事难怀,况复临别离;伏龟语石板,方作千岁碑。(《读曲歌》)

"题"暗作"啼","碑"暗作"悲"。都以"题""碑"关本句,同时又以"啼""悲"关上句。

（六）奈何不可言——朝看莫牛迹,知是宿蹄痕。(《读曲歌》)

"蹄""啼"表里双关。

（七）縠衫两袖裂,花钗鬓边低;何处分别归,西上古余啼。(《读曲歌》)

"啼""隄"表里双关。这以正面的"啼"关上句,同前面几个例稍为不同。

（八）垂帘倦烦热,卷幌乘清阴;风吹合欢帐,直动相思琴。(王金珠《子夜夏歌》)

"琴""情"双关。

（九）今夕已欢别,会合在何时?明灯照空局,悠然未有期。(《子夜歌》)

（十）坐倚无精魂,使我生百虑;方局十七道,期会在何处。(《读曲歌》)

"期""棋"双关。

（十一）执手与欢别，欲去情不忍；余光照己藩，坐见离日尽。（《读曲歌》）

（十二）闻欢远行去，相送方山亭；风吹黄蘖藩，恶闻苦离声。（《石城乐》）

"离""篱"双关。

（十三）怜欢好情怀，移居作乡里；桐树生门前，出入见梧子。（《子夜歌》）

（十四）仰头看桐树，桐花特可怜；愿天无霜雪，梧子解千年。（《子夜秋歌》）

（十五）我有一所欢，安在深阁里；桐树不结花，何由得梧子。（《懊侬曲》）

"梧""吾"表里双关。

（十六）欢相怜，题心共泣血。梳头入黄泉，分为两死计。（《读曲歌》）

"计""髻"双关。

（十七）非欢独慊慊，侬意亦驱驱；双灯俱时尽，奈许两无由。（《读曲歌》）

（十八）十期九不果,常抱怀恨生;然灯不下炷,有油那得明。（《读曲歌》）

"由""油"双关。

（十九）阔面行负情,诈我言端的;画背作天图,子将负星历。（《读曲歌》）

"星""心"双关。——"负"是下一项的双关。

最流行的是用芙蓉莲藕和蚕丝布匹做双关。但匹也应归入下一项。

（二十）高山种芙蓉,复经黄蘖坞;果得一莲时,流离婴辛苦。（《子夜歌》）

（二十一）我念欢的的,子行由豫情;雾露隐芙蓉,见莲不分明。（《子夜歌》）

（二十二）朝登凉台上,夕宿兰池里;乘月采芙蓉,夜夜得莲子。（《子夜夏歌》）

（二十三）郁蒸仲暑月,长啸出湖边;芙蓉始结叶,花艳未成莲。（《子夜夏歌》）

（二十四）盛暑非游节,百虑相缠绵;泛舟芙蓉湖,散思莲子间。（《子夜夏歌》）

（二十五）掘作九州池,尽是大宅里;处处种芙蓉,婉转得莲子。（《子夜秋歌》）

（二十六）江南莲花开,红光覆碧水;色同心复同,藕异心无

异。(梁武帝《子夜夏歌》)

(二十七)千叶红芙蓉,照灼绿水边;余花任郎摘,慎莫罢侬莲。(《读曲歌》)

(二十八)思欢久,不爱独枝莲,只惜同心藕。(《读曲歌》)

(二十九)娇笑来向侬,一抱不得已;湖燥芙蓉萎,莲汝藕欲死。(《读曲歌》)

(三十)欢心不相怜,慊苦竟何已;芙蓉腹里萎,莲汝从心起。(《读曲歌》)

(三十一)种莲长江边,藕生黄蘖浦;必得莲子时,流离经辛苦。(《读曲歌》)

(三十二)罢去四五年,相见论故情;杀荷不断藕,莲心已复生。(《读曲歌》)

(三十三)青荷盖绿水,芙蓉披红鲜;下有并根藕,上生并目莲。(《青阳度》)

(三十四)欢欲见莲时,移湖安屋里;芙蓉绕床生,眠卧抱莲子。(《杨叛儿》)

"芙蓉"和"夫容","莲"和"怜","藕"和"偶"各双关。

(三十五)前丝断缠绵,意欲结交情;春蚕易感化,丝子已复生。(《子夜歌》)

(三十六)婉娈不终夕,一别周年期;桑蚕不作茧,昼夜长悬丝。(《七日夜女歌》)

(三十七)伪蚕化作茧,烂熳不成丝;徒劳无所获,养蚕持底为。(《采桑度》)

(三十八)隐机倚不织,寻得烂熳丝;成匹郎莫断,忆侬经绞时。(《青阳度》)

"丝""思"双关。

(乙)音形都可通用,而字义不同,就义做双关的:

(三十九)见娘喜容媚,愿得结金兰;空织无经纬,求匹理自难。(《子夜歌》)

(四十)始欲识郎时,两心望如一;理丝入残机,何悟不成匹。(《子夜歌》)

(四十一)春倾桑叶尽,夏开蚕务毕;昼夜理机缚,知欲早成匹。(《子夜夏歌》)

"匹"双关布匹和匹偶。以布匹的"匹"关本句,匹偶的"匹"关上句。同上项所引的例同。

(四十二)郎为旁人取,负侬非一事;摘门不安横,无复相关意。(《子夜歌》)

"关"双关关门和关心。

(四十三)一夕就郎宿,通夜语不息;黄蘖万里路,道苦真无极。(《读曲歌》)

"道"双关道路和道说。

(四十四)夜半冒霜来,见我辄怨唱;怀冰暗中倚,已寒不蒙亮。(《子夜冬歌》)

"亮"双关明亮和原亮。

(四十五)自从别欢后,叹声不绝响;黄蘖向春生,苦心随日长。(《子夜春歌》)

"苦"双关苦味和苦情。

(四十六)音信阔弦朔,方悟千里遥;朝霜语白日,知我为欢消。(《读曲歌》)

"消"双关霜的消融和我的消瘦。

(四十七)自从别郎后,卧宿头不举;飞龙落药店,骨出只为汝。(《读曲歌》)

"骨"双关飞龙的骨和思妇的骨。

以上所举都是郭茂倩《乐府诗集》清商曲辞中间吴声歌曲和西曲歌里面的例。就这些例看来,我们可以看出:(1)借来做双关的都是歌者当地所见得到的事物,如藩篱、梧桐、芙蓉、莲藕、蚕丝、布匹之类;(2)借来做双关的也是歌者当时所见得到的事物,如"春歌"里说的"黄蘖向春生","夏歌"里说的"藕异心无异"之类。大概最初用这辞法,都是即物抒情的;谢榛说是"指物借意",实在是非常确切的解说。

下列两例更加显然:

(四十八)宣和中,童贯用兵燕蓟,败而窜。一日内宴,教坊进伎为三四婢,首饰皆不同。其一,当额为髻,曰,"蔡太师家人也。"其二,髻偏坠,曰:"郑太宰家人也。"又一人满头为髻如小儿,曰:"童大王家人也。"问其故。蔡氏者曰:"太师觐清光,此名朝天髻。"郑氏者曰:"吾太宰奉祠就第,此懒梳髻。"至童氏者曰:"大王方用兵,此三十六髻也。"(周密《齐东野语》卷十三)

"三十六髻"双关"三十六计";"三十六计"是谚语"三十六计,走为上计"的歇后藏词语,用以讽刺童贯的"败而窜"。

(四十九)章宗元妃李氏势位熏赫,与皇后侔矣。一日宴宫中,优人玳瑁头者戏于上前。或问上国有何符瑞。优曰:"汝不闻凤凰见乎?"曰:"知之而未闻其详。"优曰:"其飞有四,所应亦异:若向上飞则风雨顺时;向下飞则五谷丰登;向外飞则四国来朝;向里飞则加官进禄。"上笑而罢。(《金史·后妃传》)

"向里飞"双关"向李妃"。

这一类的措辞法,在现在的歌谣中也很多,而且实际运用时也还有指物表意的情形。

二、彼此双关——这也显然是借眼前的事物来讲述所说意思的一种措辞法,就是旧小说上所谓指桑说槐。这种双关所用的是音形义三方面都能关涉两种事物的双关辞。双关辞不必只是

一个词,而常是几个句。 如:

(五十)这里宝玉又说:"不必烫暖了,我只爱喝冷的。"薛姨妈道:"这可使不得,吃了冷酒,写字手打颤儿。"宝钗笑道:"宝兄弟,亏你每日家杂学旁搜的,难道就不知道酒性最热?要热吃下去,发散的就快;要冷吃下去,便凝结在内——拿五脏去暖他,岂不受害?从此还不改了呢?快别吃那冷的了。"宝玉听这话有理,便放下冷的,令人烫来方饮。黛玉嗑着瓜子儿,只管抿着嘴儿笑。可巧黛玉的丫鬟雪雁走来,给黛玉送小手炉儿。黛玉因含笑问他说:"谁叫你送来的?难为他费心,哪里就冷死了我?"雪雁道:"紫鹃姐姐怕姑娘冷,叫我送来的。"黛玉接了抱在怀中,笑道:"也亏你倒听他的话! 我平日和你说的,全当耳旁风;怎么他说了,你就依的比圣旨还快呢!"(《红楼梦》第八回)

点出的几句都是双关吃冷酒和送手炉两件事,所以"宝玉听这话便知是黛玉借此奚落他"。

八 引 用

文中夹插先前的成语或故事的部分,名叫引用辞。 引用故事成语,约有两个方式: 第一,说出它是何处成语故事的,是明引法;第二,并不说明,单将成语故事编入自己文中的,是暗用法。 两者的关系很像譬喻格中的明喻和借喻:一方明示哪一部分是引用语;一方就用引用语代本文。

一、明引法

（一）我们相信科学是知识上的事情；爱情是感情上的事情。想教人知识发达需用知识；想使人感情丰富必需用感情。并且感情的引起是同质的：嫉妒引起嫉妒；怨怒引起怨怒；悲哀引起悲哀；必需爱情才能引起爱情。换一句话说，就是如果你想教我爱你，多言哓哓是没有用的，必须你诚诚恳恳的爱我，那才能慢慢的引起我对你的爱情；如果你想教我爱他，多言哓哓也是没有用的，必须你诚诚恳恳的爱他，那才能慢慢的感发我对他的爱情。其次，你对我对他的爱情总须要是诚诚恳恳的，并不是因为你想引起我爱你或爱他才这样做的。如果你想引起我爱你或爱他才这样去做，那爱情便成了虚伪的，没有感发人的势力了。王船山先生说："督子以孝不如其安子；督弟以友不如其裕弟；督妇以顺不如其绥妇。魄定魂通而神顺于性，则莫之言而若或言之：君子所为以天道养人也，"就是上边所说的第一层的道理；孟子所说"不诚未有能动者也"和"至诚未有不动者也"，就是上边所说的第二层道理。（徐炳昶《你往何处去》译序）

文中用引号标示起讫的部分都是明引法。

（二）晋侯复假道于虞以伐虢。宫之奇谏曰："虢，虞之表也。虢亡，虞必从之。……谚所谓'辅车相依，唇亡齿寒'者，其虞虢之谓乎？"（《左传》僖公五年）

文中标单引号的部分也是明引法。

（三）"峨眉山月半轮秋,影入平羌江水流。"谪仙此语谁解道,诸君见月时登楼。（苏轼《送人守嘉州》诗）

这诗上两句系引用李太白《峨眉山月歌》的头两句,也是明引法。

二、暗用法

（四）稼轩何必长贫？放泉檐外琼珠泻。乐天知命,古来谁会行藏用舍？人不堪忧,一瓢自乐,贤哉回也！料当年曾问：饭蔬饮水,何为是栖栖者？（辛弃疾《水龙吟·题瓢泉》词）

文中点出的所谓"乐天知命"是引用"乐天知命,故不忧"（《易经·系辞》上）,所谓"行藏用舍"是引用"子谓颜渊曰：'用之则行,舍之则藏,惟我与尔有是夫'"（《论语·述而》）,所谓"人不堪忧,一瓢自乐,贤哉回也"是引用"子曰：'贤哉回也！一箪食,一瓢饮,在陋巷,人不堪其忧,回也不改其乐。贤哉回也！'"（《论语·雍也》）,所谓"饭蔬饮水"是引用"子曰：'饭疏食饮水,曲肱而枕之,乐亦在其中矣！'"（《论语·述而》）,所谓"何为是栖栖者"是引用"微生亩谓孔子曰：'丘何为是栖栖者与？无乃为佞乎？'"（《论语·宪问》）,都是暗用成语或故事。

（五）春风过柳绿如缲,晴日蒸红出小桃。（王安石《春风》诗）

文中"蒸红",有人说是暗用韩愈《桃源图》诗中"种桃处处唯开花,川原远近蒸红霞"成语。

以上两类的引用法，各可分为略语取意和语意并取两组。在暗用法中，如"一瓢自乐"就是前者，其余都是后者。明用法中，后者的例上文早已列举过了，现在再举两个前者的例：

　　（六）众之不可已也。……《太誓》所谓"商兆民离，周十人同"者，众也。（《左传》成公二年）

　　（七）阳子将为禄仕乎？古之人有云，仕不为贫，而有时乎为贫，谓禄仕者也。宜乎辞尊而居卑，辞富而居贫，若抱关击柝者可也。……若阳子之秩禄，不为卑且贫章章明矣；而如此，其可乎哉？（韩愈《争臣论》）

　　所引两例都曾添减原文；原文是"受有亿兆夷人，离心离德；予有乱臣十人，同心同德"（《尚书·泰誓》中）及"仕非为贫也，而有时乎为贫。……为贫者辞尊居卑，辞富居贫。辞尊居卑，辞富居贫，恶乎宜乎？抱关击柝"（《孟子·万章》下）。

　　引用辞除了上述这四组正经的之外，还有一类滑稽的用法，割截成文，以资谈笑；如周密《齐东野语》（十三）所载：

　　当史丞相弥远用事，选人改官，多出其门。制闱大宴，有优为衣冠者数辈，皆称孔门弟子，相与言"吾侪皆选人"。遂各言其姓，曰："吾为常从事"，"吾为于从政"，"吾为吾将仕"，"吾为路文学"。

　　别有二人出，曰：

　　"吾宰予也；夫子曰：'于予与改。'可谓侥幸。"其一曰："吾颜回也；夫子曰：'回也不改。'吾为四科之首而不改，汝何为独改？"曰：

"吾钻故改;汝何为不钻?"曰:

"吾非不钻,而钻弥坚耳。"曰:

"汝之不改宜也,何不钻弥远乎?"

其诙谐奇巧,真像周密所谓"巧发微中,有足称言者"。但所援引全是"离析文义",就是所谓割截成文:

常从事——曾子曰:"以能问于不能,以多问于寡,有若无,实若虚,昔者吾友尝从事于斯矣。"(《泰伯》)

于从政——子曰:"苟正其身矣,于从政乎何有?不能正其身,如正人何?"(《子路》)

吾将仕——孔子曰:"诺,吾将仕矣。"(《阳货》)

路文学——德行,颜渊、闵子骞、冉伯牛、仲弓;言语,宰我、子贡;政事,冉有、季路;文学,子游、子夏。(《先进》。颜渊就是颜回,回字子渊,所以也称颜渊。)

于予与改——宰予昼寝……子曰:"始吾于人也,听其言而信其行,今吾于人也,听其言而观其行,于予与改是。"(《公冶长》)

回也不改——子曰:"贤哉回也! 一箪食,一瓢饮,人不堪其忧,回也不改其乐,贤哉回也!"(《雍也》)

钻弥坚——颜渊喟然叹曰:"仰之弥高,钻之弥坚,瞻之在前,忽焉在后……"(《子罕》)

共引七条,尽出《论语》一书。

这两类的引用法之中,第二类暗用法最与所谓用典问题有关系,最容易发生流弊,十年前新文艺方才萌芽时文学革命所竭力攻击的就是它。所谓流弊，约有五项：（一）用典隐僻，使人不解；（二）用典拉杂，令人生厌；（三）用典浮泛，难知真意；（四）刻削成语，不合自然；至于（五）用典失照管，如《高斋诗话》所指摘的荆公《桃源行》"望夷宫中鹿为马，秦人半死长城下"，指鹿事既不在望夷宫，又不是筑长城的始皇的事，而诗中却竟那样说，那就更应该严加批判了。

第一类明引法在中国文学中发现的奇现象，就是那全篇尽集古人成语而成的所谓"集句"或"集锦"。集句大抵是诗；文不多见。诗的集句，《王直方诗话》说是始于王荆公；《西清诗话》又说宋初已有，不过未盛，并非始于荆公（见《渔隐丛话》前集三十五所引）。而清人赵吉士辑的《寄园寄所寄》卷四《拈须寄诗原篇》引《稗史》，却说"晋傅咸作集经诗……乃集句诗之始"。三说之中，自以最后一说为最可信。今检《汉魏六朝百三名家集》就可发见傅氏有集《论语》、集《毛诗》、集《周易》、集《左传》之类的诗若干首。后来愈演愈盛，到了清朝，竟出现了黄唐堂的全集各体诗九百余首，尽是集句而成的《香屑集》，集首一文也系集句而成，居然做得也还有人称它工巧。明引法臃肿的发展，从此便没有余地了。

九　仿　　拟

为了滑稽嘲弄而故意仿拟特种既成形式的，名叫仿拟格。仿拟有两种：第一是拟句，全拟既成的句法；第二是仿调，只拟既成的腔调。这两类的仿拟，都是故意开玩笑，同寻常所谓模仿不同。

拟句的例:

（一）贡父（刘攽）晚苦风疾,鬓眉皆落,鼻梁且断。一日与子瞻数人小酌,各引古人语相戏。子瞻戏贡父云:"大风起兮眉飞飏,安得壮士兮守鼻梁。"座中大噱,贡父恨怅不已。(套拟刘邦《大风歌》"大风起兮云飞扬,威加海内兮归故乡,安得猛士兮守四方"首尾两句)（王辟之《渑水燕谈录》十）

（二）春辉道:"我因今日飞鞋这件韵事,久已想要替他描写描写,难得有这'巨屦'二字,意欲借此摹仿几部书,把他表白一番,姊姊可有此雅兴?"题花道:"如此极妙,就请姊姊先说一个。"春辉道:"我仿宋玉《九辩》:独不见巨屦之高翔兮,乃堕卞氏之圃。"（这是仿调,当入下类。）题花道:"我仿《反离骚》:巨屦翔于蓬渚兮,岂凡屦之能捷?"（扬雄《反离骚》:凤凰翔于蓬渚兮,岂驾鹅之能捷?）玉芝道:"我仿贾谊赋:巨屦翔于千仞兮,历青霄而下之。"（贾谊《吊屈原赋》:凤凰翔于千仞兮,览德辉而下之。）小春道:"我仿宋玉《对楚王问》:巨屦上击九千里,绝云霓,入青霄,飞腾乎杳冥之上;夫凡庸之屦,岂能与之料天地之高哉!"（原文:凤凰上击九千里,绝云霓,负苍天,翱翔乎杳冥之上;夫藩离之鷃,岂能与之料天地之高哉!）春辉道:"这几句仿的雄壮。"紫芝道:"若要雄壮,这有何难!我仿《庄子》:其名为屦,屦之大不知其几千里也,怒而飞,其翼若垂天之云。是屦也,海运则将徙于南冥。南冥者,天池也。《谐》之言曰:'屦之徙于南冥也,水击三千里,抟扶摇而上者九万里,去以六月堕者也。'"（《逍遥游》:北冥有鱼,其名为鲲,鲲之大不知其几千里也。化而为鸟,其名为鹏,鹏之背不知其几千里也。怒而飞,其翼若垂天之云。是鸟也,海运则将徙于南冥。南冥者,天池也。《齐谐》者,志怪者也。《谐》之言曰:"鹏之徙于南冥也,水击三千里,抟扶摇而上者九万里,去以六月息者也。")春辉道:"这个不但雄壮,并且极言其大,很得题神。"紫芝道:"我仿《毛诗》:巨屦飑矣,于彼高冈;大足光矣,于彼馨香。"(《大雅·卷阿》篇:凤凰鸣矣,于彼高冈;梧桐生矣,于彼朝阳。)春辉道:"馨香二字是褒中带贬,反面文章,含蓄无穷,颇有风人之旨。我仿《月令》:是月也,牡丹芳,芍药艳,游下园,抛气球,鞋乃飞腾。"玉芝道:"还有一句呢?"紫芝道:"足赤。"(也是仿调)说的众人好笑。青钿道:"你们变着样儿骂我,只好随你们嚼蛆。但有侮圣言,将来难免都有报应。"众人道:"有何报应?"青钿把舌一伸,又把五个手指朝下一弯道:"只怕都要'适蔡'哩。"众人听了,一齐发笑。(《镜花缘》第八十七回)

仿调的例:

(三)有一秀才曰喜看盲词。适届岁考,场中命题系"子曰,赤之适齐也",至"与之粟九百,辞"。遂援笔立就。其文曰:

圣人当下开言说,你今在此听分明。公西此日山东去,裘马翩翩好送行。自古道:雪中送炭为君子,锦上添花是小人。豪华公子休提起,再表为官受禄身。为官非是别一个,堂堂县令姓原人。得了俸米九百石,坚辞不要半毫分。案出,以不遵功令置劣等。(文系仿《论语·雍也》篇"子华使于齐,冉子为其母请粟;子曰:'赤之适齐也,乘肥马,衣轻裘。吾闻之也,君子周急不继富。'原思为之宰,与之粟九百,辞。子曰:'毋!以与尔邻里乡党乎?'"一节中题文摘取的一段。)(梁章钜《制义丛话》二十四)

（四）燕紫琼道："紫芝妹妹替我说个笑话，我格外多饮两杯，何如？"紫芝道："妹子自然代劳。"绿云道："紫芝妹妹向来说的大书最好，并且还有宝儿教的小曲儿；紫琼姊姊既饮两杯，何不点他这个？"紫芝道："如果普席肯饮双杯，我就说段大书。"众人道："如此极妙。我们就饮两杯。"丫鬟把酒斟了。紫芝取出一块醒木道："妹子大书甚多，如今先将'子路从而后'至'见其二子焉'这段书说给大家听听。"于是把醒木朝桌上一拍道：

"列位压静听，在下且把此书的两句题纲念来：遇穷时师生错路，情殷处父子留宾。"又把醒木一拍道："只为从师济世，谁知反宿田家？半生碌碌走天涯，到此一齐放下。鸡黍殷勤款洽，主宾情意堪嘉。山中此夕莫嗟讶，师弟睽违永夜。"又把醒木一拍道："话说那子路在楚蔡地方被长沮桀溺抢白了一番，心中闷闷不乐。迤逦行来，见那道旁也有耕田的，锄草的，老的老，少的少，触动他一片济世的心肠，脚步儿便走得迟了。抬起头来，不见了夫子的车辆。正在慌张之际，只见那道旁来了一位老者，头戴范阳毡帽，身穿蓝布道袍，手中拿着拄杖，杖上挂着锄草的家伙。子路便问道：'老丈，你可见我的夫子么？'那老者定睛把子路上下一看道：'客官，我看你肩不能挑，手不能提，识不得芝麻，辨不得绿豆；谁是你的夫子？'老者说了几句，把杖来插在一边，取了家伙，自去耘田去了。"又把醒木一拍道：

"列位，大凡遇见年高有德之人，须当钦敬；所以信陵君为侯生执辔，张子房为圯上老人纳履，后来兴王定霸，做出许多事业。那子路毕竟是圣门高弟，有些识见的人，听了老丈言语，他就叉手躬身，站在一旁。那老者耘田起来，对着子路说：'客官，你看天色晚下来了，舍间离此不远，何不草榻一宵？'子路说：'怎好打搅？'于是老者在前，子路在后，径至门首，逊至中堂。宰起鸡来，煮起饭来。唤出他两个儿子，兄先弟后，彬彬有礼，见了子路。唉，可怜子路半世在江湖上行走，受了人家许多怠慢，今日肴馔虽然不丰，却也殷勤款待，十分尽礼，不免饱餐一顿，蒙被而卧。正是：山林惟识天伦乐，廊庙空怀济世忧。毕竟那老者姓甚名谁，夫子见与不见，下文交代。"众人听了一齐赞好，把酒饮了。（大书原文为："子路从而后，遇丈人，以杖荷蓧。子路问曰：'子见夫子乎？'丈人曰：'四体不勤，五谷不分，孰为夫子？'植其杖而芸。子路拱而立。止子路宿，杀鸡为黍而食之，见其二子焉。"）（见《论语·微子》篇）（《镜花缘》第八十三回）

（五）制义中有所谓墨派者，庸恶陋劣无出其右。有即以墨卷为题，仿其调作两股以嘲之者，曰：

天地乃宇宙之乾坤，吾心实中怀之在抱。久矣夫千百年来已非一日矣。溯往事以追维，曷勿考记载而诵诗书之典籍。元后即帝王之天子，苍生乃百姓之黎元，庶矣哉亿兆民中已非一人矣。思入时而用世，曷弗瞻黼座而登廊庙之朝廷。

叠床架屋，今之所谓音调铿锵者何以胜此。（梁绍壬《秋雨盫随笔》三，梁章钜《制义丛话》二十四）

此外还有参用上列两式的，如鲁迅的《我的失恋》（见《野草》），便是仿拟张衡的《四愁诗》：

　　我的所爱在山腰；
　　想去寻她山太高，
　　低头无法泪沾袍。

爱人赠我百蝶巾；
回她什么：猫头鹰。
从此翻脸不理我，
不知何故兮使我心惊。

我的所爱在闹市；
想去寻她人拥挤，
仰头无法泪沾耳。
爱人赠我双燕图；
回她什么：冰糖壶卢。
从此翻脸不理我，
不知何故兮使我糊涂。

我的所爱在河滨；
想去寻她河水深，
歪头无法泪沾襟。
爱人赠我金表索，
回她什么：发汗药。
从此翻脸不理我，
不知何故兮使我神经衰弱。

我的所爱在豪家；
想去寻她兮没有汽车，
摇头无法泪如麻。
爱人赠我玫瑰花；

回她什么：赤练蛇。

从此翻脸不理我，

不知何故兮——由她去罢。

张衡《四愁诗》的原文为：

我所思兮在太山，欲往从之梁父艰，侧身东望涕沾翰。美人赠我金错刀，何以报之，英琼瑶。路远莫致倚逍遥，何为怀忧，心烦劳。

我所思兮在桂林，欲往从之湘水深，侧身南望涕沾襟。美人赠我金琅玕，何以报之，双玉盘。路远莫致倚惆怅，何为怀忧，心烦伤。

我所思兮在汉阳，欲往从之陇阪长，侧身西望涕沾裳。美人赠我貂襜褕，何以报之，明月珠。路远莫致倚踟蹰，何为怀忧，心烦纡。

我所思兮在雁门，欲往从之雪雰雰，侧身北望涕沾巾。美人赠我锦绣段，何以报之，青玉案。路远莫致倚增叹，何为怀忧，心烦惋。

十　拈　连

甲乙两项说话连说时，趁便就用甲项说话所可适用的词来表现乙项观念的，名叫拈连辞。这种拈连的修辞方法，无论甲项说话在前或在后，都可应用。

（一）这人不论做什么事总抱着孩子正在游戏一般的心情。……衙门的公事，并不是笑谈。那是政府的大机关的一个小齿轮，自己也在回旋的事，是分明自觉着的。自觉着，而办着这些事的心情，却像游戏一般。（鲁迅译《现代日本小说集·游戏》）

（二）重门不锁相思梦，随意绕天涯。（赵令畤《锦堂春》词）

（三）一夜东风，枕边吹散愁多少？数声啼鸟，梦转纱窗晓。（曾允元《点绛唇》词）

（四）水调数声持酒听，午睡醒来愁未醒。送春，春去几时回？临晚镜，伤流景；往事悠悠空记省。（张先《天仙子》词）

（五）出门万里客，中道逢嘉友，未言心先醉，不在接杯酒。（陶潜《拟古》九首之一）

（六）敲碎离愁，纱窗外风摇翠竹。人去后吹箫声断，倚楼人独。满眼不堪三月暮，举头已觉千山绿。但试把一纸寄来书，从头读。（辛弃疾《满江红》词）

以上从例（一）到例（四），别项说话在前，拈连辞在后；例（五）和例（六），反此。

十一　移　　就

遇有甲乙两个印象连在一起时，作者就把原属甲印象的性状形容词移属于乙印象的，名叫移就辞。移就格中各个成分的关系如下图：

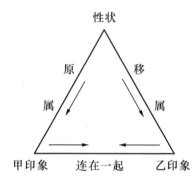

我们常见的,大概是把人类的性状移属于非人的或无知的事物:

(一)这是深夜三点钟的时候,我醒着躺在床上,远远地听到什么地方的军队的悲戚的喇叭声。在这个时候为什么吹的呢?……我想,这必然是野外演习,或者什么罢。我对于这些兵卒,昼间的疲劳还未恢复,又从渴睡的床上被叫起来拉到野外去的兵卒,十分同情。(《深夜的喇叭》。渴睡原属于兵,今移属于床)

(二)明日重寻石头路,醉鞍谁与共联翩。(陆游《过采石有感》。醉的本是放翁,今属于鞍。)

(三)风便欲悬帆,一片离云生栋。休送休送,今夜月寒珍重。(王修微《如梦令》词)

(四)相如视秦王无意偿赵城……持璧却立倚柱,怒发上冲冠。(《史记·廉颇蔺相如传》)

此外如常说的"情书""病院"之类,也是属于这一格的修辞。

第六篇　积极修辞二

乙类　意境上的辞格

一　比　　拟

将人拟物(就是以物比人)和将物拟人(就是以人比物)都是比拟。《诗人玉屑》卷九载杨万里论比拟说：

> 白乐天《女道士》诗云："姑山半峰雪，瑶水一枝莲。"此以花比美妇人也。东坡《海棠》诗云："朱唇得酒晕生脸，翠袖卷纱红映肉。"此以美妇人比花也。

一切比拟就像这样，可以分作两类：一如此处前例，将人拟作物的，称为拟物；一如后例，将物拟作人的，称为拟人。

（甲）拟人

拟人是一种常用的辞法。在描写、抒情的语文中，几乎时常可以见到，而尤以童话为多。童话多是全篇纯用拟人辞法，因为太长，不便引用。今举比较简短的例于下：

（一）那春天实在很愉快。从早晨起，黄莺和杜鹃这些音乐高强的先生们便独唱，蜜蜂小姐们和胡蜂姑娘们是合唱，蝴蝶的姐儿们是舞蹈，到晚上，青蛙堂兄的诗人们便开诗社，开演说会，一直热闹到深夜。这些集会里，鲫鱼也到场，用了可爱的口吻，去谈那个国土的事。（鲁迅译《爱罗先珂童话集·鱼的悲哀》）

（二）每当日光隐灭的时候，黄昏便从地下起来。这黄昏——一个大的夜的军队，有几千不可见的部队和几百万的战士。这强大的军队，自从不可记忆的年代以来，与世界相反抗：每朝退走，每晚得胜。从日入以至日出，是他为王；在白日里，被打败了，躲在窠里等候着。（《现代小说译丛·影》）

（三）当菜花披着黄袍，

　　　称霸于绿野时，

　　　豆花不曾屈服，

　　　依然黑白分明！（刘大白《旧梦·泪痕》三十六）

（四）阳春召我以烟景，大块假我以文章。（李白《春夜宴从弟桃花园序》）

（五）饥来驱我去，不知竟何之。（陶潜《乞食》诗）

（六）春蚕到死丝方尽，蜡炬成灰泪始干。（李商隐《无题》诗）

（七）羌笛何须怨杨柳，春风不度玉门关。（王之涣《出塞》诗）

（乙）拟物

拟物也多见于描写抒情的语文中，但不像拟人那样的常用，用也多是部分的。 现举数例于下：

（一）鸿鹄高飞，一举千里。羽翼已就，横绝四海。横绝四海，又可奈何！虽有矰缴，尚安所施？（《鸿鹄歌》，本事见《汉书·张良传》；高帝欲废太子，立戚夫人子赵王如意。后不果。戚夫人泣涕。帝曰："为我楚舞，吾为若楚歌。"歌的便是这一首歌辞。歌辞是把太子拟作鸿鹄，说他得了四皓为辅，羽翼已成，不能动了。）

（二）雄兔脚扑朔，雌兔眼迷离。两兔傍地走，安能辨我是雄雌？（《木兰诗》结句，木兰自拟）

（三）浓妆呵，娇滴滴擎露山茶；淡妆呵，颤巍巍带雨梨花。（乔孟符《扬州梦》第三折）

（四）桃脸儿通红，樱唇儿青紫，玉笋纤纤不住搓。（《董西厢》）

以上两种辞法，都是发生在情感饱满、物我交融的时候。虽然用有多少，并非质有上下。 中外许多论文说话的书中，多只收录拟人，不说拟物，除出个人的癖好之外并没有什么坚强理由。 又两者拟比的分量也尽可以有种种的差别，并没有一定的规限，如拟物，从"怎当他临去秋波那一转"那样，单将眼光一部分来拟物起，直到《鸿鹄歌》那样全部拟物止，都可以存在。这中间可以分成无数的等级。 拟人也是如此。

二　讽　　喻

讽喻是假造一个故事来寄托讽刺教导意思的一种措辞法。大都用在本意不便明说或者不容易说得明白亲切的时候。 但说了故事，往往仍旧把本意说了出来，而使故事只成了对象事件的形容。又故事也往往造得极其粗略,不曾具体化到可以独立存在的地步,有时简直连形容也不充分,非加说明不容易知道寄托的本意在哪里。这大半由于情急境迫,没有充分时间来构思设想的缘故。

依据情境急迫的程度和故事独立的程度,我们可以把讽喻分做两类:一类是情境急迫,故事只是匆促之间捏造出来,并没有充分的独立性的,这在我们日常语言之间,大概叫作"比方"。以下所举便是几个出名的比方。如所谓"画蛇添足",所谓"鹬蚌相争",所谓"狐假虎威",都已成为口头常说的成语。这类比方因为故事造得太没有独立性,往往非连同描写背景和说明本意的文辞一起看,不能明晓它到底是在那里说什么。像下面的"土偶与桃梗"的一例,便仿佛是这样的。所以我们举例的时候,不能不将那描写和说明的文辞一起录下来。我们计拟把它跟讽喻的本身分行写,让大家比较容易看清楚运用比方的实际:

（一）昭阳为楚伐魏,覆军杀将,得八城,移兵而攻齐。陈轸为齐王使,见昭阳,再拜贺战胜,起而问楚之法:"覆军杀将,其官爵何也?"昭阳曰:"官为上柱国,爵为上执珪。"陈轸曰:"异贵于此者何也?"曰:"唯令尹耳。"陈轸曰:"令尹贵矣,王非置两令尹也,臣窃为公譬可也:（以下讽喻）

楚有祠者,赐其舍人卮酒。舍人相谓曰:'数人饮之不足,一人饮之有余。请画地为蛇,先成者饮酒。'一人蛇先成,引酒且饮之。乃左手持卮,右手画蛇曰:'吾能为之足。'未成,一人之蛇成,夺其卮曰:'蛇固无足,子安能为之足?'遂饮其酒。为蛇足者,终亡其酒。（以上讽喻）

今君相楚而攻魏，破军杀将得八城，不弱兵，欲攻齐。齐畏公甚。公以是为名，足矣；官之上，非可重也。战无不胜，而不知止者，身且死，爵且后归，犹为蛇足也。"昭阳以为然，解军而去。（《战国策·齐策》二）

（二）赵且伐燕。苏代为燕谓（赵）惠王曰："今者臣来，过易水，（以下讽喻）

蚌方出曝，而鹬啄其肉。蚌合而拑其喙。鹬曰：'今日不雨，明日不雨，即有死蚌！'蚌亦谓曰：'今日不出，明日不出，即有死鹬！'两者不肯相舍，渔者得而并禽之。（以上讽喻）

今赵且伐燕。燕、赵久相支以弊大众，臣恐强秦之为渔父也，故愿王熟计之也。"惠王曰："善。"乃止。（《战国策·燕策》二）

（三）荆宣王问群臣曰："吾闻北方之畏昭奚恤也，果诚何如？"群臣莫对。江一对曰：（以下讽喻）

"虎求百兽而食之，得狐。狐曰：'子无敢食我也！天帝使我长百兽；今子食我，是逆天帝也。子以我为不信，吾为子先行，子随我后，观百兽之见我而敢不走乎？'虎以为然，故遂与之行。兽见之皆走。虎不知兽畏己而走也，以为畏狐也。（以上讽喻）

今王之地方五千里，带甲百万，而专属之昭奚恤。故北方之畏奚恤也，其实畏王之甲兵也，犹百兽之畏虎也。"（《战国策·楚策》一）

（四）孟尝君将入秦，止者千数而弗听。苏秦欲止之。孟尝君曰："人事者，吾已尽知之矣；吾所未闻者，独鬼事耳。"苏秦曰："臣之来也，固不敢言人事也，固且以鬼事见君。"孟尝君见之。谓孟尝君曰："今者臣来，过于淄上，（以下讽喻）有土偶人与桃梗相与语。桃梗谓土偶人曰：'子，西岸之土也，挺子以为人，至岁八月,降雨下,淄水至,则汝残矣。'土偶曰:'不然。吾,西岸之土也;吾残,则复西岸耳。今子,东国之桃梗也,刻削子以为人。降雨下,淄水至,流子而去,则子漂漂者将何如耳!'(以上讽喻)

今秦四塞之国,譬若虎口,而君入之,则臣不知君所出矣。"孟尝君乃止。(《战国策·齐策》三)

还有一类是情境比较地不急切,故事构造得比较完整,比较有独立性的,这在我们言谈之间大概叫作"寓言"。寓言有写得很长的,如班酿的《天路历程》等,现在只举几个简短的例:

(五)太形、王屋二山,方七百里,高万仞,本在冀州之南,河阳之北。北山愚公者,年且九十,面山而居,惩山北之塞,出入之迂也,聚室而谋曰:"吾与汝毕力平险,指通豫南,达于汉阴,可乎?"杂然相许。其妻献疑曰:"以君之力,曾不能损魁父之丘,如太形王屋何?且焉置土石?"杂曰:"投诸渤海之尾,隐土之北。"遂率子孙荷担者三夫,叩石垦壤,箕畚运于渤海之尾。邻人京城氏之孀妻,有遗男,始龀,跳往助之。寒暑易节,始一返焉。河曲智叟笑而止之曰:"甚矣,汝之不惠!以残年余力,曾不能毁山之一毛,其如土石何?"北山愚公长息曰:"汝心之固,固不可彻,曾不若孀妻弱子!虽我之死,有子存焉。子又生孙,孙又生子,子又有子,子又有孙。子子孙孙无穷匮也,而山不加增,何苦而不平?"河曲智叟亡以应。操蛇之神闻之,惧其不已也,告之于帝。帝感其诚,命夸娥氏二子负二山,一厝朔东,一厝雍南。自此,冀之南,汉之阴,无陇断焉。(《列子·汤问》篇)

（六）往昔之世，有富愚人，痴无所知，到余富家，见三重楼，高广严丽，轩敞疏朗，心生渴仰，即作是念："我有财钱，不减于彼，云何顷来而不造作如是之楼？"即唤木匠而问言曰："解作彼家端正舍不？"木匠答言："是我所作。"即便语言："今可为我造楼如彼。"是时，木匠即便经地垒墼作楼。愚人见其垒墼作舍，犹怀疑惑，不能了知，而问之言："欲作何等？"木匠答言："作三重屋。"愚人复言："我不欲下二重之屋，先可为我作最上屋。"木匠答言："无有是事。何有不作最下重屋，而得造彼第二之屋？不造第二，云何得造第三重屋？"愚人固言："我今不用下二重屋，必可为我作最上者。"时人闻已，便生怪笑，咸作此言："何有不造下第一屋而得上者？"（《百喻经·三重楼喻》）

以上两个例，一个寄寓智而怕难，不如愚而努力的意思，一个寄寓努力应当依照程序，应当从下层基础做起的意思，都是故事本身便已显示得明白周到，无须再加说明。

讽喻的故事，固然多是随机捏造的，故事里的人物也多是应境捏凑。如曾经过易水，便说是鹬蚌怎样怎样，只好讲鬼事时便说是土偶和桃梗怎样怎样。捏凑的时候也多对于部类不加鉴别。有时假托人类（如富愚人），有时假托人类以外的生物（如狐虎）或无生物（如土偶）。若是假托人类以外的生物或无生物，那故事里面一定同时含有两种比拟的成分，就是一定是用拟人的手段来寄托拟物的意思，如"狐假虎威"一例，便是外表是使狐虎做人的言动，是拟人，而内里却把狐虎来比拟人类，是拟物。其余一切同类的例，也都如此。

三 示 现

示现是把实际上不见不闻的事物,说得如见如闻的辞格。所谓不见不闻,或者原本早已过去,或者还在未来,或者不过是说者想象里的景象,而说者因为当时的意象极强,并不计较这等实际间隔,也许虽然计及仍然不愿受它拘束,于是实际上并非身经亲历的,也就说得好像身经亲历的一般,而说话里,便有我们称为示现这一种超绝时地超绝实在的非常辞格。

示现可以大别为追述的、预言的、悬想的三类。 追述的示现是把过去的事迹说得仿佛还在眼前一样:

（一）六王毕,四海一,蜀山兀,阿房出。……长桥卧波,未云何龙? 复道行空,不霁何虹? 高低冥迷,不知西东。歌台响暖,春光融融。……明星荧荧,开妆镜也。绿云扰扰,梳晓鬟也。渭流涨腻,弃脂水也。烟斜雾横,焚椒兰也。……楚人一炬,可怜焦土。(杜牧《阿房宫赋》)

预言的示现同追述的示现相反,是把未来的事情说得好像已经摆在眼前一样:

（二）他敢不放我过去,你宽心! 远的破开步将铁棒飕。近的顺着手把戒刀钐。有小的,提起来将脚步跐;有大的,扳下来把髑髅勘。瞅一瞅,骨都都翻了海波;滉一滉,厮琅琅振动山崖。脚踏得赤力力地轴摇,手攀得忽刺刺天关撼。(《西厢记·寺警》)

至于悬想的示现,则是把想象的事情说得真在眼前一般,同时间的过去未来全然没有关系:

(三)他此夕把云路凤车乘,银汉鹊桥平。不甫能今夜成欢庆,枕边忽听晓鸡鸣。却早离愁情脉脉,别泪雨泠泠。五更长叹息,则是一夜短恩情。(白朴《梧桐雨》杂剧第一折)

(四)今夜鄜州月,闺中只独看,遥怜小儿女,未解忆长安。香雾云鬟湿,清辉玉臂寒。何时倚虚幌,双照泪痕干?(杜甫《月夜》诗。时杜甫身在长安,家在鄜州;所谓"闺中只独看"等等只是想象的话。)

(五)……驷玉虬以乘鹥兮,溘埃风余上征。朝发轫于苍梧兮,夕余至乎县圃。欲少留此灵琐兮,日忽忽其将暮。吾令羲和弭节兮,望崦嵫而勿迫。路漫漫其修远兮,吾将上下而求索。饮余马于咸池兮,总余辔乎扶桑。折若木以拂日兮,聊逍遥以相羊。前望舒使先驱兮,后飞廉使奔属。鸾凤为余先戒兮,雷师告余以未具。吾令凤鸟飞腾兮,继之以日夜。飘风屯其相离兮,率云霓而来御。(屈原《离骚》)

此外像下面的几个例也属于这一类:

(六)李天王……出师来斗,大圣也公然不惧。……就于洞门外列成阵势。你看,这场混战,好惊人也。寒风飒飒,鬼雾阴阴。那壁厢旌旗飞彩;这壁厢戈戟生辉。滚滚盔明,层层甲亮。滚滚盔明映太阳,如撞天的银磬;层层甲亮砌岩崖,似压地的冰山。(《西游记》第五回)

（七）……顺涧爬山，直至源流之处，乃是一股瀑布飞泉。众猴拍手称扬道："好水，好水！哪一个有本事的，钻进去寻个源头出来，不伤身体者，我等即拜他为王。"连呼了三声，忽见丛杂中跳出一个石猴，应声高叫道："我进去！我进去！"好猴！你看他瞑目蹲身，将身一纵，径跳入瀑布泉中。（《西游记》第一回）

还有用断定式来表示推定的，也属于这一类：

（八）今大王……弃忠信之言，以顺敌人之欲，臣必见越之破吴，豸鹿游于姑胥之台，荆榛蔓于宫阙。（《吴越春秋》九，子胥语）

（九）暗想那织女分，牛郎命，虽不老，是长生。他阻隔银河信杳冥，经年度岁成孤另。你试向天宫打听，他决害了些相思病。（白朴《梧桐雨》杂剧第一折）

四 呼 告

话中撇了对话的听者或读者，突然直呼话中的人或物来说话的，名叫呼告辞。呼告也同比拟和示现一样发生在情感急剧处，而且常常带有比拟或示现的性质。如有必要，不妨随它带有的性质分为比拟呼告和示现呼告两类。

（甲）比拟呼告

（一）宝玉抡着钓竿等了半天，那钓丝儿动也不动。刚有一个鱼儿在水边吐沫，宝玉把竿子一幌，又吓走了。急得宝玉道，"我最是个性儿急的人，他偏性儿慢，这可怎么样呢？好鱼儿！

快来罢！你也成全成全我呢！"说得探春、岫烟、李纹、李绮四人都笑了。(《红楼梦》第八十一回)

(二)宝玉忙忙来至怡红院中,向袭人、麝月、晴雯笑道:"你们还不快着看去！谁知宝姐姐的亲哥哥是那个样子,他这叔伯兄弟形容举止,另是个样子,倒像是宝姐姐的同胞兄弟似的！更奇在你们成日家只说宝姐姐是绝色的人物,你们如今瞧见他这妹子〔宝琴〕,还有大嫂子的两个妹子〔李纹、李绮〕,我竟形容不出来了。老天！老天！你有多少精华灵秀,生出这些人上之人来。……"(《红楼梦》第四十九回)

(三)硕鼠,硕鼠,无食我黍！三岁贯女,莫我肯顾。逝将去女,适彼乐土！乐土乐土,爰得我所！(《诗·卫风·硕鼠》篇)

(四)东方半明大星没,独有太白配残月。嗟尔残月勿相疑,同光共影须臾期！残月晖晖,太白睒睒,鸡三号,更五点。(韩愈古诗《东方半明》)

(乙) 示现呼告

(五)知客引了智深,直到方丈,解开包裹,取出书来,拿在手里。……清长老读罢来书……唤集两班许多职事僧人,尽到方丈,乃云:"汝等众僧在此,你看我师兄智真禅师好没分晓！这个来的僧人,原来是经略府军官。原为打死了人,落发为僧。二次在彼闹了僧堂,因此难安他。你那里安他不得,却来推与我！待要不收留他,师兄如此千万嘱咐,不可推故;待要着他在这里,倘或乱了清规,如何使得?"("你"指不在眼前的智真)(《水浒》第五回)

（六）梁中书……问："杨提辖何在？"众人告道："不可说！这人是个大胆忘恩的贼！……和七个贼人通同……押生辰纲财宝并行李尽装载车上将去了。……"梁中书听了大惊，骂道："这贼配军！你是犯罪的囚徒，我一力抬举你成人，怎敢做这等不仁忘恩的事！我若拿住他时，碎尸万段！"（"你"指不在眼前的杨志）（《水浒》第十六回）

五　夸　张

说话上张皇夸大过于客观的事实处，名叫夸张辞。说话上所以有这种夸张辞，大抵由于说者当时，重在主观情意的畅发，不重在客观事实的记录。我们主观的情意，每当感动深切时，往往以一当十，不能适合客观的事实。所以见一美人，可以有

増之一分则太长，减之一分则太短。着粉则太白，施朱则太赤。（宋玉《登徒子好色赋》）

之感；说一武士也可以有

力拔山兮气盖世（项羽《垓下歌》）

的话。所谓夸张，便是由于这等深切的感动而生。

知道夸张辞的作用，在乎抒描深切的感动，我们赏鉴抒描感动的小说诗歌等类文辞时，遇有此种辞格，就当原情逆意，还它本来面目。好像孟轲说的，"说诗者，不以文害辞，不以辞害志，

以意逆志，是为得之。 如以辞而已矣，《云汉》之诗曰：'周余黎民，靡有孑遗。'信斯言也，是周无遗民也"（《万章》篇上），这才可算真能领略夸张辞的真意。 倘如对于杜甫的这两句诗：

霜皮溜雨四十围，黛色参天二千尺。（《古柏行》）

沈括（存中）一定要说它"四十围乃是径七尺，无乃太细长乎？"（《梦溪笔谈》二十三《讥谑门》）；黄朝英又一定要为杜甫辩护，说："存中性机警，善九章算术，独于此为误何也？古制以围三径一，四十围即百二十尺。围有百二十尺，即径四十尺矣；安得云七尺也？若以人两手大指相合为一围，则是一小尺，即径一丈三尺三寸，又安得云七尺也？武侯庙古柏，当从古制为定。则径四十尺，其长二千尺宜矣；岂得以细长讥之乎？"（《渔隐丛话》前集卷八引《缃素杂记》，今本《缃素杂记》无此条）那便犯了照字直解的错误，我们即使可以原谅他们的算法上的错误，也不能不埋怨他们的两盘算盘声，把我们夸张辞的真声音掩盖了。

夸张辞可以分作两类：（一）是普通的，可以称为普通夸张辞；（二）是单单关于事象先后的，可以称为超前夸张辞。 普通夸张辞的用处并不限于一面，古来注意它、论述它的也比较多，如所谓"增语"及"增文"（见王充《论衡》卷七八《语增》《儒增》《艺增》等篇），所谓"夸饰"（刘勰《文心雕龙》卷八《夸饰》篇），所谓"激昂之言"（《渔隐丛话》前集卷八引《诗眼》），都是专论这一类夸张辞。 它在实际上是比较地普通的，所以我们就称为普通夸张辞。 至于超前夸张辞，则是常有将实际上后起的现象说成在先呈象之前出现（至少说成同先呈的现象同时并现)的倾向的,就是常有落后者反而超越在前的特点的,因此我们便称它为超前夸张辞。

一　普通夸张辞

（一）明日一早定要回家去了。虽然住了两三天,日子却不多,把古往今来,没见过的,没吃过的,没听过的,都经验了。(《红楼梦》第四十二回)

（二）严监生正在大厅陪着客吃酒,奶妈慌忙走了出来说道,"奶奶断了气了!"严监生哭着走了进去,只见赵氏扶着床沿,一头撞去,已经哭死了。众人且扶着赵氏灌开水,撬开牙齿,灌了下去。灌醒了时,披头散发,满地打滚,哭得天昏地暗,连严监生也无可奈何。(《儒林外史》第五回)

（三）锦江春色来天地,玉垒浮云变古今。(杜甫《登楼》诗)

（四）吴楚东南坼,乾坤日夜浮。(杜甫《登岳阳楼》诗。坼,读如策,裂也。)

（五）白发三千丈,缘愁似个长。(李白《秋浦歌》)

（六）一风三日吹倒山,白浪高于瓦官阁。(李白《横江》词六首之一。瓦官阁在瓦官寺,古碑云:昔有僧……以瓦棺葬于此……寺中有阁,高三十五丈。)

（七）谁谓河广?曾不容刀。(《诗·卫风·河广》篇。刀音刁,小船形似刀者。)

（八）千禄百福,子孙千亿。(《诗·大雅·假乐》篇)

（九）汤汤洪水方割,荡荡怀山襄陵,浩浩滔天。(《书·尧典》篇。汤音伤,汤汤流貌;怀,包也;襄,上也。)

（十）前徒倒戈攻于后以北,血流漂杵。(《书·武城》篇)

就上举几个例看来，如例一、例五、例七、例八、例九之类，我们或者可以说它是数量上的夸张，如例二、例三、例四之类，我们或者可以说它是性状上的夸张——总之用处并不限于什么一面。

二　超前夸张辞

（十一）雨村、士隐二人归坐，先是款酌慢饮，渐次谈至兴浓，不觉飞觥献斝起来。当时街坊上家家箫管，户户笙歌，当头一轮明月，飞彩凝晖，二人愈添豪兴，酒到杯干。(《红楼梦》第一回)

（十二）吃过了茶，摆两张桌子杯箸……随即每桌摆上八九碗……叫一声"请"，一齐举箸，却如风卷残云一般，早去了一半。(《儒林外史》第二回)

（十三）宝玉道："这条路是往哪里去的？"焙茗道："这是出北门的大道。出去了，冷清清没有可顽的。"宝玉听说，点头道："正要冷清清的地方好。"说着，越发加上两鞭，那马早已转了两个弯子，出了城门。(《红楼梦》第四十三回)

（十四）愁肠已断无由醉；酒未到，先成泪。(范仲淹《御街行》词)

（十五）请字儿未曾出声，去字儿连忙答应，早飞去莺莺跟前，姐姐呼之，诺诺连声。(《西厢记·请宴》)

（十六）武王克殷反商，未及下车而封黄帝之后于蓟，封帝尧之后于祝，封帝舜之后于陈。(《礼记·乐记》篇。"反"当为"及"之误。)

就上举几个例看来，凡是后起的现象，在这类夸张辞里都有一个超前的倾向，轻则如例十一，将后起的现象"杯干"说成同先呈的现象"酒到"同时,重则如例十二以下诸例,将后起的现象说成在先呈的现象之前,所以我们把它叫做超前夸张。超前夸张,专用在记载连起的两件事情,我们要刻意形容它"说时迟,那时快"的时候。

古来论夸张辞最周到的,据我所知,要算汪中为第一。他说:

《礼记·杂记》:"晏平仲祀其先人,豚肩不掩豆。"豚实于俎,不实于豆。豆径尺,并豚两肩,无容不掩。此言乎其俭也。《乐记》:"武王克商,未及下车,而封黄帝、尧、舜之后。"大封必于庙,因祭策命,不可于车上行之。此言乎以是为先务也。《诗》:"嵩高维岳,峻极于天。"此言乎其高也。此辞之形容者也。……辞不过其意则不鬯,是以有形容焉。(《述学·释三九》中。他的所谓形容就是我们所谓夸张。)

短短的一段文字,居然把两种的夸张辞都论到了。

附记——

历来讲夸张辞的常列有许多限制,其中最可取的有两条:(一)主观方面须出于情意之自然的流露;如《古文苑》里名为宋玉作的《大言赋》《小言赋》,完全出于造作,可说毫无意义。(二)客观方面须不致误为事实,如"白发三千丈",决不致误认为事实,倘不说"三千丈"而说"三尺",那便容易使人误认为事实。如果被误认为事实,那便不是修辞上的夸张,只是事实上的浮夸。

六 倒　　反

　　说者口头的意思和心里的意思完全相反的，名叫倒反辞。倒反辞可以分作两类：或因情深难言，或因嫌忌怕说，便将正意用了倒头的语言来表现，但又别无嘲弄讽刺等意思包含在内的，是第一类，我们可以称为倒辞。例如：

　　（一）你借与我半间儿客舍僧房,与我那可憎才居止处门儿相向。("可憎"是爱极的倒辞)(《西厢记・借厢》)

　　（二）一席话说的倪继祖一言不发,惟有低头哭泣。李氏心下为难,猛然想起一计来,须如此如此,这冤家方能回去。想罢说道："孩儿不要啼哭。我有三件,你要依从,诸事办妥,为娘的必随你去如何？"倪继祖连忙问道："哪三件？请母亲说明。"(这"冤家"就是指孩儿)(《三侠五义》第七十二回)

第二类是不止语意相反，而且含有嘲弄讥刺等意思的，我们称为反语。例如：

　　（三）日前掐死了一个丫鬟,尚未结案,今日又杀了一个家人。所有这些喜庆事情,全出在尊府。(《三侠五义》第三十七回)

　　（四）孙定为人最鲠直……只要周全人……转转宛宛,在府上说知就里,禀道："此事果是屈了林冲,只可周全他。"府尹道："他做下这般罪,高太尉批仰定罪,定要问他'手执利刃,故入节堂,杀害本官',怎周全得他？"孙定道："这南衙开封府不是朝廷

的,是高太尉家的!"(《水浒》第七回)

(五)楚庄王之时,有所爱马,衣以文绣,置之华屋之下,席以露床,啖以枣脯。马病肥死。使群臣丧之,欲以棺椁大夫礼葬之。左右争之,以为不可。王下令曰:"有敢以马谏者,罪至死!"优孟闻之,入殿门,仰天大哭。王惊而问其故。优孟曰:"马者,王之所爱也。以楚国堂堂之大,何求不得?而以大夫礼葬之?薄!请以人君礼葬之!"(《史记·滑稽列传》)

(六)庄宗好畋猎,猎于中牟,践民田。中牟县令,当马切谏为民请。庄宗怒,叱县令去,将杀之。伶人敬新磨知其不可。乃率诸伶走追县令,擒至马前,责之曰:"汝为县令,独不知我天子好猎耶?奈何纵民稼穑以供税赋,何不饥汝县民而空此地,以备吾天子之驰骋?汝罪当死!"因前请亟行刑。诸伶共唱和之。庄宗大笑。县令乃得免去。(《五代史·伶官传》)

(七)萧俛、段文昌议销兵之法,每岁百人之中,限八人逃死。——笠翁曰:古来销兵之法,未有善于萧俛、段文昌之议者也。古人纵马华山,放牛桃林,卖剑买牛,卖刀买犊,法虽善矣,而于"销兵"二字终无实际。何也?以有纵之、放之、卖之之人,即有收之、获之、买之之人,一旦有事,则取之如寄。是但有销兵之名,而未有销兵之实也。不若萧、段所立之法,限以逃死。逃则去而不返,死则绝而弗生;是以破釜焚舟之计,而倒用之者也。以此销兵,始与刈草除根之法。但须再立二法以佐之。一曰,兵士有病不许服药。二曰,盗贼有警不得捕剿。如是,则兵有所归而逃者众,病无所救而死者繁矣。不然,死生有数,焉能限以必死;归栖无地,焉能责其必逃乎?(李渔《论唐之再失河朔不能复取》)

反语是倒反辞的根干,在文章和说话中都比较地用得多而且容易用得有味。

反语有时利用成语来反用,如袁褧《枫窗小牍》(卷上)载"宣和中有反语云:寇莱公——知人则哲;王子明——将顺其美;包孝肃——饮人以和;王介甫——不言所利",便是例。

七 婉 转

说话时遇有伤感惹厌的地方,就不直白本意,只用委曲含蓄的话来烘托暗示的,名叫婉转辞。构成这个辞格,约有两种主要方法。第一是不说本事,单将余事来烘托本事。例如:

(一)新来瘦,非关病酒,不是悲秋。(李清照《凤凰台上忆吹箫》词)

要说的明是相思的苦,却不直说。又如:

(二)江上荒城猿鸟悲,隔江便是屈原祠。一千五百年间事,只有滩声似旧时。(陆游《楚城》诗)

要说的也明明是那些不似旧时的景物,却也不明说,便是两个适例。司马光《迂叟诗话》说:"古人为诗,贵于意在言外,使人思而得之。近世诗人,惟杜子美最得诗人之体。如《春望》:'国破山河在,城春草木深。感时花溅泪,恨别鸟惊心。''山河在',明无余物矣。'草木深',明无人矣。花鸟,平时可娱之物;见之而泣,闻之而悲,则时可知矣。他皆类此,不可遍举。"那便是论这一类的婉转辞。

第二类是说到本事的时候,只用隐约闪烁的话来示意。例如:

(三)三月,宋华耦来盟。公与之宴。辞曰:"君之先臣督,得罪于宋殇公,名在诸侯之策。臣承其祀,其敢辱君?请承命于亚旅。"鲁人以为敏。(《左传》文公十五年)

宋华督弑殇公,在桓公二年,这里只说"得罪"。又华耦"无故扬其先祖之罪",是不敏,而文中只说"鲁(钝的)人以为敏"。都是只用隐约闪烁的话透露本意的婉转辞。又如:

(四)孟武伯问:"子路仁乎?"子曰:"不知也。"

也只用闪烁的话表示子路未见得仁。又如:

(五)其后人有上书告勃欲反,下廷尉,逮捕勃治之。勃恐,不知置辞,吏稍侵辱之。勃以千金与狱吏,狱吏乃书牍背示之曰:以公主为证。……勃既出,曰:"吾尝将百万军,然安知狱吏之贵乎?"(《史记·绛侯周勃世家》)

也只用隐约的话显示狱吏的作威作福。汪中《述学释三九》中篇说:"《春秋传》闵公二年'卫懿公好鹤,鹤有乘轩者'。鹤无乐乎轩,好鹤者不求其行远;谓以卿之秩宠之,以卿之禄食之也,故曰'鹤实有禄位'。 然不云视卿,而云乘轩……此辞之曲也。 ……周人尚文,君子之于言不径而致也,是以有曲焉。"那便是说这类婉转辞的用法。

此外还有一类上下其辞、游移其辞来示意的方法,如要说"坏的",只说"不是顶好的",要说"该去的"只说"最好还是去"之类也是这一类的措辞法。 但这类措辞法现在文字上还是不常见,现在姑且不举例。

八 避 讳

说话时遇有犯忌触讳的事物,便不直说该事该物,却用旁的话来回避掩盖或者装饰美化的,叫作避讳辞格。

避讳辞有公用的,有独用的。 明陆容《菽园杂记》(一)说:"民间俗讳,各处有之,而吴中为甚。 如舟行讳住讳翻,以箸为快儿,幡布为抹布;讳离散,以梨为圆果,伞为竖笠;讳狼藉,以榔槌为兴哥;讳恼躁,以谢灶为谢欢喜。"所谓俗讳,便是公用的避讳辞。 公用的避讳也不免随时随地有些不同。 如俞樾《茶香室续钞》(七)说:"快儿抹布之称,至今犹然,余则无闻矣。"便是随时不同的例。 如北京人讳言鸡卵,把鸡卵化成了松花、流黄等各式不同的名目,而福建人却讳言茄,把茄说成了紫菜(见林纾《畏庐琐记》),便又是随地不同的例。

独用的避讳,大概没有一定,尽随主旨情境而变。 如《春秋》僖公二十八年:

天王狩于河阳。

《左传》云:"仲尼曰:以臣召君,不可以训。故书曰:狩。"这是为维持所谓大义而讳的。如《晋书·王衍传》:

衍口未尝言钱。妇令婢以钱绕床下。衍晨起,不得出。呼婢曰:"举却阿堵物!"

"阿堵"犹言"这个",这里用做避讳语。这是为贯彻主张而讳的。如《战国策·赵策》四:

赵太后新用事,秦急攻之,赵氏求救于齐。齐曰:"必以长安君为质,兵乃出。"太后不肯。大臣强谏。太后明谓左右:"有复言令长安君为质者,老妇必唾其面!"左师触龙愿见太后。太后盛气而揖之。入而徐趋,至而自谢……太后之色少解。左师公曰:"老臣贱息舒祺,最少,不肖,而臣衰,窃爱怜之;愿令得补黑衣之数,以卫王宫。没死以闻。"太后曰:"敬诺。年几何矣?"对曰:"十五岁矣。虽少,愿及未填沟壑而托之。"太后曰:"丈夫亦爱怜其少子乎?"对曰:"甚于妇人。"太后笑曰:"妇人异甚?"对曰:"老臣窃以为媪之爱燕后,贤于长安君。"曰:"君过矣,不若长安君之甚。"左师公曰:"父母之爱子,则为之计深远。媪之送燕后也,持其踵,为之泣,含悲其远也。亦哀之矣。已行,非弗思也。祭祀必祝之。祝曰:必勿使反。岂非计久长有子孙相继为王也哉?"太后曰:"然。"左师公曰:"今三世以前,至于赵之为赵,赵主之子孙侯者,其继有在者乎?"曰:"无有。"曰:"微独赵,诸侯有在者乎?"曰:"老妇不闻也。""此其近者祸及身,远者及其子孙。岂人主之子孙,则必不善哉?位尊而无功,奉厚而无劳,而挟重器多也。今媪尊长安君之位,而封之以膏腴之地,多予之重器,而不及今令有功于国;一旦山陵崩,长安君何以自托于赵?老臣以媪为长安君计短也,故以为其爱不若燕后。"太后曰:"诺,恣君之所使之。"

一样的讳言死,却把自己的死说作"填沟壑",太后的死说作"山陵崩",便又是为应付情境,顾念对方的情感而讳的。避讳的作用大都就在顾念对话者乃至关涉者的情感,竭力避免犯忌触讳的话头,省得别人听了不快。贾谊《论时政疏》有云:"古者,大臣有坐不廉而废者,不谓不廉,曰簠簋不饰;坐汙秽淫乱,男女无别者,不曰汙秽,曰帷薄不修;坐罢软不胜任者,不曰罢软,曰下官不职。故贵大臣定有其罪矣,犹未斥然正以呼之也,尚迁就而为之讳也。"所谓迁就便是这一种辞法的纲要。

口头语上的避讳多半是用浑漠的词语代替原有的词语,同前面所引"阿堵"的用法相仿。现在举几个例于下:

(一)凤姐儿低了半日头,说道:"这个就没有法儿了。你也该将一应的后事给他料理料理,冲一冲也好。"尤氏道:"我也暗暗地叫人预备了。——就是那件东西,不得好木头,且慢慢地办着罢。"(《红楼梦》第十一回)

所谓"那件东西"便是棺材,却不明说棺材。

(二)王胡子私向鲍廷玺道:"你的话,也该发动了。我在这里算着,那话已有个完的意思;若再遇个人来求些去,你就没账

了。你今晚开口。"(《儒林外史》第三十二回)

所谓"那话"便是钱,却不明说钱。

(三) 王仁笑道:"你令兄平日常说同汤公相与的,怎的这一点事就吓走了。"严致和道:"这话也说不尽了。只是家兄而今两脚站开,差人却在我这里吵闹要人,我怎能丢了家里的事,出去寻他?——也不肯回来。"(《儒林外史》第五回)

"两脚站开"便是说逃走,却不明说逃走,这些都是特用浑漠的话来暗示本意。

附记——

避讳也有人称为"曲语"。章士钊译师辟伯《情为语变之原论》有一段论曲语,颇有几句可供参考,今节录于下:"曲语者,语之刻划本事,不甚明亮,而闻之亦辄了了,两情共喻者也。如受胎,人谓与性欲有连,未便揭言。而举国不讲生子,在势胡可?遂乃回环其辞,曰那件事,曰不能动矣。夫婉言比于直言,究胜几许,殆不能无疑。以人之引以为嫌者,非字也,而字中之义蕴也。今日不能动矣,措辞不同,指事犹是,他方闻而不怪,将一与径说受胎无异。虽然,人终采暗语而避明言。……世尽有人,闻受胎而怒,谓是狎媟;闻那件事而喜,以为雅驯。考其心境,则见人抵面敷辞,不敢斥言某物,而必委婉曲折以赴,乐其尊己,遂不可支也。同时言者利以自解,谓吾言诚指若个,而势迫于此，大非得已，唐突之咎，所不敢辞。……则曲语之设，正为彼此互谅容头过身之地者矣。间尝闻人陈说，一至艰于发口之字，辄生小阻，或以极低之音，囫囵而过。此亦借以自表，谓若而字者，于礼未当，吾非不晓。用心与曲语正同。"（五十三至五十五页）

九　设　问

胸中早有定见，话中故意设问的，名叫设问。这种设问，共分两类：（一）是为提醒下文而问的，我们称为提问，这种设问必定有答案在它的下文；（二）是为激发本意而问的，我们称为激问，这种设问必定有答案在它的反面。

一　提问

（一）我且问你：这七人端的是谁？不是别人，原来正是晁盖、吴用、公孙胜、刘唐、三阮（阮小二、阮小五、阮小七）这七个。（《水浒》第十五回）

（二）生命的路是进步的，总是沿着无限的精神三角形的斜面向上走，什么都阻止他不得。

自然赋予人们的不调和还很多，人们自己萎缩堕落退步的也还很多，然而生命决不因此回头。无论什么黑暗来防范思潮，什么悲惨来袭击社会，什么罪恶来亵渎人道，人类渴仰完全的潜力，总是蹈着这些铁蒺藜向前进。

生命不怕死，在死的面前，笑着跳着，从死里向前进。

许多人们灭亡了，生命仍然跳着笑着，跨过了灭亡的人们向前进。

什么是路？就是从没路的地方践踏出来的，从只有荆棘的地方开辟出来的。（鲁迅《生命的路》）

（三）元年者何？君之始年也。春者何？岁之始也。王者孰谓？谓文王也。曷为先言王而后言正月？王正月也。何言乎王正月？大一统也。公何以不言即位？成公意也。何成乎公之意？公将平国而反之桓。曷为反之桓？桓幼而贵，隐长而卑，其为尊卑也微，国人莫知；隐长又贤，诸大夫扳隐而立之。隐于是焉而辞立，则未知桓之将必得立也。且如桓立，则恐诸大夫之不能相幼君也。故凡隐之立，为桓立也。隐长又贤，何以不宜立？立适以长不以贤，立子以贵不以长。桓何以贵？母贵也。母贵则子何以贵？子以母贵，母以子贵。（《春秋》隐公元年春王正月《公羊传》）

（四）恶乎危？于忿懥。恶乎失道？于嗜欲。恶乎相忘？于富贵。（《杖铭》见《大戴礼记》卷六《武王践阼》篇）

（五）客从远方来，遗我双鲤鱼。呼童烹鲤鱼，中有尺素书。长跪读素书，书中竟何如？上有加餐食，下有长相忆。（无名氏《饮马长城窟行》）

（六）步出齐城门，遥望荡阴里。里中有三坟，累累正相似。问是谁家墓？田疆古冶子。力能排南山，文能绝地纪。一朝被谗言，二桃杀三士。谁能为此谋？国相齐晏子。（诸葛亮《梁甫吟》）

二 激问

（七）现在你们这些理想家，又在那里嚷什么女子剪发了，又要造出许多毫无所得而痛苦的人!

现在不是已经有剪掉头发的女人,因此考不进学校去,或者被学校除了名么?(鲁迅《呐喊·头发的故事》)

(八)百川东到海,何时复西归?少壮不努力,老大徒伤悲。(古乐府《长歌行》)

(九)登彼西山兮,采其薇矣!以暴易暴兮,不知其非矣!神农虞夏忽焉没兮,我安适归矣?吁嗟徂兮,命之衰矣!(伯夷、叔齐《采薇歌》。《史记·伯夷传》注:西山即首阳山。)

(十)谁能思不歌?谁能饥不食?日冥当户倚,惆怅底不忆!(《子夜歌》四十二首之二十三)

修辞学上通常只承认这第二类激问为正式的设问。 这类的设问,常以否定的形式表示肯定的意思,肯定的形式表示否定的意思。 在所有的辞格中也是一种奇特的辞法,除了知切情急的特殊情形之外,总是不用它。

十 感 叹

深沉的思想或猛烈的感情,用一种呼声或类乎呼声的词句表出的,便是感叹辞。 感叹辞约有三类形式:(一)添加"呵""呀""呜呼""噫嘻""哉""夫"等感叹词于直陈句的前后;(二)寓感叹的意思于设问的句式;(三)寓感叹的意思于倒装的句法。 内中(二)(三)两类,各与设问倒装等格有关系,最纯粹的,只有(一)这一类。 我们因此可说(一)这一类是感叹辞中最主要的形式。

（一）噫吁戏，危乎高哉！

　　蜀道之难，难于上青天！（李白《蜀道难》）

（二）陟彼北芒兮，噫！

　　顾瞻帝京兮，噫！

　　宫阙崔巍兮，噫！

　　民之劬劳兮，噫！

　　辽辽未央兮，噫！（梁鸿《五噫歌》）

以上是第一类的例。

（三）砖儿何厚，瓦儿何薄！（《水浒》第六十一回）

（四）一夜春雨，

　　绿了多少田畴；

　　一夜秋霜，

　　黄了多少林壑；

　　如此神奇！

　　怎不叫画师们惭愧！（刘大白《旧梦旧梦》七十六）

以上是第二类的例。

（五）郑成公疾，子驷请息肩于晋，公曰："楚君以郑故，亲集矢于其目。非异人任，寡人也。若背之，是弃力与言，其谁昵我？免寡人，唯二三子！"（《左传》襄公二年）

（六）不做周方，埋怨煞你个法聪和尚！（《西厢记·借厢》）

以上是第三类的例。就上头所举的三类例看来，就可知道第一类是最纯粹最普通的感叹辞。此类感叹辞，在文学未被革命以前，往往被人利用作为文字技穷的救济方法，使阅读者感到无病呻吟的不快。所以那时马建忠在论文法的书上也不禁发起长吁短叹的议论来说道："今之为文者遇有结束、提开、过脉处，无可转者，辄用叹字，别开议论，故一篇之中往往不一用者，而文气亦因以少弱焉。噫！"（见《马氏文通》卷九）我们曾见宋人李耆卿在所著的《文章精义》中说："欧阳永叔《五代史赞》首必有呜呼二字，固是世变可叹，亦是此老文字遇感叹处便精神！"大约马建忠氏也和我们一样地想不通，为什么叹词可以任意用作起承转结之用，为什么起首必有呜呼二字便算是文字有精神！

第七篇　积极修辞三

丙类　词语上的辞格

一　析　字

字有形、音、义三方面；把所用的字析为形、音、义三方面，看别的字有一面同它相合相连，随即借来代替或即推衍上去的，名叫析字辞。顾炎武《日知录》卷二十七说：

太白诗有《古朗月行》，又云"今人不见古时月"（《把酒问月》）。王伯厚引《抱朴子》曰："俗士多云，今日不及古日之热，今月不及古月之朗"（《困学纪闻》卷十八；《抱朴子·外篇》卷三《尚博》篇），是则然矣。而又云"狂风吹古月，窃弄章华台"（《司马将军歌》），又曰"海动山倾古月摧"（《永王东巡歌》）。所谓"古月"则明是"胡"字，不得曲为之解也。……或曰：析字之体，止当著之谶文，岂可以入诗乎？"槀砧今何在？山上复有山"，古诗固有之矣。

按：炎武引来证明诗中也用析字辞的这首古诗"稾砧今何在？山上复有山。 何当大刀头？破镜飞上天。"粗看颇不易解，须有解释。 宋王观国在《学林新编》卷八解释说："稾砧者，铁也；稾砧今何在者，问夫何在也。 山上复有山者，出也；言夫已出也。 大刀头者，镮也；何当大刀头者，何日当还也。 破镜者，月半也；破镜飞上天者，言月半当还也。"据此，则"稾砧"两字共有两重曲折：（一）先衍义为"铁"；（二）再依"铁"谐音作"夫"。"山上复有山"是"出"字的化形。"大刀头"也有两重曲折：（一）先衍义作"镮"；（二）又从"镮"谐音作"还"。"破镜"是月半的衍义。 又所引太白诗的后二例，如依炎武解释，"古月"两字也是"胡"字的化形。 总数所有析字修辞的基本方法，共有三类：（一）化形；（二）谐音；（三）衍义。 其余都是这三类基本方法（或参用他种辞格）复合所成的现象。 今分别说明于下：

1. 化形析字

变化字形的析字约可分作三式：（甲）是离合字形的，可以称为离合；（乙）是增损字形的，可以称为增损；（丙）是单单假借字形的，可以称为借形。 三式之中，以离合一式为最常见。

（甲）离合

（一）冯玉祥常说："我去画我的丘八画，去作我的丘八诗。"（薛笃弼来信）

（二）张俊民道："胡子老官，这事凭你作法便了。做成了，少不得言身寸。"王胡子道："我那个要你谢……"（《儒林外史》三十二回）

这种离合字形的措辞,都是把一个字的字形拆开来用,如"兵"字拆开是"丘""八"两个字,所以就借"丘""八"两个字来代一个"兵"字,"谢"字拆开是"言身寸"三个字,所以就借"言身寸"三个字来代一个"谢"字。

旧体诗中的离合体诗,有的也用这一式。如出名古怪的孔融《郡姓名字诗》,依宋叶梦得的解说,便是"鲁国孔融文举"这六个字的离合:

(三)渔父屈节,水潜匿方。——离鱼字 ⎫
　　与时进止,出寺弛张。——离日字 ⎭ 合为"鲁"字。
　　吕公矶钓,阖口渭旁。——离口字 ⎫
　　九域有圣,无土不王。——离或字 ⎭ 合为"國"字。
　　好是正直,女固子臧。——离子字 ⎫
　　海外有截,隼逝鹰扬。——离乚字 ⎭ 合为"孔"字。
　　六翮将奋,羽仪未彰。——离鬲字 ⎫
　　龙蛇之蛰,俾它可忘。——离虫字 ⎭ 合为"融"字。
　　玫璇隐曜,美玉韬光。——离"文"字。
　　无名无誉,放言深藏。——离舆字 ⎫
　　按辔安行,谁谓路长。——离才字 ⎭ 合为"舉"字。

（参用《石林诗话》卷中,及《陔余丛考》卷二十二所引）

还有酒令、童谣之类,有时也用这一式。酒令如:

(四)〔令〕钼麂触槐,死作木边之鬼。
　　〔答〕豫让吞炭,终为山下之灰。

（唐人酒令之一。见《渔隐丛话》前集卷二十一所引）

童谣如:

(五)千里草,何青青;十日卜,不得生。
(《后汉书·五行志》。范晔按,"千里草为董,十日卜为卓。")

此外,如史书所载,称劉为卯金刀(见《后汉书·光武帝纪》注),称許为言午(见《三国志·魏书·文帝纪》注),称王为一士,称张为弓长(见《宋书·王景文传》),称裴为非衣(见《唐书·裴度传》)等,也是用这一式。

(乙)增损

(六)徐之才聪辩强识,有兼人之敏。尤好剧谈谑语,公私言聚,多相嘲戏。嘲王昕姓云:"有言则訐,近犬便狂。加颈足而为馬,施角尾而为羊。"盧元明因戏之才云:"卿姓是未入人,名是字之误。"即答云:"卿姓在亡为虐,在丘为虚。生男则为虏,养马则为驢。"(《北齐书·徐之才传》)

(七)紫芝道:"都已饮了,说笑话罢。设或是个老的,罚你一杯。"玉儿道,"就从我的姓上说罢。有一家姓王,兄弟八个,求人替起名字,并求替起绰号。所起名字,还要形象不离本姓。一日,有人替他起道:第一个,名唤王主,绰号叫作硬出头的王大。第二个,名唤王玉,绰号叫作偷酒壶的王二。第三个,就叫王三,绰号叫作没良心的王三。第四个,名叫王丰,绰号叫作扛铁枪的王四。第五个,就叫王五,绰号叫作硬拐弯的王五。第六个,名唤王壬,绰号叫作歪脑袋的王六。第七个,名唤王毛,绰号叫作弯尾巴的王七。第八个,名唤王全,这个全字本归入部,并非人

字,所以绰号叫作不成人的王八。"(《镜花缘》八十六回)

以上所举都是把一个字的字形略加增损来用,如王"主"、王"玉"、王"全",是增形,王"三"是损形。"在亡为虐,在丘为虚",是增损并用。

(丙) 借形

(八)苏城有南园、北园二处,菜花黄时,苦无酒家小饮;携盒而往,对花冷饮,殊无意味。或议就近觅饮者,或议看花归饮者,终不如对花热饮为快。众议未定。芸笑曰:"明日但各出杖头钱,我自担炉火来。"众笑曰:"诺。"众去,余问曰:"卿果自往乎?"芸曰:"非也。妾见市中卖馄饨者,其担锅灶无不备,盍雇之而往。妾先烹调端整,到彼处再一下锅,茶酒两便。"余曰:"酒菜固便矣,茶乏烹具。"芸曰:"携一砂罐去,以铁叉串罐柄,去其锅,悬于行灶中,加柴火煎茶,不亦便乎?"……明日看花者至,余告以故,众咸叹服。饭后同往,并带席垫,至南园,择柳阴下团坐。先烹茗,饮毕,然后暖酒烹肴。是日风和日丽,遍地黄金,青衫红袖,越阡度陌,蝶蜂乱飞,令人不饮自醉。既而酒肴俱熟,坐地大嚼。担者颇不俗,拉与同饮,游人见之莫不羡为奇想。杯盘狼藉,各已陶然,或坐或卧,或歌或啸。红日将颓,余思粥,担者即为买米煮之,果腹而归。芸问曰:"今日之游乐乎?"众曰:"非夫人之力不及此。"大笑而散。(《浮生六记·闲情记趣》)

以上所举例中,"今日之游乐乎"和"非夫人之力不及此"两句,都系引用成句,前者出苏轼《后赤壁赋》,后者出《左传》僖公三十年晋文公语。但晋文公所谓"夫人"系指秦穆公,"夫"音"扶","夫人"犹言"此人",此处却借作夫人太太的夫人,借以应答芸夫人的引用问语。而其所以借用,全在此人夫人的"夫"字与太太夫人的"夫"字字形相同,所以它是一种借形应境法。以下两例,虽然略为不同,也属同类。

(九)陆通明世居洞庭。有吴某客于山,往来颇狎。一日,陆内人临蓐,吴讯曰:"曾弄璋未?"陆曰:"昨暮生一女,已溺之矣。"吴嘲其讳曰:"先生极明,此事欠通了。"陆讶之。吴曰:"岂不闻溺爱者不明耶?"(褚人获《坚瓠四集》三)

(十)有人将虞永兴手写《尚书》典钱。李尚书迭曰:"经书那可典?"其人曰:"前已是尧典舜典。"(朱揆《谐噱录》)

2. 谐音析字

谐合字音的析字,也可分作三式:(甲)是单纯谐音的,叫作借音;(乙)是利用反切上用作反切的两音的,叫作切脚;(丙)是利用反切上顺倒双重反切的,叫作双反。三式之中,也以借音一式为最普通。

(甲)借音

(十一)季苇萧笑说道:"你们在这里讲盐呆子的故事?我近日听见说,扬州是六精。"辛东之道:"是五精罢了,哪里六精?"季苇萧道:"是六精的很!我说与你听:他轿里是坐的债精;抬轿的是牛精;跟轿的是屁精;看门的是谎精;家里藏着的是妖精,这是五精了。而今时派,这些盐商头上戴的是方巾,中间定是一个水晶结

子;合起来是六精。"说罢,一齐笑了。(《儒林外史》第二十八回)

这就因为"精"和"晶"声音谐合,便把"晶"也算作"精",合着原有"五精",称作"六精"。

（十二）上从东垣还,过赵。贯高等乃壁人柏人(欲杀之)。上过欲宿,心动。问曰:县名为何? 曰:柏人。——柏人者迫于人也。——不宿而去。(《史记·张耳陈馀列传》)

（十三）南京的风俗:但凡新媳妇进门,三天就要到厨下收拾一样菜,发个利市。这菜一定是鱼,取"富贵有余"的意思。(《儒林外史》第二十七回)

这是谐音析字之术数的应用的例子,与化形析字之术数的应用（即所谓"测字"）一样,都是来源很古,现今社会上也还有些思想落后的人迷信它。

那旧诗中一种对偶的方式,诗话里称它为"借对"（严羽《沧浪诗话》)或"假对"(胡仔《苕溪渔隐丛话》所引)的,也是这一式。 如下文所举的两个例便是:

（十四）厨人具鸡黍,稚子摘杨梅。(孟浩然《裴司士见访》。借杨作羊,同鸡对。)

（十五）谈笑有鸿儒,往来无白丁。(刘禹锡《陋室铭》。借鸿作红,同白对。)

下列一例是利用借音,又利用成语来说笑话的,关于借音部分也

可归入这一式:

(十六)隋侯白,州举秀才,至京畿,辩捷时莫与之比。尝与仆射越国公杨素并马言话。路旁有槐树憔悴死,素乃曰:"侯秀才理道过人,能令此树活否?"曰:"能。"素云:"何计得活?"曰:"取槐树子于树枝上悬着,即当自活。"素云:"因何得活?"答曰:"可不闻《论语》云:子在,回何敢死?"素大笑。(《太平广记》二百四十八引《启颜录》)

(乙)切脚

用这方式的语言以前称为"切脚语"(见洪迈《容斋三笔》)或"切脚字"(见俞文豹《唾玉集》),过去曾经流行,现今也还有些遗存,如叫孔叫作窟窿便是。《容斋三笔》说:

世人语音,有以切脚而称者,亦间见之于书史中。如以蓬为勃笼,槃为勃阑,铎为突落,叵为不可,团为突栾,钲为丁宁,顶为滴颔,角为矻落,蒲为勃卢,精为即零,螳为突郎,诸为之乎,旁为步廊,茨为蒺藜,圈为屈挛,锢为骨露,橐为窟驼是也。

像下列两例便是运用这一种辞法:

(十七)伯棼射王,汰辀及鼓跗,着于丁宁。(《左传》宣公四年。杜注:丁宁,钲也。)

(十八)正忧坐客寒无席,遗我新蒲入突栾。(王廷珪《宁公端惠蒲团》诗)

又下列一例也是这一类:

（十九）多九公道:"才女才说学士大夫论及反切尚且瞠目无语,何况我们不过略知皮毛,岂敢乱谈,贻笑大方。"紫衣女子听了,望着红衣女子轻轻笑道:"若以本题而论,岂非吴郡大老倛间满盈吗?"红衣女子点头笑了一笑。唐敖听了,甚觉不解。(《镜花缘》第十七回)

所谓"吴郡大老倛间满盈",便是"问道于盲"的切脚语。解见同书第十九回。

（丙）双反

"以二字而切两音"的双反,以前也曾流行,据说现今广西的郁林北流两县也还没有一个人不会说,没有一个人不能懂。双反就是顺倒双重反切的简称。如:

（二十）先是文惠太子立楼馆于钟山下,号曰东田。东田,反语为颠童也。武帝又于青溪立宫,号曰旧宫。反之穷厩也。至是郁林果以轻狷而至于穷。(《南史·郁林王纪》)

（二十一）或言后主名叔宝,反语为少福,亦败亡之征云。(《南史·陈后主纪》)

就因为"东田"顺反,东田为颠,倒反,田东为童,又"旧宫"顺反,旧宫为穷,倒反,宫旧为厩,又"叔宝"顺反,叔宝为少,倒反,宝叔为福,所以有这等话。(详见顾炎武《音学五书·音论》下)

3. 衍义析字

衍绎字义的析字也可分作三式：（甲）是换话达意的，叫作代换；（乙）是随语牵涉的，叫作牵附；（丙）是弯弯曲曲，演述得似乎有关连又似乎没有关连，必须细细推究才能明白的，叫作演化。

（甲）代换

这常发现在引用的文中，是利用同义异词现象的一种措辞法。如《史记》引用《书经》，就常常用这一式。现在节引一段来做例：

（二十二）曰若稽古帝尧……克明俊德，以亲九族，九族既睦，平章百姓，百姓昭明，协和万邦。……允厘百工，庶绩咸熙。帝曰：畴咨若时登庸？放齐曰：胤子朱启明。帝曰：吁，嚚讼，可乎？（《书经·尧典》）

帝尧者……能明驯德，以亲九族，九族既睦，便章百姓，百姓昭明，合和万国。……信饬百官，众功皆兴。尧曰：谁可顺此事？放齐曰：嗣子丹朱开明。尧曰：吁，顽凶，不用。（《史记·五帝本纪》）

这是用平易的词代换不平易的词。但有些学做涩体的文章家却用不平易的词来代换平易的词。那是一种怪现象。像下列两例，便是讥笑那种怪现象的：

（二十三）宋人宋子京……与欧阳文忠并修唐史，往往以僻字更易旧文，文忠病之，而不敢言，乃书"宵寐匪祯，札闼洪庥"八字以戏之。宋不知其戏已,因问此二语出何书,当作何解。欧言:"此即公撰《唐书》法也。宵寐匪祯者,谓夜梦不祥也;札闼洪麻者,谓书门大吉也。"宋不觉大笑。(《涵芬楼文谈》五)

(二十四)虞子匡一日递一诗示余曰:"请商之,何如?"余三诵而不知何题。虞曰:"吾效时人换字之法,戏改岳武穆《送张紫崖北伐》诗也。"其诗曰:"誓律飙雷速,神威震坎隅。遐征逾赵地,力战越秦墟。骥踩匈奴顶,戈歼靼靶躯。旋师谢彤阙,再造故皇都。"岳云:"号令风霆迅,天声动北陬。长驱渡河洛,直捣向燕幽。马踏阏氏血,旗枭克汗头。归来报明主,恢复旧神州。"不过逐字换之。遂抚掌相笑。(郎瑛《七修类藁》四十九)

(乙) 牵附

(二十五)宝玉道:"等我回去,问了是谁,教训教训他就好了。"黛玉道:"你的那些姑娘们,也该教训教训——只是论理,我不该说。今儿得罪了我的事小,倘或明儿宝姑娘来,什么贝姑娘来,也得罪了,事情岂不大了?"(《红楼梦》第二十八回)

宝姑娘是宝钗,贝姑娘并无此人,只因"宝""贝"两字意义相连,即便推衍上去,以嘲笑宝玉平日宝贵宝钗,把宝钗当作"宝贝"。

(二十六)只这句话,又把伊尊翁的史学招出来了,便向两个媳妇道:"你两个须听我说:凡是决大计,议大事,不可不师古,不可过泥古。你两个切不可拘定了《左传》上的'禀命则不威,专命则不孝'的话。那晋太子申生,原是处在一个家庭多故的时候,所以他那班臣子才有这番议论,如今我家是个天理人情,何须顾虑及此？禀命是你们的礼,便专命也省我们的心。我和你们说句要言不烦的话,'阃以外将军制之',你们还有什么为难的不成？"他姊妹两个,才笑着答应下来。舅太太听了半日,问着他姊妹道:"这个话,你们姊儿俩竟会明白了？难道这个《左传》《右传》的,也会转转清楚了么？"(《儿女英雄传》第三十三回)

这"右传"也不是世上真有的书,也不过因为"左""右"意义相连,上文曾说《左传》,就此推演出来罢了。

(丙) 演化

(二十七) 开皇中,有人姓出名六斤欲参(杨)素,赍名纸至省门,遇(侯)白,请为题其姓,乃书曰"六斤半"。名既入,素召其人,问曰:"卿姓六斤半？"答曰:"是出六斤。"曰:"何为六斤半？"曰:"向请侯秀才题之,当是错矣。"即召白至,谓曰:"卿何为错题人姓名？"对云:"不错。"素曰:"若不错,何因姓出名六斤,请卿题之,乃言六斤半。"对曰:"白在省门,仓卒无处觅称,既闻道是出六斤,斟酌只应是六斤半。"素大笑之。(《太平广记》二百四十八引《启颜录》)

这种辞法以前称为"缪语"(见下文所引《左传》杜注)。 缪语就是《文心雕龙·谐讔》篇说的"遁辞以隐意,谲譬以指事"的一种讔语。 当初原是一种暗中通情的方法,必须说得对方懂,旁人不懂,才算完全达到了目的。 如下列两例,便是如此的:

（二十八）楚子伐萧……申公巫臣曰："师人多寒。"王巡三军，拊而勉之。三军之士，皆如挟纩。遂傅于萧。还无社与司马卯言，号申叔展。叔展曰："有麦麹乎？"曰："无。""有山鞠穷乎？"曰："无。""河鱼腹疾，奈何？"曰："目于眢井而拯之。"（《左传》宣公十二年）

（二十九）吴申叔仪乞粮于公孙有山氏，曰："佩玉繠兮，余无所系之。旨酒一盛兮，余与褐之父睨之。"对曰："梁则无矣，粗则有之。若登首山以呼曰：'庚癸乎！'则诺。"（《左传》哀公十三年）

还有《列女传》的《仁智传》与《辩通传》中也有例和这喻眢井以麦麹，隐谷水于庚癸的用法相像。

以上所举都是单纯的例。此外复杂的例：如俗称"假"为"西贝"，便是把"假"字先依谐音例看作"贾"字，再依化形例分为"西贝"两字而成；又如俗称"岂有此理"为"岂有此外"，便是先把"理"字依谐音例看作"里"字，随后又依倒反例（见前）把"里"字化成"外"字而成：这些都是析字格复合体的活例。《世说新语·捷悟》篇载：

魏武尝过曹娥碑下。杨修从。背上见题作"黄绢幼妇外孙齑臼"八字。魏武谓修曰："解不？"答曰："解。"魏武曰："卿未可言，待我思之。"行三十里，魏武乃曰："吾已得。"令修别记所知。修曰："黄绢，色丝也，于字为绝；幼妇，少女也，于字为妙；外孙，女子也，于字为好；齑臼，受辛也，于字为辞；所谓'绝妙好辞'也。"魏武亦记之，与修同。乃叹曰："我才不及卿，乃觉三十里。"

本例并见《三国演义》第七十一回,知道的人很多,可以说是析字格复合体的活例。 其构成方法,都是重用化形衍义两类基本方法:如"绝"先化形作"色丝",再衍义作"黄绢";"妙"先化形作"少女",再衍义作"幼妇"。 余仿此。

附记——
析字是构成所谓廋辞的重要方法。 廋辞一名,始见于《国语》;《晋语》(五)记范文子有一次退朝很晚,他的父亲范武子问他:"何暮也?"他说:"有秦客廋辞于朝;大夫莫之能对也,吾知三焉。"他的父亲听了大怒,说:"大夫非不能也,让父兄也。 尔童子而三掩人于朝,吾不在晋国,亡无日矣。"竟把他大打了一顿。 即此便是关于廋辞的最初记载。 韦解:"廋,隐也;谓以隐伏谲诡之言问于朝也。"这条解释就是说:廋辞便是隐语,便是隐伏谲诡的话。 但秦客当时的话,已不可考,我们无从确知它的内容。 只从后世修辞情形倒推起来,我们大致可以推定它不外乎析字。 这种廋辞,有时也称隐语。 如《汉书·东方朔传》郭舍人说:"臣愿复问朔隐语,不知亦当榜。"又称廋语。 如宋孙觌诗:"廋语尚传黄绢妇,多情好在紫髯翁。"现今许多人都把廋语隐语与所谓谜语混同。 但是"谜也者,回互其辞,使昏迷也"(见《文心雕龙·谐隐》篇),重在斗知,而廋语隐语却重在斗趣或暗示,中间略有分别;我们或许可以说谜语是从廋语"化"出来的,但不能把廋语谜语混看作为一件东西。 关于谜语,另有专书,这里不能涉及。

二　藏　词

要用的词已见于习熟的成语,便把本词藏了,单将成语的别一部分用在话中来替代本词的,名叫藏词。 例如成语中有:

(一) 兄弟见于　友于兄弟。(《书经·君陈》篇)
(二) 孙字见于　贻厥孙谋。(《诗经·文王有声》篇)
(三) 黎民见于　周余黎民。(《诗经·云汉》篇)
(四) 日月见于　日居月诸,胡迭而微。(《诗经·柏舟》篇)
(五) 祸福见于　祸兮福所倚,福兮祸所伏。(《老子》第五十章)
(六) 三十见于　三十而立。(《论语·为政》篇)

修辞的现象中就有:

(一)"友于"代"兄弟"——(例)一欣侍温颜,再喜见友于。(陶渊明《庚子岁从都还》诗)

(二)"贻厥"代"孙"——(例)溉孙荩早聪慧。溉每和御诗,上辄手诏戏溉曰:"得无贻厥之力乎?"(《南史·到溉传》)

(三)"周余"代"黎民"——(例)㥄㥄周余,竟沉沦于涂炭。(《晋书》六十四论赞)

(四)"居诸"代"日月"——(例)岂不念旦夕,为尔惜居诸。(韩愈《符读书城南》诗)

(五)"倚伏"代"祸福"——(例)鬼神只瞰高明室,倚伏不干栖隐家。(徐夤《招隐》诗)

(六)"而立"代"三十"——(例)阿Q本来也是正人,我们虽然不知道他曾蒙什么明师指授过,但他对于"男女之大防"却历来非常严;也很有排斥异端——如小尼姑及假洋鬼子之类——的正气。……谁知道他将到而立之年,竟被小尼姑害得飘飘然了。(鲁迅《阿Q正传》)

这里"友于""贻厥""周余""居诸""倚伏""而立"便都可以称为藏词语。中间却也略有分别:如"友于""贻厥""周余"之类,本词都在后半截,话中藏了这个后半截的,可以称为"歇后藏词语",就是前人说的"歇后语";如"居诸""倚伏""而立"之类,本词在前半截,话中藏了这个前半截的,依照前例可以称为"抛前藏词语",以前有人称为"藏头语"。

以上两种藏词语虽然都曾有人用过,但一向是歇后占了极大的多数,到了最近,在口头的习惯上,更是歇后占了藏词的全部。现今习俗所用的藏词,无论是单纯的如

下马威——风
牛头马——面

之类,或兼带谐音的如

猪头三——牲(生)
胡里胡——涂(赌)

之类,几乎没有不是属于歇后的。原因大概由于歇后把要用的词藏在后面,比较地容易想得出,又不必倒推,也比较地来得

顺，所以经过多年的试用之后，便把那说出成语的后部来教人猜想前部的藏头语淘汰下去，没有人再在口头上运用了。

现在中国各地都很有人爱用歇后语。通常都是把四五个字构成的成语来做歇后的凭借。如上海现在流行的"猪头三"一语便是利用四字的成语构成的。《沪苏方言记要》说："此为称初至沪者之名词。'牲''生'谐音，言初来之人，到处不熟也。"这就是说"猪头三"这一语是"猪头三牲"的歇后语，不过因为"牲""生"谐音，利用析字的谐音法来转一个弯儿。但是有时也利用譬解语来做歇后语。譬解语也有单纯的，如

    围棋盘里下象棋——不对路数

之类，也有兼带谐音的，如

    猪八戒的脊梁——悟能之背（无能之辈）

之类，都是由譬和解两截构成，上截是譬，下截是解，我们读旧小说时常常可以看到。但在旧小说中看到的差不多都是譬解并列的，而在现在一般人口头上的譬解语却常有说譬省解，用譬代解的倾向。如只说"围棋盘里下象棋"来表达"不对路数"，或只说"猪八戒的脊梁"来表达"无能之辈"之类。这却是一种新兴的歇后语。这种新兴的歇后语和上头所说的那种原有的歇后语约有两点不同：（一）是这种歇后语用来歇后的成语，原来是两截的，歇却一截，形式上也还可以成句；（二）是这种歇后语藏掉的部分往往不止是一个词而是几个词。这就见得这种歇后语内

容比较地繁复,形式也比较地自然。实际是前头一种歇后的发展现象。我们为便于跟前头一种分别起见,可以另称为新型歇后语。

新型歇后语所用的成语都是口头语,到现在还多只留在口头,未经搬上纸面,而原有的歇后语却早已在文言中出现。原有的歇后语起初用的成语,都是采自《诗经》《书经》等几部知识分子比较熟悉的古书,到后来方才见到利用一般人口头上的成语。又原有的歇后语的运用起初也有几乎看不出它的用意来的,也到后来才见得可以用得同情境极合拍。现在举一个例于下:

> 吴中黄生相掀唇,人呼为"小黄窍嘴"。读书某寺中,一日,寺僧进面,因热伤手忒地,黄作歇后语谑之曰:
> "光头滑—,
> 光头浪—,
> 光头练—,
> 光头勒—。"谓"面汤挩忒"也。僧亦应声戏曰:
> "七大八—,
> 七青八—,
> 七孔八—,
> 七张八—。"盖隐"小黄窍嘴"四字。黄亦绝倒。(清褚人获《坚瓠二集》一)

在口头语中用藏词,多是这样带有诙谐风味的。

三 飞 白

明知其错故意仿效的，名叫飞白。所谓白就是白字的"白"。白字本应如《后汉书·尹敏传》那样写作"别字"，但我们平常却都叫作白字。故意运用白字，便是飞白。

在文章或话言中飞白的用处大约有两类：一是记录的，二是援用的。

（一）记录的——这是人有吃涩、滑别的语言，就将吃涩、滑别的语言记录出来。如《尚书·顾命》篇：

> 奠丽陈教则肄肄不违，用克达殷集大命。

江声《尚书集注音疏》说："肄，习也；重言之者，病甚气喘而语吃也。"《史记·高帝本纪》：

> 五年，诸侯及将相相与共请尊汉王为皇帝。汉王三让，不得已，曰："诸君必以为便便国家……"甲午，乃即皇帝位汜水之阳。

"便便"和"肄肄"，都是直录吃涩语言的实例。再如王安石《户部郎中赠谏议大夫曾公墓志铭》中写"可畏"为"克畏"：

> 始谏议大夫知苏州魏庠，侍御史知越州王柄，不善于政而喜怒纵入。庠介旧恩以进，柄喜持上。公到，劾之，以闻。上惊曰："曾某乃敢治魏庠，克畏也！"克畏，可畏也，语转而然。

鲁迅《鸭的喜剧》中写"爱罗先珂"为"爱罗希珂":

> 蝌蚪成群的在水里面游泳,爱罗先珂君也常常踱来访他们。有时候,在旁的孩子告诉他说:"爱罗希珂先生,他们生了脚了。"他便高兴的微笑道:"哦!"

"克畏"和"爱罗希珂",也都是直录滑别语言的实例。至于《史记·张丞相列传》:

> (高)帝欲废太子,而立戚姬子如意为太子……周昌廷争之强。上问其说。昌为人吃,又盛怒,曰:"臣口不能言,然臣期期知其不可,陛下欲废太子,臣期期不奉诏!"

更是吃涩而兼滑别的一个著名的例。"期"就是"綦"的转音。意思等于现在我们说"极觉得不对"或"极不赞成"的"极"字。本来不必重复。但因周昌本来吃舌,当时又气极了,一时说滑了便说成了"期期"。而《史记》就把那说滑了的"期期"直录下来。于是"期期"便成为一个极著名的词头,到现在作文言文的人还常常有人引用它。像这一类的飞白,大抵只是记录当时说话的实际情形,此外不含别的作用。要不要直录,当然尽随作者自便。所以像"期期"一例,《汉书》虽然仍旧写作"期期",但像"诸君必以为便便国家……"一例,《汉书》便改作"诸侯王幸以为便于天下之民则可矣",不再沿用飞白的措辞法了。

(二)援用的——这是人有吃涩、滑别的语言,就援用吃涩滑别的语言去取笑。如《聊斋志异》(三)《嘉平公子》篇记嘉平某公子不通文义：

> 一日，公子有谕仆帖，置案上，中多错谬。"椒"讹"菽"，"薑"讹"江"，"可恨"讹"可浪"。女见之，书其后云：
> 何事可浪，花菽生江；有婿如此，不如为娼。

又如《坚瓠首集》（三）载：

> 有人送枇杷于沈石田，误写琵琶。石田答书曰：
> 承惠琵琶，开奁视之，听之无声，食之有味。乃知司马挥泪于江干，明妃写怨于塞上，皆为一啖之需耳。嗣后觅之，当于杨柳晓风、梧桐夜雨之际也。

又如《坚瓠七集》（四）载：

> 景泰中，有一荫生，作苏州监郡，不甚晓文义，一日呼翁仲为仲翁，或作倒字诗诮之曰：
> 翁仲将来作仲翁，也缘书读少夫工。马金堂玉如何入，只好苏州作判通。

都是此类。就是年来时常援用的"汗牛之充栋""意表之外"等辞也是这一类。

以大家熟悉的例来说，像《红楼梦》第二十回的这一段中：

> 宝玉黛玉二人正说着，只见湘云走来笑道："爱哥哥，林姐

姐,你们天天一处玩,我好容易来了也不理我一理儿!"黛玉笑道:"偏你咬舌子爱说话,连个二哥哥也叫不上来,只是爱哥哥,爱哥哥的。回来赶围棋儿,又该你闹幺爱三了。"宝玉笑道:"你学惯了,明儿连你还咬起来呢。"……湘云笑道:"我只保佑着,明儿得一个咬舌儿林姐夫,时时刻刻,你可听爱呀厄的去!"

所有点出的"爱"字,除出最后一个爱字另有含义外,都就是"二"字的转音,不过中间也略为有分别:"爱哥哥"的"爱"是第一类的用法,"幺爱三"的"爱"是第二类的用法。

四 镶 嵌

有时为要话说得舒缓些或者郑重些,故意用几个无关紧要的字来拖长紧要的字的,我们可以称为镶字。镶字以镶加虚字和数字为最常见。如《左传》昭公二十五年,有鸜鹆来巢,师己引童谣说:

> 鸜之鹆之,公出辱之。

鸜鹆上镶上两个之字。《汉书·叙传》:

> 荣如辱如,有机有枢。

荣辱上镶上两个如字。又如《何典》卷四:

> 这个其容且易。

把容易两字镶上其且两字。《何典》卷九：

> 他们不过奉官差遣，打杀他也觉冤哉枉也。

把冤枉两字镶上哉也两字。 郭沫若译的《战争与和平》一之二十七：

> 他相信波拿伯只是一位平者常也的法国人。

把平常两字镶上者也两字，都是镶加虚字的例。 这样镶上的虚字虽然并无独特的意义，却有延音加力的作用，使被镶的各字声音延长，借以引起读者听者充分的注意。 所以它的效果，颇同重叠反复相像，有时可同重叠反复代换。 像前面所引的童谣，结句便作"鹳鹆鹳鹆，往歌来哭"，同前面所引的首句，遥遥相对。 镶加数字的情形，也同镶加虚字约略相同。 如把干净两字镶上一二两字，作"一干二净"：

> 林之洋胡须早已烧得一干二净。（《镜花缘》第二十六回）

把不做不休四字镶上一二两字，作"一不做二不休"：

> 索性给他一不做二不休罢。（《镜花缘》第三十五回）

也无非是延音加力的作用，而且有时可同重叠反复代换，像所谓一干二净便不妨改作干干净净。 不过镶加的数字，数目在一二以上的，意义略乎有点不同。 如：

瞎话　镶　三四　作　瞎三话四
对面　镶　三六　作　三对六面
平稳　镶　四八　作　四平八稳
接连　镶　二三　作　接二连三
乱糟　镶　七八　作　乱七八糟
低下　镶　三四　作　低三下四
零落　镶　七八　作　七零八落

等，就都于"瞎话""对面"等正义之外，还略乎含有"多"的副义，但这等副义实际含得不多，故如"瞎三话四"等话，就使瞎说的只是一二句话，也还是可以用，而所谓"接二连三"，接连的即使有七八种事物，也还是可以用的。 此外如镶"天地"，把"欢喜"说成了"欢天喜地"，镶"头脑"，把"油滑"说成了"油头滑脑"，等等，用法也大略相同。 例证极多，我们可以不必列举。

至于嵌字，是故意用几个特定的字来嵌入话中，比较不容易用得自然，所以用处也就异常地少。 只在诗词歌曲小说中，偶然一见。 如：

江南可采莲，莲叶何田田！ 鱼戏莲叶间。
鱼戏莲叶东，

> 鱼戏莲叶西,
> 鱼戏莲叶南,
> 鱼戏莲叶北。

见《乐府诗集》,嵌"东西南北"四字。 又如:

> 芦花滩上有扁舟,
> 俊杰黄昏独自游;
> 义到尽头原是命,
> 反躬逃难必无忧。

见《水浒》六十回,嵌"芦俊义反"四字。

　　将两个并列或对待的双词,间错开来用的拼字法,看来可以算是介在镶嵌之间的一体,这却在各式的语文中用得极多。 如说"详细情节",不说"详细情节",却说"详情细节",便是这一种方法的运用。 实例如下:

> 两个丫头,川流不息地在家前屋后走,叫的太太一片声响。 (《儒林外史》第二十七回)
> 此时与子空归来,男呻女吟四壁静。(杜甫《乾元中寓居同谷县作歌》七首之一)
> 山重水复疑无路,柳暗花明又一村。(陆游《游山西村》诗)

　　林纾著的《畏庐论文》中有"拼字法"一篇专论这一法。 他说: "古文之拼字与填词之拼字,法同而字异。 ……词中之拼字,盖用寻常经眼之字,一经拼集,便生异观。如花柳者常用字也,昏暝二字亦然;一拼为柳昏花暝则异矣。玉香者常用字也,娇怨二字亦然;一拼为玉娇香怨则异矣。烟雨者常用字也,颦恨二字亦然;一拼为恨烟颦雨则异矣。绮罗者常用字也,愁恨二字亦然;一拼为愁罗恨绮则异矣……"后来他又论到古文中拼字法说:"如《汉书·扬雄传》之勒崇垂鸿:崇,高也,鸿,大也,师古注为'勒崇名而垂鸿业也',勒垂崇鸿皆拼集也。又骋耆奔欲:耆即嗜字,嗜欲人所常用,一拼以奔骋二字,立成异观……"最后他又辩解说:"诸如此类,不过就众人所习见者指出,见古人用心之处。不知者以仆为咬字嚼句,令人走入魔道,此等罪孽,仆所不任。盖古文原有此种拼字之法,即韩柳亦然。盖局势气脉者,文之大段也;缔章绘句原属小技,然亦不可不知:大处既已用心,此等末节亦不能不垂意及之。"(林纾《畏庐论文》五十九至六十页)

五 复 叠

复叠是把同一的字接二连三地用在一起的辞格。共有两种:一是隔离的,或紧相连接而意义不相等的,名叫复辞;一是紧相连接而意义也相等的,名叫叠字。

1. 复辞

(一)知之为知之,不知为不知,是知也。(《论语·为政》篇)

(二)老吾老以及人之老,幼吾幼以及人之幼。(《孟子·梁惠王》上)

（三）君君，臣臣，父父，子子。（《论语·颜渊》篇）

（四）故有生者，有生生者；有形者，有形形者；有声者，有声声者；有色者，有色色者；有味者，有味味者。（《列子·天瑞》篇）

这就是陈骙所谓"交错之体"。《文则》卷上丁节第二条说：

文有交错之体，若纠缠然，主在析理，理尽后已。《书》（《大禹谟》）曰："念兹在兹，释兹在兹，名言兹在兹，允出兹在兹。"《庄子》（《齐物论》）曰："有始也者，有未始有始也者，有未始有夫未始有始也者。"又曰："以指喻指之非指，不若以非指喻指之非指也。"《荀子》（《富国》）曰："不利而利之，不如利而后利之之利也；利而后利之，不如利而不利者之利也。"《国语》（《晋语》六）曰："成人在始与善。始与善，善进善，不善蔑由至矣；始与不善，不善进不善，善亦蔑由至矣。"《榖梁》（僖公二十二）曰："人之所以为人者言也；人而不能言，何以为人？言之所以为言者信也；言而不信，何以为言？信之所以为信者道也；信而不道，何以为信？"此类多矣，不可悉举。

所引各例，都颇精当，可同上面所举四例参看。

2. 叠字

（五）寻寻觅觅，冷冷清清，凄凄惨惨戚戚。乍暖还寒时候，最难将息。（李清照《声声慢》词）

（六）侧着耳朵儿听，蹑着脚步儿行，悄悄冥冥潜潜等等，等我那齐齐整整，袅袅婷婷，姐姐莺莺。（《西厢记·酬韵》）

（七）晚霞飞，西窗外；

　　　窗外家家种青菜。

　　　天上红，地下绿；

　　　夕阳落在黄茆屋。

　　　屋顶的炊烟——

　　　丝丝，袅袅，团团，片片——

　　　直接上青天。（佚名氏《西窗晚望》）

（八）我则见黯黯惨惨天涯云布，万万点点潇湘夜雨。正值着窄窄狭狭沟沟堑堑路崎岖，黑黑黯黯彤云布，赤留赤律潇潇洒洒断断续续，出出律律忽忽鲁鲁阴云开处，霍霍闪闪电光星注。正值着飕飕摔摔风，淋淋渌渌雨。高高下下凹凹答答一水模糊，扑扑簌簌湿湿渌渌疏林人物，却便似一幅惨惨昏昏潇湘水墨图。（佚名氏《货郎旦》杂剧第三折）

这种叠字比那种复辞的长处约有三点：（一）音节比较自然和谐，不像复辞那样佶屈聱牙；（二）组织比较单纯清楚，不像复辞那样忽而有文法上的变化，如"老吾老"的两个"老"字，文法功能不同，忽而有意思上的变化，如"君君"的两个"君"字意义不等；（三）理解也比较容易，不像复辞那样"若纠缠然"，纠缠不清。因而它的用处更加广，注意它的也更加多。但是古来的注意似乎多只偏于诗一方面。如顾炎武说：

> 诗用叠字最难。卫诗"河水洋洋，北流活活，施罛濊濊，鱣鲔发发，葭菼揭揭，庶姜孽孽"，连用六叠字，可谓复而不厌，赜而不乱矣。古诗"青青河畔草，郁郁园中柳。盈盈楼上女，皎皎当窗

牖。娥娥红粉妆,纤纤出素手",连用六叠字,亦极自然。下此即无人能继。屈原《九章·悲回风》"纷容容之无经兮,罔芒芒之无纪。轧洋洋之无从兮,驰逶移之焉止。漂翻翻其上下兮,翼遥遥其左右。氾潏潏其前后兮,伴张弛之信期",连用六叠字。宋玉《九辩》"乘精气之抟抟兮,鹜诸神之湛湛。骖白霓之习习兮,历群灵之丰丰。左朱雀之茇茇兮,右苍龙之躍躍。属雷师之阗阗兮,通飞廉之衙衙。前轻辌之锵锵兮,后辎乘之从从。载云旗之委蛇兮,扈屯骑之容容",连用十一叠字。后人辞赋,亦罕及之者。(《日知录》二十一)

极口称赞古诗的连用叠字,甚至以为"下此即无人能继"。又如王筠把《诗经》叠字类集起来著了《毛诗重言》一书。原因无非因为诗中用叠字的现象比较集中,即所谓连用叠字的比较地多,所以比较受人注意。但修辞现象的较为集中是诗歌的一般情形。因为诗歌格外注意技术,每注意到一种技术,便把那种技术尽量地用,所以技术每每有集中的现象,并非单是叠字一种辞法如此。现在我们可以略举别种文辞的几个例于下。例如:

这日,三人正在船后闲谈,多九公忽然嘱咐众水手道:"那边有块乌云渐渐上来,少刻即有风暴,必须将篷落下一半,绳索结束牢固,惟恐不能收口,只好顺着风头飘了。"唐敖听罢,朝外一看,只见日朗风清,毫无起风形象,惟见有块乌云微微上升,其长不及一丈。看罢,不觉笑道:"若说这样晴明好天,却有暴风,小弟倒不信了。难道这块小小乌云能藏许多风暴?那有此事!"林之洋道:"那明明是块风云,妹夫那里晓得!"言还未了,只听得四面呼呼乱响,顷刻间狂风大作,波浪滔天,那船顺风吹去,就是乌骓快马也赶他不上。越刮越大,真是翻江搅海,十分厉害。唐敖躲在船舱中,这才佩服多九公眼力不错。

这个风暴再也不息,沿途虽有收口处,无奈风势甚狂,哪里由你做主。不但不能收口,并且船篷被风鼓住,随你用力,也难落下。一连刮了三日,这才略略小些,费尽气力,才泊到一个山脚下。……唐敖因风头略小,立在舵楼四处观望。只见船旁这座大岭,较之东口麟凤等山,甚觉宽阔。远远看去,清光满目,黛色参天。望了多时,早已垂涎,要去游玩。林之洋因受了风寒,不能同去,即同多九公上岸。喜得那风被山遮住,并不甚大,随即上了山坡。多九公道:"此处乃海外极南之地,我们若非风暴,何能至此!老夫幼年虽由此地路过,山中却未到过。惟闻人说,此地有个海岛,名叫小蓬莱,不知可是。我们且到前面,如有人烟,就好访问。"又走多时,迎面有一石碑,上镌"小蓬莱"三个大字。唐敖道:"果然九公所说不错。"绕过峭壁,穿过崇林,再四处一看,水秀山清,无穷美景。越朝前进,山景越佳,宛如登了仙界一般。

二人游玩多时,唐敖道:"我们前在东口游玩,小弟以为天下之山无出其右,那知此山处处都是仙境。即如这些仙鹤麋鹿之类,任人抚摩,并不惊走,若非有些仙气,安能如此?到处松实柏子,啖之满口清香,都是仙人所服之物。如此美地,岂无真仙?原来这个风暴却为小弟而设。"多九公道:"此山景致虽佳,我们只顾前进,少刻天晚,山路崎岖,如何行走?今且回去,明日如风大,不能开船,仍好上来。林兄现在有病,我们更该早回才是。"

唐敖正游的高兴,虽然转身,仍是恋恋不舍,四处观望。多九公道:"唐兄,要像这样,走到何时才能上船?设或黄昏,如何下得山去?"唐敖道:"不瞒九公说,小弟自从登了此山,不但名利之心都尽,只觉万事皆空。此时所以迟迟吾行者,竟有懒入红尘之意了。"多九公笑道:"老夫素日常听人说,读书人每每读到后来,入了魔境,要变成书呆子。尊驾读书虽未变成书呆子,今游来游去,竟要变成游呆子了。唐兄,快些走罢,不要斗趣了。"(《镜花缘》三十九回到四十回)

我们在这一小段描写蓬莱岛的文字里就可见到"渐渐""微微""小小""明明""呼呼""略略""远远""处处""恋恋""迟迟""每每"等许多叠字。 又如:

我望这几家沿河的楼窗,都是紧紧地关着,窗上的明瓦零落了,有的糊着新闻纸,已是破碎,经了风只管望里吹,更看不见别的。但是我的想象力可以看见他们的屋内。那发出胡琴声音的一所屋里,有一个女孩子执着生疏而可怕的胡琴在那里练习。伊或者因为没有好好儿睡眠,困乏极了,或者因为手指寒冻,不能灵动自如,或者因为对于教者的威权恐惧而希望避免,使伊的琴声更为恶劣,几乎不成音调。咿咿哑哑的声音连续送到我的耳官里,我如听疲者的呵欠,冻者的抖颤,和弱者的心跳。而我心底的眼睛里更见伊朦朦欲睡的倦态,索瑟不堪的蜷缩,和惊惶无奈的神情——一幅难以描绘的图画。(叶圣陶《隔膜·寒晓的琴歌》)

我们在这一小段描绘歌女的图画里也可以见到"紧紧""好好""咿咿""埃埃""朦朦"等叠字。至于口头上用得更多,而且更奇。例如:

随便——随随便便
许多——许许多多
几何——几几何何
不少——不不少少(杭州话)
写意——写写意意(上海话)
吃力——吃吃力力
客气——客客气气
高兴——高高兴兴
大方——大大方方
转弯——转转弯弯

简直举不了许多。而采用此类叠字的用意却同笔头上一色无二,大致不外:(一)借声音的繁复增进语感的繁复;或(二)借声音的和谐张大语调的和谐。

叠字未必就是副词、形容词,却是用作副词形容词的居多。所以《文心雕龙·物色篇》说:

诗人感物,联类不穷。流连万象之际,沉吟视听之区,写气图貌,既随物以宛转,属采附声,亦与心而徘徊。故"灼灼"状桃花之鲜,"依依"尽杨柳之貌,"杲杲"为出日之容,"瀌瀌"拟雨雪之状,"喈喈"逐黄鸟之声,"喓喓"学草虫之韵。……并以少总多,情貌无遗矣。虽复思经千载,将何易夺?

这在文言中只有独用,在口语中却还可以镶用。 在口语中每每把一个叠字镶在一个单字副词或形容词之后,来构成一个繁复的副词或形容词。 如"乱纷纷""冷清清""寒森森""羞答答"等是。 这种叠字,一小部分是抽出本来相连的一个字来做重言,看去似乎还有意义,如"乱纷纷"的"纷纷"、"冷清清"的"清清"之类;一大部分是,单借对于声音的感觉来表现当时的气氛,乃是一种摹感的摹声辞,实际只取声音,不取意义。 故"黑"有时说"黑蜮蜮",有时说"黑魆魆",也有时说"黑突突""黑漆漆",而"喜"有时说"喜孜孜","苦"也有时说"苦孜孜","白"有时说"白澄澄","黄"也有时说"黄澄澄"。 多是随感而用,并无一定(参看本书第五篇论摹状辞)。

再叠字有时这样做镶用,复辞也有时做嵌用。 如:

居止次城邑,逍遥自闲止。坐止高荫下,步止荜门里。
好味止园葵,大欢止稚子。平生不止酒,止酒情无喜。
暮止不安寝,晨止不能起。日日欲止之,营卫止不理。
徒知止不乐,未信止利己。始觉止为善,今朝真止矣。
从此一止去,将止扶桑涘。清颜止宿容,奚止千万祀。

——陶潜《止酒》诗

就每句嵌有一个"止"字。 但这种嵌复的运用也大不及镶叠的自然。 虽然有人赏识它,说"渊明会心在止字,如人利有所嗜，言之津津不置口也"，其实不过是渊明"暮止不安寝，晨止不能起"时候的一种小玩意而已。下列一个是镶叠与嵌复连用的例：

> 齐臻臻珠围翠绕，冷清清绿暗红疏。但合眼梦里寻春去：春光堪画，春景堪图；春心狂荡，春梦何如？消春愁不曾两叶眉舒，殢春娇一点心酥。感春情来来往往蜂媒，动春意哀哀怨怨杜宇，乱春心娇娇怯怯莺雏。春光怎如！绿窗犹唱留春住。怎肯把春负，长要春风醉后扶，春梦似华胥。（马致远《惜春曲》）

六　节　缩

节短语言文字，叫作节；缩合语言文字，叫作缩。节缩都是音形上的方便手段，于意义并没有什么增减。如将五月四日节短为五四，三十缩合为卅，五月三十日节缩为五卅，意义仍然是五月四日、三十、五月三十日，并没有什么增减。不过字音字形比较地短少，说起来写起来比较地简便些，听起来看起来也比较地简洁些罢了。虽然意义并无增减，却可避免繁冗拖沓，可把常说共喻的词语来省言简举，达到我们得省便处且省便的目的。但在古文中，却有利用它来凑就对偶音节或者形成错综的。今将比较常用的略举于后：

（甲）缩合

（一）不可有时缩合为叵。如《后汉书·刘焉袁术吕布列传》：

> 布目备曰："大耳儿最叵信。"

《说文》说：叵，不可也。

（二）何不有时缩合为盍。 如《论语·公冶长》：

> 子曰："盍各言尔志。"

《朱注》说：盍，何不也。

（三）奈何有时缩合为那。 如《左传》宣公二年：

> 牛则有皮，犀兕尚多，弃甲则那？

顾炎武《日知录》（三十二）说：直言之曰那，长言之曰奈何，一也。

（四）之于或之乎有时缩合为诸。 如《论语·卫灵公》：

> 子张书诸绅。

马建忠《文通》说：之合于字，疾读之曰诸。《孟子·梁惠王》下：

> 汤放桀，武王伐纣，有诸？

王引之《经传释词》说：诸，之乎也；急言之曰诸，徐言之曰之乎。

（五）不要有时缩合为别。 如《红楼梦》第四十回：

> 黛玉道："我最不喜欢李义山的诗，只喜他这一句：留得残荷

听雨声。偏你们又不留着残荷了。"宝玉道:"果然好句!以后咱们别叫拔去了。"

(六)勿曾有时缩合为甭。 如《吴歌甲集》:

吃爷饭,着娘衣。甭吃哥哥窠里米,甭着嫂嫂嫁时衣!

此外,如不用缩成"甭",勿要缩成"嫑",二十缩成"廿",四十缩成"卌",也颇常用。 这类缩成字的声音,通常就是被缩字的合声。 如"甭"音"粉","卅"音撒,"卌"音锡。 除非声音转变了,才会读成不是被缩字的合声,如"廿"今读若"念"。 俞樾《茶香室丛钞》(九)说:"廿音聂,转音为念,亦犹捻之有聂音也。"所有合声都由急说急读被缩的字而成。

(乙)节短

节短普通也是急说急读的结果。 俞樾《古书疑义举例·语急例》说:"《论语·先进》篇:由也喭。 郑注曰:子路之行,失于畔喭。 然则喭即畔喭也。《雍也》篇:君子博学于文,约之以礼,亦可以弗畔矣夫! 畔,亦即畔喭也。 畔喭本叠韵字,急言之,则或曰喭,由也喭是也,或曰畔,亦可以弗畔矣夫是也。" 这就是说:喭和畔都是畔喭的节短,而节短的缘故,则由于语急。 但古来节短的例很多,其中也有不为语急而节的。 我们常见的,有书名的节短。 如:

(一)挚虞《文章流别论》,李充《翰林论》,有人节为《流别》《翰林》。《文心雕龙·序志》篇:

> 仲洽《流别》，宏范《翰林》，各照隅隙，鲜观衢路。

有书名带篇名的节短，如：

（二）《吕氏春秋》内含六《论》、八《览》、十二《纪》，有时节为《吕览》。《太史公·自序》及《报任少卿书》：

> 不韦迁蜀，世传《吕览》。

篇名的节称如《学而》《述而》之类更是常见，可以不必举例。又有地名的节短，如：

（三）勃海碣石有人节为勃碣。《史记·货殖传》：

> 夫燕亦勃碣之间一都会也。

注云：勃海碣石。

（四）巴郡宕渠县有人节为巴宕。《汉书·王莽传》：

> 成命于巴宕。

注云：巴郡宕渠县。 这同现在节江苏浙江为江浙，浙江义乌县为浙义，完全一样。 又有官名的节短。 如：

（五）黄门侍郎、散骑常侍常节作黄散。《晋书·陈寿传》：

> 杜预复荐之于帝，宜补黄散。

(六) 中书、秘书常节作中秘。《魏书·礼志》：

> 所论事大,垂之万叶。宜并集中秘群儒,人人别议。

这在现在也有相仿的例。此外还有年号的节短。如节称宋神宗的年号熙宁、元丰为熙丰，宋徽宗的年号政和、宣和为政宣之类。这颇有人排斥，而排斥的理由，却是因为"不敬"（看《日知录》二十）。至于人名则节短的更多，排斥者也更多，可说是节短方式上意见最纷歧的一项。我们且把它们分作节姓、节名两项，来举例子。节姓的，有：

(七) 韩愈《读东方朔杂事》诗节东方朔为方朔：

> 方朔乃竖子,骄不加禁诃。

本诗中方朔出现了三次。有：

(八) 刘知几《史通·六家》篇节司马迁为马迁：

> 马迁撰《史记》,终于今上。

本篇中马迁也出现了好几次。有：

(九)《晋书·诸葛恢传》节诸葛为葛。该传载荀闿、蔡谟与诸葛恢，俱字道明，人为之语曰：

> 京都三明各有名,蔡氏儒雅荀葛清。

本书中诸葛的节称也出现了好几次。 如《王濬传》中便有节诸葛亮为葛亮的例。 至于节名的例更多。 单举比较熟悉的来说，便有：

（十）王勃《滕王阁序》节杨得意为杨意，钟子期为钟期：

> 杨意不逢，抚《凌云》而自惜；钟期既遇，奏流水以何惭。

（十一）嵇康《琴赋》节荣启期为荣期，王昭君为王昭：

> 于是遁世之士，荣期、绮季之畴，乃相与登飞梁，越幽壑，援琼枝，陟峻崿，以游乎其下。……下逮谣俗，蔡氏五曲、《王昭》《楚妃》《千里别鹤》，犹有一切承间簉乏，亦有可观者焉。

等等。 这大约因为《左传》定公四年曾节称晋侯重耳为晋重，昭公元年又曾节称莒展舆为莒展，节名早就有了先例，所以循例节称的特别多。

节名节姓通常也是为了简便起见，用在种种不必繁说详举的时候。 如例（九），是当时大家知道的；如例（七），是题目上已经标明的；如例（八），也是从那篇文章的上下文便可推知的。 但也有时好像只是字面上音节上的经营。 或是为要形成错综而节的，如《史记·陈杞世家》：

> 灵公与其大夫孔宁、仪行父皆通于夏姬。……灵公与二子饮于夏氏。公戏二子曰："征舒似汝。"二子曰："亦似公。"征舒怒，灵公罢酒出，征舒伏弩厩门，射杀灵公。孔宁、仪行父皆奔

楚。灵公太子午奔晋。征舒自立为陈侯。征舒，故陈大夫也。夏姬，御叔之妻，舒之母也。成公元年冬，楚庄王为夏征舒杀灵公，率诸侯伐陈。谓陈曰："无惊，吾诛征舒而已！"

文中将夏征舒、征舒、舒错杂着用，除有几处可以有别种解说外，像"舒之母也"只用一舒字，而直前的一句"征舒，故陈大夫也"，却用征舒两字，那就只能说它是为形成错综而节的。至于为凑就对偶音节而节的，例子更多。如陆机《辨亡论》有两句，《晋书·陆机传》作：

施绩、范慎以威重显，丁奉、钟离斐以武毅称。

而《文选》却作：

施绩、范慎以威重显，丁奉、离斐以武毅称。

使丁奉离斐与施绩范慎相对，便是节名凑音就对的一个极显明的例。钱大昕《养新录》（十二）说："汉魏以降，文尚骈俪，诗严声病，所引用古人姓名，任意割省，当时不以为非。如皇甫谧《释劝》：荣期以三乐感尼父。庾信诗：惟有丘明耻，无复荣期乐。白乐天诗：天教荣启乐，人怨接舆狂。谓荣启期也。费凤《别碑》：司马慕蔺相，南容复白圭。谓蔺相如也。"单是《养新录》已经举出的，便有几十个例。这种割名凑对就音的倾向，容易使文字离开了内容上的需要，专去玩那形式上的花样。不顾内容上是否可以节，而只计较形式上需要不需要节。于是内容往往会晦到非注不明,甚至晦到了只有作者自己能够注。 这便犯了以先文人最容易犯的所谓削趾适履的拙病,自然是应该批评的。 过去批评得最厉害的似乎要算顾炎武。 他简直骂剪截名字为"不通"(看《日知录》二十三)。 但他没有将是非说清楚,也没有将成败辨清楚。 别的批评的人也差不多是如此。 所以难以折服人心,要引起拥护节短的人反骂他们为浅陋无知(看俞正燮《癸巳存稿》十二)。 而这个问题就一直在这样叫通骂陋的叫骂声中搁了下来,一向不曾有过什么切合实际的解决。

我们认为批评节短形式的玩弄是正确的,不过批评也不应只注意形式,不注意实际的情况。 因为该批评的不是节短本身,而是节短的滥用。 这一定要看情境看内容是否可以节短。 说得明确点,就是要看内容是否可以节短,以及节短了是否仍旧看得懂,或者更加简洁有力。 要是只要看见节短的形式便批评,那就同专把节短的形式来玩弄的一样要陷于形式主义的泥坑,对于节短不会有同情境联系和内容联系的认识,也就不会有同情境联系和内容联系的运用。

七 省　略

话中把可以省略的语句省略了的,名叫省略辞。 有积极的省略和消极的省略两种。 凡属可以省略的简直不写,如绘画上的略写法,或虽写只以一二语了之,如唐彪所谓"省笔",这是积极的省略。 积极省略中的前者,我们可以举《左传》《穀梁传》《国语》《礼记》《史记》《说苑》等书所载骊姬向晋献公谮害太子申生一件事为例,互相参证。

（《左传》）姬谓太子曰："君梦齐姜，必速祭之。"太子祭于曲沃，归胙于公。公田，姬寘诸宫，六日，公至，毒而献之。公祭之地，地坟；与犬，犬毙；与小臣，小臣亦毙。姬泣曰："贼由太子。"太子奔新城（曲沃），公杀其傅杜原款。或谓太子："子辞，君必辨焉。"太子曰："君非姬氏居不安，食不饱；我辞，姬必有罪：君老矣，吾又不乐。"曰："子其行乎？"太子曰："君实不察其罪，被此名也以出，人谁纳我？"（僖公四年）

（《穀梁传》）骊姬又〔谓君〕曰："吾夜者梦夫人趋而来，曰'吾苦饥'；世子之宫已成，则何为不使祀也？"故献公谓世子曰："其祀！"世子祀。已祀，致福于君，君田而不在。骊姬以鸩为酒，药脯以毒。献公田来，骊姬曰："世子已祀，故致福于君。"君将食，骊姬跪曰："食自外来者，不可不试也。"覆酒于地而地贲；以脯与犬，犬死。骊姬下堂而呼啼曰："天乎天乎！国，子之国也；子何迟于为君！"君喟然叹曰："吾与汝未有过切，是何与我之深也！"使人谓世子曰："尔其图之！"世子之傅里克谓世子曰："入自明！入自明则可以生；不入自明则不可以生。"世子曰："吾君已老矣，已昏矣。吾若此而入自明，则骊姬必死，骊姬死则吾君不安。所以使吾君不安者，吾不若自死；吾宁自杀以安吾君。"（僖公十年）

（《国语》）骊姬以君命命申生曰："今夕君梦齐姜，必速祀而归福。"申生许诺。乃祭于曲沃，归福于绛。公田，骊姬受福，乃寘鸩于酒，寘堇于肉。公至，召申生献。公祭之地，地坟。申生恐而出。骊姬与犬肉，犬毙；饮小臣酒，亦毙。公命杀杜原款。申生奔新城。……人谓申生曰："非子之罪，何不去乎？"申生曰："不可。去而罪释，必归于君，是怨君也；章父之恶，取笑诸侯，吾谁乡而入？内困于父母，外困于诸侯，是重困也；弃君去罪，是逃死也。吾闻之：仁不怨君，智不重困，勇不逃死。若罪不释，去而必重；去而罪重，不智；逃死而怨君，不仁；有罪不死，无勇：去而厚怨。恶不可重，死不可避，吾将伏以俟命。"(《晋语》二)

(《礼记》)晋献公将杀其世子申生。公子重耳(申生异母弟)谓之曰："子盖(当为盍)言子之志于公乎？"世子曰："不可。君安骊姬——是我伤公之心也。"曰："然则盖行乎？"世子曰："不可。君谓我欲弑君也。天下岂有无父之国哉；吾何行如之？"(《檀弓》上)

(《史记》)骊姬谓太子曰："君梦见齐姜，太子速祭曲沃，归釐于君。"太子于是祭其母齐姜于曲沃，上其荐胙于献公；献公时出猎，置胙于宫中。骊姬使人置毒药胙中。居二日，献公从猎来还，宰人上胙献公，献公欲飨之。骊姬从旁止之曰："胙所从来远，宜试之。"祭地，地坟；与犬，犬死；与小臣，小臣死。骊姬泣曰："太子何忍也！其父而欲弑代之，况他人乎？且君老矣；旦暮之人，曾不能待，而欲弑之！"……太子闻之奔新城。献公怒，乃诛其傅杜原款。或谓太子曰："为此药者乃骊姬也，太子何不自辞明之？"太子曰："吾君老矣，非骊姬，寝不安，食不甘；即辞之，君且怒之。不可。"或谓太子曰："可奔他国。"太子曰："被此恶名以出，人谁内我？我自杀耳！"(《晋世家》)

(《说苑》)晋骊姬谮太子申生于献公，献公将杀之。公子重耳谓申生曰："为此者非子之罪也，子胡不进辞？辞之必免于罪。"申生曰："不可。我辞之，骊姬必有罪矣。吾君老矣；微骊姬寝不安席，食不甘味，如何使吾君以恨终哉？"重耳曰："不辞，则不若速去矣。"申生曰："不可，去而免于死，是恶吾君也。夫彰父之过而取笑诸侯，孰肯内之？入因于宗，出因于逃，是重吾恶也。

吾闻之,忠不暴君,智不重恶,勇不逃死。如是者吾以身当之。"(《立节》)

例中如骊姬请献公试胙一节,《左传》完全不写,便是这组的省略法;其余这里写那里不写的也还有,也同样是这组的省略法。至于后者的积极省略法,则常用在不能如上述这样略了不写,而上文却又已经详写过了不必再加详写的地方,就是吴曾祺所谓"于上文所有者,以一二语结之"的省略法(《涵芬楼文谈·省文》)。这"有省文省句之不同:如'其他仿此','余可类推',乃省文法也;'舜亦以命禹''河东凶亦然'之类,省句法也"(唐彪《读书作文谱》卷七)。

以上所说的积极省略法,都是省句的省略法:省句到极,简直不写,便是前者;省句不到这样程度,不是不写,只是略写,便是后者。消极的省略,却不是省句而是省词。省词的消极省略法,也可分作两组。

(甲)蒙上省略——上文有过的词,下文便省略了。

(一)多闻择其善者而从之,多见〔择其善者〕而识之。(《论语·述而》)
(二)楚人为食,吴人及之。〔楚人〕奔,〔吴人〕食而从之。(《左传》定公四年)
(三)若是死时,我与你们同死;活时,同活。(《水浒》第二回)
(四)我走我底路;你,你底。(《冬夜·风底话》)

这样凡是上文点出处,下文都已略去。

（乙）探下省略——这同前类相反，上下同有的词不留上文却把上文先省略了。如：

（五）七月〔蟋蟀〕在野，八月〔蟋蟀〕在宇，九月〔蟋蟀〕在户，十月蟋蟀入我床下。（《诗经·豳风·七月》）

（六）夏后氏五十〔亩〕而贡，殷人七十〔亩〕而助，周人百亩而彻。（《孟子·滕文公》上）

这两组的省略法比较起来当然是前一组比较地普通，后一组比较地少见，因此就有人以为后一组的省略，非深于文章者不能为。如张文潜说："《诗》三百篇……要之非深于文章者不能作。如'七月在野'至'入我床下'，于'七月'以下皆不道破，直至'十月'方言'蟋蟀'，非深于文章者能为之邪？"（胡仔《渔隐丛话·前集》卷一所引）

八　警　策

语简言奇而含意精切动人的，名为警策辞，也称警句，以能像蜜蜂形体短小而有刺有蜜，为最美妙。文中有了它，往往气势就此一振。

警策辞约可分为三种：第一种是将自明的事理极简练地表现出来，使人感到一种格言味的，如：

（一）事实是事实。（鲁迅译《日本现代小说集·与幼小者》）

（二）虽鞭之长，不及马腹。（《左传》宣公十五年）

第二种是将表面上两两无关的事物,捏成一句,初看似不可解,其实含有真理的,例如:

(三) 墙有耳,伏寇在侧。(《管子·君臣》)
(四) 尺有所短,寸有所长。(《史记·白起王翦列传》赞)

第三种是话面矛盾反常而意思还是连贯通顺,可以称为"奇说""妙语"(paradox)的一种警策辞。这是警策辞中最为奇特,却又最为精彩的一种形式。例如:

(五) 善游者溺,善骑者堕。(《文子符言》)
(六) 不塞不流,不止不行。(韩愈《原道》)
(七) 打是疼,骂是爱。(《儿女英雄传》第三十七回)

九 折 绕

有话不直直截截地说,却故意说得曲折、缴绕的,名叫折绕辞。用这类辞的目的约有下列四种:

一、求语言婉转

(一)"小栓的爹;你就去么?"是一个老女人的声音。……"唔,"老栓一面听,一面应,一面扣上衣服;伸手过去说,"你给我罢。"(鲁迅《呐喊·药》)

所谓"小栓的爹"就是华大妈叫的丈夫老栓。

(二)(吴王夫差赐伍子胥死。子胥)将死,曰:"树吾墓槚,槚可材也,吴其亡乎?"(《左传·哀公十一年》)

所谓"槚可材也,吴其亡乎"就是说吴不久将亡。

二、为讽刺戏谑

(三)子入太庙;每事问。或曰:"孰谓鄹人之子知礼乎?入太庙,每事问。"(《论语·八佾》)

注里说:"孔子自少以知礼闻,故或人因此讥之。"所谓"鄹人之子"就等于现在说什么老什么老一类的话。

(四)扛丧鬼看见,吓得面如土色,忙问道:"这是什么鬼?为着何事?被谁打死的?"有认得的说道:"这是前村催命鬼的酒肉兄弟,叫作破面鬼。正诈酒三分醉的在戏场上耀武扬威,横冲直撞的骂海骂山,不知撞了荒山里的黑漆大头鬼,恰正钉头碰着铁头,两个牛头高,马头高,长洲弗让吴县的就打起来了。可笑这破面鬼枉自长则金刚大则佛,又出名的大力气,好拳棒,谁知撞了黑漆大头鬼,也就经不起三拳两脚,一样跌倒地下,想拳经不起来了。"(《何典》二)

所谓"跌倒地下,想拳经不起来了",就是说死了。

三、为增强语意

(五)心理的东西、意识等等是物质的最高产物,是叫作人的

头脑的一块特别复杂的物质的机能。（列宁《唯物主义与经验批判主义》第四章）

所谓"叫作人的头脑的一块特别复杂的物质"的机能，就是说"人脑"的机能。

（六）杞子自郑使告于秦，曰："郑人使我掌其北门之管。若潜师以来，国可得也。"穆公访诸蹇叔。蹇叔曰："劳师以袭远，非所闻也。……"公辞焉。召孟明、西乞、白乙，使出师于东门之外，蹇叔哭之曰："孟子，吾见师之出，而不见其入也！"公使谓之曰，"尔何知？中寿，尔墓之木拱矣！"（《左传》僖公三十二年）

所谓"尔何知？中寿，尔墓之木拱矣"，就是说他老昏。

四、为文饰辞面——这在曹靖华译班珂作的《白茶》一剧里面一个穷开心的大学生巴利克的说白里便有很多例子。现在举几个比较自然的在下面：

（七）"画饼"就是我们的午餐。

就是说午餐无着。

（八）让你睡下去梦见古来一切的饿死鬼罢。

就是说让你睡下去饿死罢。

（九）这是化学上的玩意：是 H_2O 烧到列氏表八十度就得了。别名又叫作——白茶。

就是说：这是白开水。

十　转　品

　　说话上把某一类品词移转作别一类的品词来用的，名叫转品。汉语从《马氏文通》以来普通分词为九类，就是：（1）名词；（2）代词；（3）动词；（4）形容词；（5）副词；（6）介词；（7）连词；（8）助词；（9）叹词。这是现在一般的分法，将来研究更加深入，可能有另外的分法；分类的标准也可能用另外的标准。我们以为可以依据词的组织功能分，这里且不详说；但可断言：词可以分类，词也必须分类，某词属于某类或某某类，也都可以一一论定。修辞上有意从这一属类转成别一属类来用的，便是转品辞。转品有可以从情境上判别的，也有可以从习惯上判别的。例如《庄子·秋水》篇：

　　　　惠子相梁，庄子往见之。或谓惠子曰："庄子来，欲代子相。"于是惠子恐，搜于国中，三日三夜。庄子往见之，曰："南方有鸟，其名为鹓鶵，子知之乎？夫鹓鶵发于南海，而飞于北海，非梧桐不止，非练实不食，非醴泉不饮；于是鸱得腐鼠，鹓鶵过之，仰而视之，曰：'嚇！'今子欲以子之梁国而嚇我邪？"

这里第一个"嚇"字是叹词，第二个"嚇"字是动词，而第二个

"嚇"字却是从第一个"嚇"字带出来的,这第二个"嚇"字便是一个转品辞。 又如《论语·公冶长》篇"斯焉取斯"句朱熹注:

> 上斯斯此人,下斯斯此德。

这里第一第三两个"斯"字是代词,第二第四两个"斯"字是动词,而第二第四两个"斯"字也是从第一第三两个"斯"字带出来的,也是转品辞。 再如《孟子·告子》篇:

> 彼白而我白之。

这里第二个"白"字也是从第一个"白"字带出来的,而第一个"白"字为形容词,第二个白字为动词,这用为动词的"白"字也是一个转品辞。 像这些拈连带用的转品,是可以从用词的情境上判定的。 此外不能从情境上判定,但从用词的习惯上仍可判定它是转品的也很多,现在略举几个例在下面。 例如《左传》定公十年:

> 公若曰:"尔欲吴王我乎?"

"吴王我"意思是说教我做吴王,是把名词转作动词用。 如《孟子·万章》下:

> 缪公之于子思也,亟问,亟馈鼎肉。子思不悦,曰:"今而后知君之犬马畜伋。"

"犬马畜伋"是说喂狗喂马一样地喂子思，是把名词转作副词用。 再如韩愈《原道》：

人其人，火其书，庐其居。

点出的"人"字、"火"字、"庐"字也是习惯上作名词用，而在这里却是作动词用的。 这些都是转品辞。

这类转品辞如果运用得当，颇可使语辞简洁生动（自然用得不得当，也会使语辞生涩费解），使人对它发生一种特殊的兴趣。如《太平广记》二百四十五引《启颜录》：

晋王戎妻语戎为卿。戎谓曰："妇那得卿婿？"答曰："我亲卿爱卿，是以卿卿；我不卿卿，谁当卿卿？"

这里的三个"卿卿"中间，下面一个"卿"字都是代词，上面一个"卿"字都是转品的动词。 用法也极寻常，但因用得合拍，便觉异样生动，终至历代流传作为亲昵的称谓。 所以转品辞法向来受人注意，甚或将它硬用。 如明张岱著的《陶庵梦忆》一书里面便不知有多少处是硬用这种辞法的。

这类转品用法，一向叫作实字虚用，虚字实用。 有时也简称虚实。 如曾国藩《复李眉生书》中所说：

虚实者，实字而虚用，虚字而实用也。何以谓之实字虚用？如"春风风人，夏雨雨人"（《说苑·贵德》）。上风雨，实字也。下风雨，则当作养字解，是虚用矣。"解衣衣我，推食食我"（《史记·淮阴侯列传》）。上衣食，实字也。下衣食，则当作惠字解，是虚用矣。"春朝朝日，秋夕夕月"（贾谊《论时政疏》；"秋夕夕月"原为"秋暮夕月"）。上朝夕，实字也。下朝夕，则当作祭字解，是虚用矣。"入其门，无人门焉者；入其闺，无人闺焉者"（《公羊传·宣六》）。上门闺，实字也。下门闺，则当作守字解，是虚用矣。后人或以实者作本音读，虚者破作他音读，古人曾无是也。何以谓之虚字实用？如步，行也，虚字也。然《管子》之"六尺为步"，韩文之"步有新船"，《舆地》之瓜步、邀笛步，《诗经》之国步（《桑柔》）、天步（《白华》），则实用矣。薄，迫也，虚字也。然因其丛密而林曰林薄（张衡《西京赋》），因其不厚而帘曰帷薄（《礼记·曲礼》），以及《尔雅》之"屋上薄"（《释宫》），《庄子》之"高门悬薄"（《达生》），则实用矣。覆，败也，虚字也。然《左传》设伏以败人之兵，其伏兵即名曰覆；如郑突"为三覆以待之"（隐九），"韩穿帅七覆于敖前"（宣十二），是虚字而实用矣。从，顺也。虚字也。然《左传》于位次有定者，其次序即名曰从。如"荀伯不复从"（成十六），"竖牛乱大从"（昭五），是虚字而实用矣。

这里所谓虚实，都就是动词和名词；所谓实字虚用，虚字实用，就是名词用作动词，动词用作名词，就是名词和动词的转品。实际转品并不限于名词和动词之间。 又转品，也不止是文言中可以用，语体文及口头语上也是可以用的。 如：

   胡国光只"哼"了一声。（茅盾《蚀·动摇》）
   那汉子光着眼只管打量胡国光。（同上）

这两句中的"哼""光"等字便也是转品词。语体文及口头语上的转品，有时不能单纯地转用，需要另外添上转成词经常连用的配合成分。如"看""想"等动词要转成名词，便要加上名词经常连用的"头""子"等字，作"看头""想头"，等等。又如"车""袋"等名词要转成动词也要加上动词经常连用的"起""开""着""了"等字，作"车起""车开""袋着""袋了"，等等。像这里所引的两个例，便是一个加上"了"字，一个加上"着"字的例。

十一　回　　文

回文也常写作迴文，是讲究词序有回环往复之趣的一种措辞法。《诗苑·类格》载唐上官仪曾说"诗有八对"。其"七日回文对；情新因意得，意得逐情新，是也"。这样的回文，无异于近年所谓"国语的文学，文学的国语"及"从文学革命到革命文学"。除了词序随从内容的特点略作适当的往复回环之外，更无什么做作。在散文中，也常可以见到。而且出现得颇早。单单《老子》一部书里，便有不少的例。如：

善人者不善人之师，不善人者善人之资。（二十七章）
知者不言，言者不知。（五十六章）
信言不美，美言不信。（八十一章）
善者不辩，辩者不善。（同上）
知者不博，博者不知。（同上）

后来有人好奇，定要做到词序完全可以不拘，无论顺读、倒读，都可成文，这便成了一种稀奇的文体。这种稀奇的文体，总名叫作回文体。诗、词、曲都曾经有过。诗就叫作回文诗；词就叫作回文词；曲就叫作回文曲。如《王临川集》中，便有《碧芜》《梦长》等回文诗好几首。

《文心雕龙·明诗》篇说："回文所兴，道原为始"，但道原姓什么，什么时代人，都无从查考，大概刘勰说的也不一定对（参看赵翼《陔余丛考》二十三），看来还不及清朱存孝说的确实而简括。存孝说：

> 诗体不一，而回文尤异。自苏伯玉妻《盘中诗》为肇端，窦滔妻作《璇玑图》而大备。（见《回文类聚序》）

原来是几个太太创造出来的文体。创造的原因，大体相同，都是因为同男人分离得太久了，思念男人，造这玩意儿寄给男人看的。苏伯玉的太太，我们不知道她姓甚名谁，也不知道她是汉代人不是。只知《盘中诗》的本事是"伯玉被使在蜀，久而不归；其妻居长安，思念之，因作此诗"。《盘中诗》云：

> 山树高，鸟鸣悲。
> 泉水深，鲤鱼肥。
> 空仓雀，常苦饥。
> 吏人妇，会夫稀。
> 出门望，见白衣。

谓当是,而更非。

还入门,中心悲。

北上堂,西入阶。

急机绞,杼声催。

长叹息,当语谁?

君有行,妾念之。

出有日,还无期。

结巾带,长相思。

君忘妾,未(一作天)知之。

妾忘君,罪当治。

妾有行,宜知之。

黄者金,白者玉。

高者山,下者谷。

姓者(一作为)苏,字伯玉。

(一有作字)人才多,智谋足。

家居长安身在蜀。

何惜马蹄归不数?

羊肉千斤酒百斛,

令君马肥麦与粟。

今时人,知四(一作不)足。

与其书,不能读。

当从中央周四角。

《盘中诗》"从中央周四角"的排列如下图:

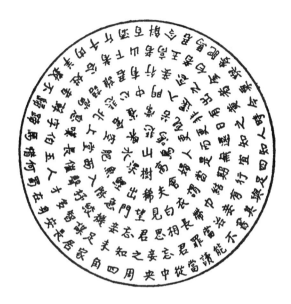

（从宋桑世昌编《回文类聚》卷二）

相传是伯玉出使在蜀，久不回家，太太把这诗写在盘中寄给他的，所以叫作"盘中诗"。 诗的写法，如图，屈曲成文，从中央以周四角，含宛转回环的意思。 据说伯玉看了以后，就感悟而回来了。

但《盘中诗》实际还不是正式的回文，因为它还不能回读。不过词序上的经营，也同后来的回文有些相似，故也不妨说是回文的先导，即"肇端"。 回文是以窦滔太太的《璇玑图》为最著名。 太太姓苏，名蕙，字若兰。 所作回文诗，系以八百四十一字，排成纵横各为二十九字的方图，回环反复读起来，可得诗三千七百五十二首。 它的本事，同《盘中诗》很相似。 据《晋书·列女传》说是"滔被徙流沙，苏氏思之，织锦为《回文旋图诗》以赠滔，宛转循环以读之，词甚凄惋"。 据唐武则天序中说，是由于家庭纠纷的关系，窦滔同苏氏断绝音信，苏氏悔恨自伤，因织锦为回文，五彩相宣，莹心耀目，纵横反复，皆成文章，名叫《璇玑图》，叫人送到襄阳。这时窦滔正留镇襄阳，看了之后，非常感动，就把苏氏接到任上去。这两说说的事实不完全相同，我们也不知道到底哪一说是，不过普通大概相信后一说。现在举图中的一个例如下：

   仁智怀德圣虞唐，贞志笃终誓穹苍，钦所感想妄淫荒，心忧增慕怀惨伤。

   伤惨怀慕增忧心，荒淫妄想感所钦，苍穹誓终笃志贞，唐虞圣德怀智仁。

苏蕙的《璇玑图》在回文中几乎可说是空前绝后的巨制（《镜花缘》四十一回曾经标题为"奇图"，加以高度的赞扬），但其内容被形式牵制，即所谓"窘缚刺促"的形象，也还是了然可指。出奇的造作的回文，实在是难能而并不怎么可贵的东西。不过它也是汉语文的可能性——词序方面一种有意的尝试，其成就如何，也像意大利未来派的自由语运动似的，颇可供我们借鉴。

  回文除了种种词序上的经营之外，也曾发展到墨色的运用和字形的离合的运用。但大都不脱词序的运用。其脱离词序的运用的便是另外一种文体。从前有人把所谓"以意写图，使人自悟"的"神智体"也混同作为回文体（见《回文类聚》卷三）。其实神智体是字形大小，笔画多少，位置正反，排列疏密等的利用，不是词序的利用，同回文其实不同。宋苏轼（东坡）有过神智体《晚眺》一首。诗是：

> 长亭短景无人画,老大横拖瘦竹筇。回首断云斜日暮,曲江倒蘸侧山峰。

却写作

（据《东坡问答录》）

据说是他写了去为难人的:

> 神宗熙宁间,北虏使至,每以能诗自矜,以诘翰林诸儒。上命东坡馆伴之,虏使乃以诗诘东坡。东坡曰:"赋诗,亦易事也;观诗稍难耳。"遂作《晚眺》诗以示之。北使惶愧莫知所云,自后不复言诗矣。(据《回文类聚》卷三)

这种神智体诗,现今民间也还有流传,而且也还带有为难人的性质。

第八篇　积极修辞四

丁类　章句上的辞格

一　反　　复

用同一的语句,一再表现强烈的情思的,名叫反复辞。人们对于事物有热烈深切的感触时,往往不免一而再、再而三地反复申说;而所有一而再、再而三显现的形式,如街上的列树,庆节的提灯,也往往能够给予观者以一种简纯的快感,修辞上的反复就是基于人类这种心理作用而成。

反复辞的用法有连接的和隔离的两种。

（一）我当此刻,正将你的戏曲摊在我的膝上,坐在那曾经和你常常一同散步的公冢地的草场上,仰望着广阔的初秋的天空,不瞬的不瞬的看着,便觉得自己的现在的心情,和出现于你的童话里的年青的人物的心情相会解,契合而为一了。（日本·秋田雨雀著,鲁迅译《读了童话剧〈桃色的云〉》）

（二）一切的事,都是时节呀,时节呀！你看见刚才那桥上的

雏鸡么？(日本·佐藤春夫著,周作人译《雏鸡的烧烤》)

(三)子曰:"视其所以,观其所由,察其所安,人焉廋哉,人焉廋哉!"(《论语·为政》篇)

(四)昔者有馈生鱼于郑子产,子产使校人畜之池。校人烹之,反命曰:"始舍之,圉圉焉,少则洋洋焉,攸然而逝。"子产曰:"得其所哉,得其所哉!"(《孟子·万章》上)

这是连接的反复。

(五)从浦口山上发脉,一个墩,一个炮,一个墩,一个炮,一个墩,一个炮,弯弯曲曲,骨里骨碌,一路接着滚了来。滚到县里周家冈,龙身跌落过峡,又是一个墩,一个炮;骨骨碌碌几十个炮赶了来,结成一个穴情,这穴情叫作"荷花出水"。(《儒林外史》第四十五回)

(六)子曰:"予欲无言。"子贡曰:"子如不言,则小子何述焉。"子曰:"天何言哉,四时行焉,万物生焉,天何言哉。"(《论语·阳货》篇)

(七)黄鹄参天飞,半道郁徘徊。腹中车轮转,君知思忆谁？黄鹄参天飞,半道还哀鸣。三年失群侣,生离伤人情。黄鹄参天飞,凝翮争风回。高翔入玄阙,时复乘云颓。黄鹄参天飞,半道还后渚。欲飞复不飞,悲鸣觅群侣。(《黄鹄曲》)

这是隔离的反复。

二　对　偶

说话中凡是用字数相等,句法相似的两句,成双作对排列成功的，都叫作对偶辞。 对偶这一格，从它的形式方面看来，原来也可说是一种句调上的反复，故也有人将它并入反复格；而从它的内容看来，又贵用相反的两件事物互相映衬，如刘勰所谓"反对为优，正对为劣"（《文心雕龙·丽辞》篇），故又有人将它并入映衬格。 但对偶所以成立，在形式方面实是普通美学上的所谓对称，而内容方面也非全然由于映衬的句法构成，无论把它并入反复或并入映衬都觉得不很合适，因此现在仍旧让它独立了。

这格的成例如下：

（一）有情皮肉，无情杖子。（《水浒》第六十一回）

（二）白发无情侵老境，青灯有味似儿时。（陆游《秋夜读书》诗）

（三）满招损，谦受益。（《书经·大禹谟》）

（四）君子周而不比，小人比而不周。（《论语·为政》篇）

（五）生则天下歌，死则天下哭。（《荀子·解蔽》篇）

（六）出自幽谷，迁于乔木。（《诗经·小雅·伐木》篇）

（七）诲尔谆谆，听我藐藐。（《诗经·大雅·抑》篇）

（八）不在其位，不谋其政。（《论语·泰伯》篇）

（九）决九川，距四海。（《书经·益稷》篇）

（十）圣人不死，大盗不止。（《庄子·胠箧》篇）

照例看来，可见对偶并不限于映衬，此处（六）例以下的几个例便都是连贯的，不是映衬的。

这种辞格曾经有过畸形的发达的时期，如刘知几所谓"其为文也，大抵编字不只，捶句皆双，修短取均，奇偶相配。 故应以一言蔽之者辄足为二言，应以三句成文者必分为四句"（《史通·叙事》篇）。就是最近也还有人硬用对偶辞来下判决，打电报，使人觉得极其不自然。因此五四前后文化学术界在《新青年》上鼓吹文学革命的时候，曾经对于这种现象进行过严正的批判。当时有些人反对对偶，主张文章应当"不讲对仗"，也有人认为对偶不对偶应当任其自然，当时是"不讲对仗"的主张比较得到多数人的赞同（参看《新青年》第二、三卷）。

三　排　　比

同范围同性质的事象用了结构相似的句法逐一表出的，名叫排比。排比和对偶，颇有类似处，但也有分别：（一）对偶必须字数相等，排比不拘；（二）对偶必须两两相对，排比也不拘；（三）对偶力避字同意同，排比却以字同意同为经常状况。实例如下：

（一）王闻书之言，惕若恐惧，退而为戒书：于席之四端为铭焉，于机为铭焉，于鉴为铭焉，于盥盘为铭焉，于楹为铭焉，于杖为铭焉，于带为铭焉，于履屦为铭焉，于觞豆为铭焉，于户为铭焉，于牖为铭焉，于剑为铭焉，于弓为铭焉，于矛为铭焉。（《大戴礼记·武王践阼》篇。王为武王，书指上文丹书）

（二）无恻隐之心，非人也；无羞恶之心，非人也；无辞让之心，非人也；无是非之心，非人也。（《孟子·公孙丑》上）

（三）不为不可成，不求不可得，不处不可久，不行不可复。（《管子·牧民》篇）

(四) 富贵不能淫,贫贱不能移,威武不能屈。(《孟子·滕文公》下)

(五) 天有情,天亦老,春有意,春须瘦。云无心,云也生愁。(乔孟符《扬州梦》杂剧第一折)

这种排比,约可别为两类:一为本来可以括举而今故意列举的,如例(一)例(二);二为本来只可以列叙的,如(三)(四)(五)等例。 第一类如例(一)本可写作"于席、机、鉴……为铭焉",于今却写作"于席之四端为铭焉,于机为铭焉"云云,目的盖在使列举的各端各各受人充分地注意。 又颇便于用在事忙情急,不及概括统总的话中。 但前人或者不曾顾及此等目的或情况,对于此类排比颇加排斥,如:

(六) 季孙行父秃,晋郤克眇,卫孙良夫跛,曹公子手偻,同时而聘于齐。齐使秃者御秃者,使眇者御眇者,使跛者御跛者,使偻者御偻者。(《穀梁传》成公元年)

刘知几便说太烦赘了,应除"秃者"以下诸字,作"各以类逆"(《史通·叙事》篇)。 其实此等简练主义,断然难以使人心服;所以知几这话,魏际瑞就批评说:这样简是简了,可是"神情特不生动"了(《伯子论文》)。 第二类,以前似乎不曾出过问题,现在可不必详论。 只有关于排比全体,有前人已经论及的一端,或者可以略加注意:就是此类排比往往每句参有几个相同的字。 因此,陈骙以下常有专于着眼在这一点的议论,说什么"文有数句用一类字,所以壮文势、广文义也"(《文则》卷下庚

条)。实际上所谓"用一类字",如:

(七)有弗学;学之弗能,弗措也。有弗问;问之弗知,弗措也。有弗思;思之弗得,弗措也。有弗辨;辨之弗明,弗措也。有弗行;行之弗笃,弗措也。(《中庸》)

每句同有"之""弗""也"等字,虽然是排比格中所常见的,却也只是排比中一面的现象。关乎这面现象的实例,《文则》中举的很多,这里可以不再罗列了。

排比格中也有只用两句互相排比的,这与对偶最相类似,可以同对偶参看:

(八)我有所念人,隔在远远乡。我有所感事,结在深深肠。(白居易《夜雨》诗)

(九)挽弓当挽强,用箭当用长。射人先射马,擒贼先擒王。(杜甫《前出塞》九首之六)

四 层　　递

层递是将语言排成从浅到深、从低到高、从小到大、从轻到重,层层递进的顺序的一种辞格。其成立必须有:(一)要说的有两个以上的事物;(二)这些事物又有轻重大小等比例;而且(三)比例又有一定的程序。例如:

(一)天时不如地利,地利不如人和。(《孟子·公孙丑》下)

（二）古之欲明明德于天下者，先治其国；欲治其国者，先齐其家；欲齐其家者，先修其身；欲修其身者，先正其心；欲正其心者，先诚其意；欲诚其意者，先致其知；致知在格物。(《大学》)

（三）太上不辱先；其次不辱身；其次不辱理色；其次不辱辞令；其次诎体受辱；其次易服受辱；其次关木索被箠楚受辱；其次剔毛发婴金铁受辱；其次毁肌肤断肢体受辱；最下腐刑极矣。(司马迁《报任少卿书》)

以上三例，（一）是三层，（二）是八层，（三）是十层，都是一而二，二而三，从轻小而到重大，如陈骙所谓"上下相接，若继踵然"(《文则》卷上丁)；最后的第三例，因为要说腐刑的极辱，且从不辱一面说起，进了四层，再从受辱一面逐层递进：目的都在使读听者的感触逐渐达到顶点。

有人说层递辞中也有从大到小，从重到轻等的用法，如：

（四）凡花，一年只开得一度，四时中只占得一时，一时中只占得数日。他熬过了三时的冷淡，才得这数日的风光。(《今古奇观》卷八)

但这例其实是从轻到重的层递，因为想要极言这数日的可贵，才从那一年四时说起。 倘真有意排成从大到小、从重到轻的层次，那便是倒层递，是倒用层递的一种非常辞法，除有特别作用教人怀疑发笑的以外大抵不用。 如下列一例，赵威后的岁、民、王的倒层递便是为了教人怀疑发问，造成发议论的机会而用的：

（五）齐王使使者问赵威后。书未发，威后问使者曰："岁亦无恙耶？民亦无恙耶？王亦无恙耶？"使者不悦曰："臣奉使使威后，今不问王，而先问岁与民，岂先贱而后尊贵者乎？"威后曰："不然。苟无岁，何有民？苟无民，何有君？故有问舍本而问末者耶？"乃进而问之曰："齐有处士曰钟离子无恙耶？是其为人也，有粮者亦食，无粮者亦食，有衣者亦衣，无衣者亦衣；是助王养其民也，何以至今不业也？叶阳子无恙乎？是其为人，哀鳏寡，恤孤独，振困穷，补不足；是助王息其民者也，何以至今不业也？北宫之女婴儿子无恙耶？彻其环瑱，至老不嫁，以养父母；是皆率民而出于孝情者也，胡为至今不朝也？此二士弗业，一女不朝，何以王齐国、子万民乎？"（《战国策·齐策》四）

五　错　综

凡把反复、对偶、排比或其他可有整齐形式，共同词面的语言，说成形式参差、词面别异的，我们称为错综。构成错综，大约有四类重要方法：

第一，抽换词面；

第二，交蹉语次；

第三，伸缩文身；

第四，变化句式。

第一，抽换词面是将词面略为抽动使得说话前后不同。如抽换反复的有：

（一）那周谨跃马挺枪，直取杨志；这杨志也拍战马，捻手中

枪,来战周谨。两个在阵前,来来往往,翻翻复复;搅做一团,扭做一块;鞍上人斗人,坐下马斗马。(《水浒》第十三回)

(二) 彼其道幽远而无人……吾无粮,我无食,安得而至焉?(《庄子·山木》篇)

抽换排比的有:

(三) 地也,你不知好歹何为地! 天也,你错勘贤愚枉做天!(关汉卿《窦娥冤》杂剧第三折)

(四) 王后蚕于北郊,以供纯服……夫人蚕于北郊,以供冕服。(《礼记·祭统》篇。郑注"纯服亦冕服也,互言之尔"。)

(五) 仁有数,义有长短小大。(《礼记·表记》篇。郑注"数与长短小大,互言之耳"。)

圆点点出处都是原来可用同一词面的,而今都被错综了。

第二,交蹉语次是将语词的顺序安排得前后参差,使得说话前后不同。 如在反复有:

(六) 他的上面,罩着一片装饰着辉煌的月和闪烁的星的深远无限的太空;他的下面,在幽静透明的池塘里,也展开着一片深远无限的太空,装饰着闪烁的星和辉煌的月。(鲁迅译《爱罗先珂童话集·春夜的梦》)

(七) 王何必曰利,亦有仁义而已矣。……王亦曰仁义而已矣,何必曰利?(《孟子·梁惠王》上)

在对偶有：

（八）裙拖六幅湘江水，鬓耸巫山一段云。（李群玉《赠郑相井歌姬》诗）

在排比有：

（九）猿狖猴错木据水，则不若鱼鳖；历险乘危，则骐骥不如狐狸。（《战国策·齐策》三。"骐骥"两字，不在"历险"两字上头。）

（十）疾风而波兴，木茂而鸟集。（《淮南子·主术》篇。是"疾风""木茂"，不是"风疾""木茂"。）

（十一）问国君之富，数地以对；……问士之富，以车数对；问庶人之富，数畜以对。（《礼记·曲礼》下。中间一句不是"数车以对"。）

（十二）那谈话里说："名叫人类的哥儿们，是最强最贤慧的东西。"……也说："自然，山上的政治家的狐狸，艺术家的猿婶母，鹦哥的语学家，鸟的社会学家，天文学家的枭博士，高强固然也高强，但比起人类的哥儿们来，到底赶不上。"（鲁迅译《爱罗先珂童话集·鱼的悲哀》）

（十三）他（黄昏）等候着；在山的深处，在村市的地窖里，在树林的浓密处，在湖的暗处。他等候着，躲在永久的土窟里，在空穴里，在人家的屋角。他被赶散，又似乎不见了，但其实充满着一切隐藏的处所。他在树皮各个的裂缝里，在人的衣服的折叠里。他躲在最小的沙粒底下黏在最细的蛛网的丝上，等候着。（波兰·普路斯《现代小说译丛·影》）

这些点出处也是可以有相同相似的形式的,而今也被错综了。

第三,伸缩文身是用长句短语交相错杂,使语文发生变化的方法。 如反复的例:

(十四)约瑟是多结果子的树枝,是泉旁多结果子的树枝,他的枝条探出墙外。(《旧约·创世记》四十九之二十二)

(十五)惊骇恐惧临到他们。……他们如石头寂然不动,等候你的百姓渡过去,等候你所救赎的百姓渡过去。(《旧约·出埃及记》十五之十六)

(十六)今有一人,入人园圃,窃其桃李,众闻则非之,上为政者得则罚之。此何也? 以亏人自利也。至攘人犬豕鸡豚者,其不义又甚入人园圃窃桃李。是何故也? 以亏人愈多,其不仁兹甚,罪益厚。至入人栏厩,取人马牛者,其不仁义又甚攘人犬豕鸡豚。此何故也? 以其亏人愈多,其不仁兹甚矣,罪益厚。至杀不辜人也,扡其衣裳,取戈剑者,其不义又甚入人栏厩取人马牛。此何故也? 以其亏人愈多;苟亏人愈多,其不仁兹甚矣,罪益厚。当此,天下之君子皆知而非之,谓之不义。今至大为不义攻国,则弗知非,从而誉之谓之义。此可谓知义与不义之别乎?(《墨子·非攻》上)

排比的例:

(十七)我憎恨他的白屋,他的车夫,他的卫兵,以至于他的马。我憎恨他的金边眼镜,他的尖锐的双眼,他的深陷的两颊,他的身材,他的懒惰的生活,以至于他的清洁而吃得好着得好的

儿女们。我憎恨他的自私的保护，及他的对于我们的憎恶。我憎恨他。(郑振铎译《灰色马》中卷)

(十八) 大凡物不得其平则鸣。草木之无声，风挠之鸣；水之无声，风荡之鸣，其跃也或激之，其趋也或梗之，其沸也或炙之；金石之无声，或击之鸣。(韩愈《送孟东野序》)

这样，或于简短句子之后，承以较长句子，或于较长句子之后，顿以简短句子的，都是这一种错综法。

第四，变化句式是杂用各种句式，例如肯定句和否定句，直陈句和询问句、感叹句之类，来形成错综的一种方法。如：

(十九) 孟子见梁惠王。王立于沼上，顾鸿雁麋鹿。曰："贤者亦乐此乎？"孟子对曰："贤者而后乐此，不贤者虽有此不乐也。"(《孟子·梁惠王》上)

便是用肯定句和否定句相错综。如：

(二十) 那些老婆子们都老天拔地，伏侍了一天，也该叫他们歇歇；小丫头们也伏侍了一天，这会子还不叫他们顽顽去么？(《红楼梦》第二十回)

(二十一) 我没有翅子的时候，也活着，你没有鳞，岂非也并不死掉么？(鲁迅译《爱罗先珂童话集·春夜的梦》)

便是用直陈句和询问句相错综。

以上四类方法，当然不一定要单独使用；先后换用这类或那

类,使错综的方式本身也有一些错综变化,当然也是可以的。如下文所列便是并用第一、第三、第四三类方法的一例:

(二十二)圣人以治天下为事者也,不可不察乱之所自起。当察乱何自起,起不自爱。臣子之不孝君父,所谓乱也。子自爱,不爱父,故亏父而自利;弟自爱,不爱兄,故亏兄而自利;臣自爱,不爱君,故亏君而自利:此所谓乱也。虽父之不慈子,兄之不慈弟,君之不慈臣:此亦天下之所谓乱也。父自爱也,不爱子,故亏子而自利;兄自爱也,不爱弟,故亏弟而自利;君自爱也,不爱臣,故亏臣而自利。是何也?皆起不相爱。虽至天下之为盗贼者亦然。盗爱其室,不爱其异室,故窃异室以利其室;贼爱其身,不爱人,故贼人以利其身。此何也?皆起不相爱。虽至大夫之相乱家,诸侯之相攻国者亦然。大夫各爱其家,不爱异家,故乱异家以利其家;诸侯各爱其国,不爱异国,故攻异国以利其国。天下之乱物,具此而已矣。察此何自起,皆起不相爱。(《墨子·兼爱》上)

文中如"是何也"和"此何也"的变化就是抽换词面,"子自爱"等和"父自爱也"等的变化就是伸缩文身,"此何也?皆起不相爱"和"察此何自起,皆起不相爱"的变化就是参用询问句和直陈句。 此外也还有运用此等错综方法的处所,读者细看自知。 又如下面所列又是参用第一、第二、第三、第四四类方法的一例:

(二十三)邹忌修八尺有余,而形貌(同貌)昳丽。朝服衣冠窥镜,谓其妻曰:"我孰与城北徐公美?"其妻曰:"君美甚,徐公何能及君也!"城北徐公,齐国之美丽者也。忌不自信,而复问其妾曰:"吾孰与徐公美?"妾曰:"徐公何能及君也!"旦日,客从外来,与坐谈,问之:"吾与徐公孰美?"客曰:"徐公不若君之美也。"明日,徐公来,熟视之,自以为不如。窥镜而自视,又弗如远甚。暮寝而思之,曰:"吾妻之美我者,私我也;妾之美我者,畏我也;客之美我者,欲有求于我也。"于是入朝,见威王曰:"臣诚知不如徐公美;臣之妻私臣,臣之妾畏臣,臣之客欲有求于臣,皆以美于徐公。今齐地方千里,百二十城。宫妇左右莫不私王,朝廷之臣莫不畏王,四境之内莫不有求于王;由此观之,王之蔽甚矣。"王曰:"善!"乃下令:"群臣吏民能面刺寡人之过者,受上赏;上书谏寡人者受中赏;能谤讥于市朝,闻寡人之耳者,受下赏。"令初下,群臣进谏,门庭若市;数月之后,时时而闲进;期年之后,虽欲言无可进者。燕赵韩魏闻之,皆朝于齐。此所谓战胜于朝廷。(《战国策·齐策》一)

文中如"我孰与城北徐公美"和"吾孰与徐公美"的变化就是抽换词面,伸缩文身,"吾孰与徐公美"和"吾与徐公孰美"的变化就是交蹉语次,"徐公何能及君也"和"徐公不若君之美也"就是变化句式,此外也还有运用此等错综的地方,也只要细看便可看出。

  文中运用此等错综,目的盖在避免说话的单调和平板。说话有时原也需要反复等类似辞,但若类似处太多,却也容易使人生厌;此时可以调剂使用的,便是错综辞法。用了错综辞法,则同中有异,单调平板等毛病便自消灭了。这种辞法的重要,我以为至少不在对偶下。

附记——

本格第一类错综，以前称为"互文"或"互辞"。如刘知几著《史通》，在《杂说》下篇录了隋人姚士会（最）《梁后略》述高祖语"得既在我，失亦在予"，说"变我称予，互文成句，求诸人语，理必不然"，所以有此句法，由于当时"俪词盛行，语须对偶"。又如顾炎武《日知录》卷二十四《互辞》条下说"《易》（《蛊》）'干父之蛊，有子考无咎'，言'父'又言'考'。《书》（《仲虺之诰》）'予恐来世，以台为口实'，言'予'又言'台'……皆互辞也"。

第二类的错综，名称和议论更多，其议论大都为卫护错综辞格而发。如沈括（存中）所谓"相错成文"：

韩退之集中《罗池神碑铭》有"春与猿吟兮秋与鹤飞"。今验石刻，乃"春与猿吟兮秋鹤与飞"。古人多用此格，如《楚辞》"吉日兮辰良"。又"蕙肴蒸兮兰藉，奠桂酒兮椒浆"（俱见《九歌》）。盖欲相错成文，则语势矫健耳。（《梦溪笔谈》卷十四）

陈善所谓"错综其语"：

《楚辞》以吉日对辰良，以蕙肴蒸对奠桂酒；沈存中云，此是古人欲错综其语，以为矫健故耳。余谓此法本自《春秋》。《春秋》（僖公十六年）书"陨石于宋五，是月六鹢退飞过宋都"，说者皆以石、鹢、五、六、先后为义，殊不知圣人文字之法，正当如此。且如既曰陨石于宋五，又曰退飞鹢于宋六,岂成文理?故不得不错综其语,因以为健也。《楚辞》正用此法。其后韩退之作《罗池碑》曰:"春与猿吟兮秋鹤与飞",以"与"字上下言之,盖亦欲语反而辞健耳。今《罗池碑》石刻古本如此。而欧阳公以所得李生《昌黎集》较之,只作"秋与鹤飞",遂疑石本为误,惟沈存中为始得古人之意,然不知其法自《春秋》出。(《扪蝨新话》卷五)

严有翼所谓"蹉对":

> 僧惠洪《冷斋夜话》载介甫诗云"春残叶密花枝少,睡起茶多酒盏疏","多"字当作"亲",世俗转写之误。洪之意盖欲以"少"对"密",以"疏"对"亲"。余作荆南教官,与江朝宗汇者同僚,偶论及此,江云:"惠洪多妄诞,殊不晓古人诗格。此一联以'密'字对'疏'字,以'多'字对'少'字,正交股用之,所谓蹉对法也。"(《艺苑·雌黄》。据《渔隐丛话》后集二十五所引)

此外,如陈绎曾《文说》所谓"拗语"之类,内容也是大同小异,无非议论侧重错综,例证偏乎对偶,我们可以不必多引了。第三、第四类的错综,在我国书中我还不曾发现谁曾谈到过它们。

六 顶 真

顶真是用前一句的结尾来做后一句的起头,使邻接的句子头尾蝉联而有上递下接趣味的一种措辞法。多见于歌曲。如"翟义门人作"的《平陵东》：

> 平陵东，松柏桐，不知何人劫义公。劫义公，在高堂下，交钱百万两走马。两走马，亦诚难，顾见追吏心中恻。心中恻，血出漉，归告我家卖黄犊。（见《宋书·乐志》三。《乐府古题要解》说："此汉翟义门人所作也。义为丞相方进之少子，字文中，为东郡太守。以王莽篡汉，起兵诛之，不克而见害，门人作歌以悲之。"）

又如李白送刘十六归山的《白云歌》：

> 楚山秦山皆白云。白云处处长随君。长随君；君入楚山里，云亦随君渡湘水。湘水上，女罗衣，白云堪卧君早归。

都是这一格。

这格约有两式：（1）是每句蝉联的，如上面所举的两例，这有人称为联珠格；（2）是单单章和章中间的一句蝉联的，这有人称为连环体。两式都是在《诗经》上便已经有了萌芽（如《大雅·既醉》篇便是两种萌芽备具的一篇。如《既醉》二章结尾说"介尔昭明"，三章起头说"昭明有融"，又三章结尾说"公尸嘉告"，四章起头说"其告维何"，又四章结尾说"摄以威仪"，五章起头说"威仪孔时"，如此蝉联，直到八章，都用所谓连环体。中间又有两处参用所谓联珠格，如三章二句说"高朗令终"，三句说"令终有俶"，又五章二句说"君子有孝子"，三句说"孝子不匮"，便都是所谓联珠格），但都不及后代的完整。现

在举几个著名的例子下:

　　他,他,他,伤心辞汉主;我,我,我,携手上河梁。他部从,入穷荒;我銮舆,返咸阳。返咸阳,过宫墙;过宫墙,绕回廊;绕回廊,近椒房;近椒房,月昏黄;月昏黄,夜生凉;夜生凉,泣寒螿;泣寒螿,绿纱窗;绿纱窗,不思量。呀! 不思量,除是铁心肠;铁心肠,也愁泪滴千行。(马致远《汉宫秋》杂剧第三折)

　　桃花冷落被风飘,飘落残花过小桥。桥下金鱼双戏水,水边小鸟理新毛。毛衣未湿黄梅雨,雨滴红梨分外娇。娇姿常伴垂杨柳,柳外双飞紫燕高。高阁佳人吹玉笛,笛边鸾线挂丝绦。绦结玲珑香佛手,手中有扇望河潮。潮平两岸风帆稳,稳坐舟中且慢摇。摇入西河天将晚,晚窗寂寞叹无聊。聊推纱窗观冷落,落云渺渺被水敲。敲门借问天台路,路过西河有断桥,桥边种碧桃。(《白雪遗音选·桃花冷落》)

以上是第一式。这式比第二式用得更多更完整。 在歌谣中往往有全首句句蝉联,连末一句也绕接头一句,形成一种循环无端的形式的,如这《桃花冷落》便是一个例。

　　谒帝承明庐,逝将归旧疆。清晨发皇邑,日夕过首阳。伊洛广且深,欲济川无梁。泛舟越洪涛,怨彼东路长。顾瞻恋城阙,引领情内伤。——太谷何寥廓! 山树郁苍苍。霖雨泥我涂,流潦浩纵横。中逵绝无轨,改辙登高冈。修坂造云日,我马玄以黄!
　　玄黄犹能进,我思郁以纡。郁纡将何念? 亲爱在离居。本图相与偕,中更不克俱。鸱枭鸣衡轭,豺狼当路衢。苍蝇间白黑,谗巧令亲疏。欲还绝无蹊,揽辔止踟蹰。

踟蹰亦何留？相思无终极。秋风发微凉,寒蝉鸣我侧。原野何萧条！白日忽西匿。归鸟赴乔林,翩翩厉羽翼。狐兽走索群,衔草不遑食。感物伤我怀,抚心长太息。

太息将何为？天命与我违！奈何念同生,一往形不归！孤魂翔故域,灵柩寄京师。存者忽复过,亡没身自衰。人生处一世,去若朝露晞。年在桑榆闲,影响不能追。自顾非金石,咄唶令心悲。

心悲动我神,弃置莫复陈。丈夫志四海,万里犹比邻。恩爱苟不亏,在远分日亲。何必同衾帱,然后展殷勤？忧思成疾疢,无乃儿女仁！仓卒骨肉情,能不怀苦辛？

苦辛何思虑？天命信可疑。虚无求列仙,松子久吾欺。变故在斯须,百年谁能持？离别永无会,执手将何时？王其爱玉体,俱享黄发期！收泪即长路,援笔从此辞。（曹植《赠白马王彪》诗）

再如：

一

覆舟山下龙光寺,玄武湖畔五龙堂。想见旧时游历处,烟云渺渺水茫茫。

二

烟云渺渺水茫茫,缭绕芜城一带长。蒿目黄尘忧世事,追思陈迹故难忘。

三

追思陈迹故难忘,翠木苍藤水一方。闻说精庐今更好,好随残汴理归艎。（王安石《忆金陵三首》诗）

以上是第二式。

七　倒　装

话中特意颠倒文法上逻辑上普通顺序的部分，名叫倒装辞。例如普通顺序为："尔所谓达者何哉？"《论语·颜渊》篇却说："何哉，尔所谓达者？"就是倒装的实例。大都用以加强语势，调和音节，或错综句法。其形式可以大别为两类。

第一类　随语倒装

（一）伯鱼之母死，期而犹哭。夫子闻之曰："谁与，哭者？"门人曰："鲤也。"（普通顺序是：哭者谁与）（《礼记·檀弓》上）

（二）且虞能亲于桓、庄乎，其爱之也？桓、庄之族何罪，而以为戮，不唯逼乎？亲以宠逼，犹尚害之，况以国乎？（普通顺序是：其爱之也，且虞能亲于桓庄乎？）（《左传》僖公五年）

（三）吾将使梁及燕助之，齐、楚固助之矣。（普通顺序是：齐、楚固助之矣，吾将使梁及燕助之。）（《战国策·赵策》）

（四）桓公外舍而不鼎馈。中妇诸子谓宫人："盍不出从乎？君将有行。"（普通顺序是：君将有行，盍不出从乎？）（《管子·戒》篇）

（五）天窥象纬逼，云卧衣裳冷。（普通顺序是：窥天，卧云。）（杜甫《游龙门奉先寺》诗）

（六）古木鸣寒鸟，空山啼夜猿。（普通顺序是：寒鸟鸣，夜猿啼。）（魏徵《述怀》诗）

这类倒装大多只是语次或语气上的颠倒，并不涉及思想条理和文法组织。

第二类　变言倒装

（七）谚所谓室于怒市于色者，楚之谓矣。（顺言则为：怒于室，色于市。）（《左传》昭公十九年）

（八）其一二父兄私族于谋而立长亲。（顺言为：谋于私族。）（《左传》昭公十九年）

（九）季子然问："仲由冉求，可为大臣与？"子曰："吾以子为异之问，仲由与求之问！"（《论语·先进》）

（十）愎谏违卜，固败是求。（《左传》僖公十五年）

（十一）久拼野鹤如双鬓，遮莫邻鸡下五更。（双鬓如野鹤）（杜甫《书堂既夜月下赋绝句》）

（十二）红豆啄余鹦鹉粒，碧梧栖老凤凰枝。（鹦鹉啄余红豆粒，凤凰栖老碧梧枝。）（杜甫《秋兴》诗）

（十三）蓟邱之植，植于汶篁。（顺言当为"汶篁之植，植于蓟邱"。说详《古书疑义举例·倒句例》）（《史记·乐毅传》）

以上各例，或颠倒谓语和补语（七、八），或将主语和谓语中的一部交换位置（如十二），或将主语和补语交换位置（如十三），也有别用一个字间错开的（如九的"之"，十的"是"），也有颠倒逻辑上的顺序的（如十一），虽然也是颠倒顺序，却往往涉及思想条理和文法组织，同第一类单属程序上的倒装不同。

在新文艺中，第二类几乎全然不用，除非特殊的描写。第一类的用法，无论诗文，却比以前用得更多了。

附记——

王若虚《滹南遗老集》卷三十六所谓"旋造",也可算是倒装的一体。 旋造实例,约举如下:

孤臣危涕,孽子坠心。(实为坠涕危心)——江淹《恨赋》
心折骨惊。(实为心惊骨折)——江淹《别赋》
泉香而酒洌。(实为泉洌而酒香,这是王氏原例。)——欧阳修《醉翁亭记》

八　跳　脱

语言因为特殊的情境,例如心思的急转,事象的突出等,有时半路断了语路的,名叫跳脱。 跳脱在形式上一定是残缺不全或者间断不接,这在语言上本是一种变态。 但若能够用得真合实情实境,却是不完整而有完整以上的情韵,不连接而有连接以上的效力。

跳脱大约可以分作三类:第一是说到半路断了不说或者说开去的,这可以称为急收。 多是"不肯说尽而咄然辄止,使人得其意于语言之外"。 如《呐喊》中《狂人日记》的结句"没有吃过人的孩子,或者还有;救救孩子……",便是一例。

年假近了,切望你回来。虽然笔谈比面谈有时反真切,反彻底,然而冬夜围炉,也是人生较快乐的事,不过难为你走那风雪的长途。小弟弟也盼望你回来,上礼拜我回家去的时候,他还嘱咐我——他决不能像我,也似乎不很像你,他是更活泼爽畅的孩子。我有时想,他还小呢,十岁的年纪自然是天真烂漫的。但无论如何,决不至像我。上帝祝福他!只叫他永远像你,就是我的祷祝了。("嘱咐我"以下便说开去了)(冰心《超人烦闷》)

  智深提了禅杖,再回香积厨来。这几个老僧,方吃些粥,正在那里——看见智深怠怠地出来,指着老和尚道:"原来是你这几个坏了常住,犹在俺面前说谎!"老和尚们一齐都道:"师兄休听他说……师兄,你自寻思:他们吃酒吃肉,我们粥也没得吃,恰才还怕师兄吃了。"智深道:"也说得是。"倒提了禅杖,再往方丈后来,见那角门却早关了。("正在那里"以下也说开去了)(《水浒》第五回)

  公孙策与妇人看病,虽是私访,他素来原有实学,所有医理尽皆知晓。诊完脉息,已知病源。站起身来,仍然来至西间坐下,说道:"我看令媳之脉,乃是双脉。"尤氏听了,道:"哎呀,何尝不是!他大约四五个月没见——"(咽下"月信"二字)(《三侠五义》第八回)

  五年,诸侯及将相相与共请尊汉王为皇帝。汉王三让,不得已,曰:"诸君必以为便便国家……"甲午,乃即皇帝位汜水之阳。(也咽下"便国家"以下允许的话)(《史记·高祖本纪》)

  像这些咽下不曾说全的话,我们大都可以从情境上推知它的意思,即所谓"得其意于语言之外"。但想将话补全,却颇为难。因为各个咽下处所大都是情境复杂的,至少用了这种跳脱语以后人会想象以为情境复杂的。若把有限的几个字把它补全了,人往往反而以为不及原语的含义丰富。《史记》一例,《汉书》改为"诸侯幸以为便于天下之民则可矣",形式比较地完整,而汉高祖推让皇位时候扭捏的复杂神情倒反觉得不及《史记》上的来得活现，便是这个缘故。

第二是突接。折断语路突接前话，或者突接当时的心事，因此把话折成了上气不接下气。如：

晋侯赏从亡者。介之推不言禄，禄亦弗及。其母曰："亦使知之，若何？"对曰："言，身之文也；身将隐，焉用文之？——是求显也。"（"是求显也"突接"使知之"，意思是说："若使知之，是求显也"。故同"焉用文之"不接。）（《左传》僖公二十四年）

晋献公将杀其世子申生。公子重耳谓之曰："子盍言子之志于公乎？"世子曰："不可。君安骊姬，是我伤公之心也。"（"是我伤公之心也"，也因突接"言志于公"，同"君安骊姬"不接。意思是说："若言我之志于公，是我伤公之心也。"）（《礼记·檀弓》上）

子夏丧其子而丧其明。曾子吊之，曰："吾闻之也，朋友丧明则哭之。"曾子哭。子夏亦哭，曰："天乎，予之无罪也！"曾子怒曰："商！女何无罪也？吾与女事夫子于洙、泗之间，退而老于西河之上，使西河之民，疑女于夫子，尔罪一也。丧尔亲，使民未有闻焉，尔罪二也。丧尔子，丧尔明，尔罪三也。而曰——女何无罪与？"（"女何无罪与"也因突接"予之无罪也"，把"而曰"一句折成了残缺不全。意思是说："而曰'予无罪'，汝何无罪与？"）（《礼记·檀弓》上）

冯唐者，其大父赵人，父徙代。唐以孝著，为中郎署长。文帝辇过，问唐曰："父老何自为郎？家安在？"唐具以实对。文帝曰："吾居代时，吾尚食监高祛数为我言赵将李齐之贤，战于巨鹿下。今吾每饭，意未尝不在巨鹿也。父知之乎？"唐对曰："尚不如廉颇、李牧之为将也。"上既闻廉颇、李牧为人良,说而搏髀曰:"嗟乎!吾独不得廉颇、李牧时为吾将,吾岂忧匈奴哉!"("吾岂忧匈奴哉"是突接当时的心事。因为当时文帝,正如下文所说,"以胡寇为意",所以有这突然的话。意思是说:"吾独不得廉颇、李牧此时为吾将,若得廉颇、李牧此时为吾将,吾岂忧匈奴哉!")(《史记·张释之冯唐列传》)

孝文帝立数月,公卿请立太子,而窦姬长男最长,立为太子,立窦姬为皇后。窦皇后兄窦长君,弟曰窦广国,字少君。少君年四五岁时,家贫,为人所略卖,其家不知其处。传十余家,至宜阳,为其主入山作炭。寒,卧岸下百余人。岸崩,尽压杀卧者,少君独得脱,不死。从其家之长安。闻窦皇后新立,家在观津,姓窦氏。广国去时虽小,识其县名及姓,又常与其姊采桑堕,用为符信。上书自陈。窦皇后言之于文帝。召见,问之,具言其故,果是。于是窦后持之而泣,泣涕交横下,侍御左右皆伏地泣,助皇后悲哀。乃厚赐田宅金钱,封公昆弟,家于长安。绛侯(周勃)、灌(婴)将军等曰:"吾属不死,命且悬此两人。两人所出微,不可不为择师傅宾客——又复效吕氏大事也!"("又复效吕氏大事也"也是突接当时的心事。当时吕后母家诸吕闹大事刚完,就又大封窦后兄弟,而窦后兄弟又"所出微",恐怕又要闹事,所以有这突然的话。意思是说:"不可不为择师傅宾客,若不为择师傅宾客,又复效吕氏大事也!")(《史记·外戚世家》)

像这些突接的处所,若为说明方便起见,原也不妨给它增上相当的复牒前话的假设语,如"若使知之"之类,使它连接。 然而这也容易损了原有的急切神情。 即如《左传》一例,《史记·晋世家》加上了"文之"两字,作"言,身之文也。身将隐,焉用文之？文之是求显也"。形式上固然比较地完整,而说话者急切的神情也觉得反而有些失去了。

第三是岔断。这有些像急收而其实非急收,又有些像突接而其实非突接,这是由于别的说话或别的事象横闯进来,岔断了正在说的话,致被岔成了残缺不全或者上下不接。如《左传》襄公二十五年:

> 叔孙宣伯之在齐也,叔孙还纳其女于灵公,嬖,生景公。丁丑,崔杼立而相之,庆父为左相,盟国人于太宫曰:"所不与崔、庆者——"晏子仰天叹曰:"婴所不唯忠于君,利社稷者是与,有如上帝!"乃歃。(崔庆的盟辞未说完便被晏子岔断了,所以杜注说:"盟书云,'所不与崔庆者有如上帝',读书未终,晏子抄答易其辞,因自歃。")

又《荀子·尧问》篇:

> 魏武侯谋事而当,群臣莫能逮,退朝而有喜色。吴起进曰:"亦尝有以楚庄王之语,闻于左右者乎？楚庄王谋事而当,群臣莫逮,退朝而有忧色。楚庄王以忧,而君以喜——"武侯逡巡再拜曰:"天使夫子振寡人之过也。"(吴起的话也未说完,被武侯岔断。)

又《史记·项羽本纪》:

> 项王留沛公与饮。项王、项伯东向坐。亚父南向坐——亚父者，范增也。——沛公北向坐，张良西向侍。范增数目项王，举所佩玉玦以示之者三。项王默然不应。（叙述语被"亚父者，范增也"这一个插注岔断。）

又如《三侠五义》第十二回：

> 到了二更时分，英雄（展昭）换上夜行的衣靠，将灯吹灭，听了片时，寓所已无动静。悄悄开门，回手带好，仍然放下软帘，飞上房，离了寓所，来到花园——白昼间已然丈量过了。——约略远近，在百宝囊中掏出如意绦来，用力往上一抛。——是练就准头——便落在墙头之上，用脚尖登住砖牙，飞身而上。到了墙头，将身爬伏。（叙述语被说明语岔断了两次）

这都还普通，比较奇特的要算《水浒》第六回中鲁智深诘责瓦罐寺和尚，岔断和尚说话的写法：

> 智深走到面前，那和尚吃了一惊，跳起身来便道："请师兄坐，同吃一盏。"智深提着禅杖道："你这两个如何把寺来废了？"那和尚便道："师兄请坐，听小僧——"智深睁着眼道："你说，你说！""——说：在先敝寺十分好个去处，田庄又广，僧众极多，只被廊下那几个老和尚，吃酒撒泼，将钱养女，长老禁约他们不得，又把长老排告了出去，因此把寺来废了。僧众尽皆走散，田土已都卖了。小僧却和这个道人新来主持此间，正要整理山门，修盖殿宇。"

和尚说的"师兄请坐，听小僧说"，原是一句，只因智深睁眼在旁抢说"你说你说"，作者要把两人的话一齐写出，就将那和尚的话隔断，把"听小僧"等字隔在上文，"说"字隔在下文。这种隔法，《水浒》以前似乎不曾有过。所以批评家金圣叹要说这是"从古未有之奇事"，又说："章法奇绝，从古未有。"像这些跳脱岔断的话，如果硬将它们补全或者接连，也容易失了当时的急骤神情。即如《荀子》一个例中吴起的最后一句话，《吴子·图国》篇作"此楚庄王之所忧，而君说之，臣窃惧矣"，补了一句，语颇完整，但于所谓"于是武侯有惭色"，不待话完，急急认错的神情却倒有些模糊了。所以跳脱形式，虽然常是残缺不全或者间断不接，也是增减它不得，倒置它不得。清魏禧在他所著的《日录论文》中有一条说："又尝论古乐府以跳脱断缺为古，是已。细求之，语虽不伦，意却相属，但章法妙，人不觉耳。然竟有各成一段，上下意绝不相属者，却增减他不得，倒置他不得。此是何故？盖意虽不属，而其节之长短起伏，合之自成片段，不可得而乱也。……知此者可与读文矣。"他这一段话虽系专论古乐府，却有相当的概括性，可以移作本格的说明。

第九篇 积极修辞五

一 辞 趣

关于语感的利用,就是语言文字本身的情趣的利用,大体可以分作三方面,就是:辞的意味,辞的音调,辞的形貌。这三个方面大体同语言文字的意义、声音、形体三方面相对当。我们在辞趣论里所要讨论的,便是如何利用各种语言文字的意义上、声音上、形体上附着的风致,来增高话语文章的情韵的问题。利用语言文字的风致来补助语文情韵的手段,虽然普通并不计及,但是应该讨论的项目也不少。为了讨论方便起见,就照语言文字的义音形三分法,分作意味、音调、形貌三项,各别说述于下:

二 辞的意味

辞的意味,大概由两个方面构成:一是由于语言文字的历史或背景的衬托;二是由于语言文字的上下或左右的包晕。

语言文字大抵都有它自己的历史或背景,形成它的品位和风采。不过不著名的,人都不去注意它,不是在特殊的地方,人也不去计较它罢了。但是个人的情趣,流派的气味,时代的精神,地方的色彩，以及其他等等，往往就从那所用的词的历史或背景里，很浓重地透露出来。 例如或说"国粹"，或说"国故"，或说"国学"，所指对象大体相同，而说者趣味或时代情味却就不同；又如或说"孙文主义"，或说"三民主义"，或说"中山主义"，所指对象也大体相同，而说者个人的情趣及流派的气味，也就不无显然的差别。 这都由于历来用这词的历史而来。 又如市上常见"男女理发所"字样，我们看了不以为奇，而新近有人叫作什么"乾坤理发所"，我们看去便觉得有一种催呕的土豪劣绅气息扑上来，这也是由于"乾坤"一个词的历史所致。

再如"来呀"和"来嘘"，也是语意相同而两语所显示的背景的风味全然不同的例。 因为"来呀"是普通常用的，听去很平常，而"来嘘"听了就不免引起特殊的背景的联想。 在文学中，往往因为要利用语言的这一种作用，利用各处方言来显示各处的情调。 如《海上花》的用苏白来写上海的游窟情调，《儿女英雄传》的用京语来写北方儿女的英雄气概，便是著名的例。

寻常讨论辞的意味时，往往要讨论到所谓"造形的表现"。 以为要使语言不流于空洞玄虚而能再现出鲜新的意象，必得诉之于视觉（明暗、形状、色彩等）、触觉（温、冷、痛、压等觉）和运动感觉，等等，把那空间的形象描出来。 其方法，是在描绘对象物的性状，表现对象物的活动。 如：

　　……一面白旗懒懒地摇动着暮色。我就想起火车已经出了隧道——这时候,我见萧索的横路的木栅那边,并立着三个脸色血红的男孩。他们都好像抵不住这阴天的压抑似地,身材统很低。又穿着和这村外阴惨的风物一样颜色的衣服。他们仰着头看火车通过去,急忙地一齐举起手来,又就破嗓子,莫名其妙的拼命的高喊。这时候,那半身探出窗外的小姑娘,也就伸出她那冻伤了的手,向左右乱摆,忽然又有耀眼的染着暖日色的橘子一总五六个,劈拍劈拍地从空落到看送火车的小孩们的身上去。(芥川龙之介《橘子》)

在这中间所谓"萧索的横路的木栅"及所谓"三个脸色血红的男孩"以及所谓"冻伤了的手"等,便是显示形象的性状的辞句。如所谓"仰着头",所谓"急忙地一齐举起手",所谓"破嗓子",所谓"拼命的高喊",所谓"伸出手向左右乱摆",等等,就是表现活动的辞句。这些辞句都使得语文生动有致。尤其是那结末的地方,不说"投下橘子"却说"橘子从空落去",更是把印象表现得非常地鲜活有趣。正如同氏所作《湖南的扇子》中,写船近长沙码头时说:

我在这时以前的数分钟就靠着甲板上的栏杆,望那渐渐地迫近左舷来的长沙府城。

不说"迫近去"而说"迫近来",便更如实地浮现出活动的印象,因此也就更有趣。

这就是所谓造形的表现所致的情趣。但这种情趣是由于形象之官感的描写而来,不是由于语言文字之历史或背景的利用而来。虽然那也非常重要,但同眼下所论,实为另外一件事。

这种由于辞的经历或背景而来的风味,细分起来简直和语言的种类一样地繁多。如语言上有术语、俚语、方言、古语等种种，辞的背景情味也就随着而有术语的、俚语的、方言的、古语的等多种不同的情趣。 见用术语时，对于那语的背景就会有专门人物或专门知识等联想；看了或者会有庄严深奥等感杂然并呈，形成以其语为烧点的一团情趣。 使其语所要表现的思想，因此更其不悬空，不单弱。 用方言时也是如此，也或显出了地方的色彩，或形出了乡下老的神气，可以因它所附的杂多情趣，而将其语的意象加上了一层地方风味的装饰。 俚语的会有通常社会的联想所引致的情趣，古语的会有古旧、疏远等情趣随伴着，也是同样的缘故。

除了此种语言文字的历史或背景的衬托影响之外，由于语言文字的上下或左右包晕而来的势力，也并不少。 往往将一个辞，换了它的上下文，就可以换出一种新辞趣。 那一种新辞趣，有时简直和原辞不同到正相反对的地步。 胡以鲁在他所著的《国语学草创》中曾经说：

> 抑意味之感，意识中之一种特殊元素也。借联想或类推作用彼此相连，或彼此相限，起关系上包晕之感。如吾云"人"，口中起"人"之发音运动，脑中即起"人"之意识经验。发音之"人"同，经验之"人"视其词句之关系，而意可异。如云"患不知人也"，对己而称他人，三人称也。"过也人皆见之"，有皆以限之，多数也。"硕人"诗赋卫庄姜，可知其性为阴，其位为呼也；而动词之时、法、气，亦可于句中觇之。不宁惟是，"不知人"之"人"，称伟人也，与"人皆见之"之称常人者有辨。更以修辞的言之：人不限于三人称，如"哲人其萎乎"，孔子自谓；"斯人也而有斯疾也"，则对称伯牛也。若是所附加之意识为一种特殊积极之感，

化单纯之音响为特定之意义,盖发于意识而有规定思虑之性能者也。思虑既定,斯思虑结果之语言,亦以心传心,不逾矩矣。是即所谓关系包晕之感。(《国语学草创》第六编《国语在语言学上之位置》)

所谓关系包晕之感,就是指上下左右的包晕关系而说。上下文关系在我们汉语里,本来极占重要的位置;例如我们汉语向来不大用缀衬成分表征文法关系,而时数之类的文法变化,我们仍能明白认识,有时就要靠这一种浑含的所谓字里行间的上下文关系的助力。而上下文关系所有的增长或者减少本文的作用,也颇有力及于辞的风味上。例如"中庸"两字,在《论语》的《雍也》篇

中庸之为德也其至矣乎,民鲜久矣。

一句中,本有所谓"不偏不易"的推崇它的意味;而在贾谊《过秦论》上篇所谓

材能不及中庸

句中,因它下文就有一句说陈涉"非有仲尼、墨翟之贤"的话,"中庸"两字便简直只含有"寻常"两字的意趣;至在《后汉书·胡广传》

万事不理问伯始,天下中庸有胡公。

云云,则所谓"中庸"简直只能当作无可无不可的"乡原"解了。这就因为上下文关系,所含意趣几乎同第一个"中庸"两字美丑完全相反的实例。

又如"荡荡"两字,在《论语》的《泰伯》篇中

> ……荡荡乎民无能名焉

的句里本有"广远"或"广大"的意味,而在干宝的《晋纪·总论》中——

> 民风国势如此,虽以中庸之才守文之主治之,辛有必见之于祭祀,季札必得之于声乐,范燮必为之请死,贾谊必为之痛哭;又况惠帝以荡荡之德临之哉?

则因上文有"中庸之才"也不免如何如何的包晕,所谓"荡荡"两字简直如吴曾祺所说,几乎就是说他"蠢然无知"的意思了。

"作史之法,有曰美恶不嫌同辞";其实史中无注,读史者对于同辞而能感得一是说美一是说恶的意趣,那完全由于语言文字上有所谓上下包晕作用的缘故。

利用背景风味和上下关系是调和辞味的经常方法。此外还有一项特殊的手段,也常常有人用。就是采用蓄感含情的色彩鲜明的辞句。我们平常表示亲密或厌恶的时候常常另用特殊的称呼,便是这一种手段的运用。如新近的女子常常称她的爱人为"哥哥"或"弟弟",而男子常常称他的爱人为"姊姊"或"妹妹"之类,就是例。

这项手段的要点，是在将我们对于对象物的感情特别提出来，使它浮在所用的辞句上。平常我们用一辞，原也包含对于那一辞的对象感情。例如我们用"马"这一个辞，这辞就含有我们经由视感、听觉、嗅感，及其他感觉等呈现到我们意识上来的一切印象；而且同时含有我们对于马的种种感情方面的联想，如对于马的勇武的性情的爱好，和对于马的耐劳的性情的爱好，等等。那种复杂的联想，当然随人而有质的及量的差异。所以平常几个人同用所谓"马"这一个辞时，几个用的人所寄托的情趣的内容，可以很不相同。倘要划定或描出自己所强感的点面，有时不能不另用一种的特殊称谓。例如言快就称它为"千里"，言矮就称它为"果下"之类。那便将我们对于对象所最强感的印象或情趣特别提出来，把它浮在辞面上了。那作者对于对象物的焦点的印象或情绪，只要一看便可感得。故用带有这种辞趣的辞的时候，作者的色彩常是异常的鲜明。

三　辞的音调

辞的音调是利用语言文字的声音以增饰语辞的情趣所形成的现象。语辞的音调，也同语辞的风味一样——甚或在语辞的风味以上，为过去的许多执笔者所留心讲究。大体可以分为象征的和装饰的两方面。象征的音调，都同语言文字的内里相顺应，可以辅助语言文字所有的意味和情趣；装饰的音调则同语辞的内里并没有什么必然的联系，只为使得语辞能够适口悦耳，听起来有音乐的风味，所以讲究它。

一、象征的音调　又可分为象物音的利用和音趣的利用两项。

（甲）象物音中有字音仿佛像事物的声音的，如"滴"字的音，同雨下注阶的音相近，"击"字的音同持械敲门的音相近，"流"字的音同急水下注的音相近，又如"湫"字的音近于池水的声音，"瀑"字的音近于瀑布的声音之类（参看刘师培《中国文学教科书》第一册），也有发音的动作仿佛像事物的，"如大字之声大，小字之声小，长字之声长，短字之声短，又如说酸字口如食酸之形，说苦字口如食苦之形，说辛字口如食辛之形，说甘字口如食甘之形，说咸字口如食咸之形"（见陈澧《东塾读书记》卷十一）。像这类的字音，据说在我们中国的语言文字里并不少，利用它来用在语辞上，也可以使那语辞上有字音和字义互相融合的风味，比之一般语言更其贴切有味。

（乙）还有音趣，虽然比之前项所述更为隐微，也可以用以象征语辞的意味，不过这项修辞手段，在我国仿佛向来并不注意。所以唐钺发表他的"隐态绘声"论，引韩愈《送本师归范阳》的

奸穷怪变得，往往造平淡。

以为"奸""穷""怪"，音也突兀，同语意相称；又引韩愈《荐士》的

敷柔肆纡余，奋猛卷海潦。

以为上句字音同字意相应，下句"奋猛"也同"卷海潦"的声音

相似(现收入《国故新探》卷一)。当时友朋之中通音韵的也还有人以为他的议论太带玄学的气息。但音趣的象征虽不十分明了,却也似乎不能以为没有这么一回事。例如有些修辞学家和语言学家所称述的:长音有宽裕、纤缓、沉静、闲逸、广大、敬虔等情趣;短音有急促、激剧、烦扰、繁多、狭小、喜谑等情趣。清音可以引起

(1)小　(2)少　(3)强　(4)锐　(5)快
(6)明　(7)壮　(8)优　(9)美　(10)贤
(11)善　(12)静　(13)虚　(14)轻　(15)易

等特质的联想;浊音可以引起

(1)大　(2)多　(3)弱　(4)钝　(5)慢
(6)暗　(7)老　(8)劣　(9)丑　(10)愚
(11)恶　(12)动　(13)实　(14)重　(15)难

等特质的联想。虽不见得人人都有同感,却也不能全然加以否认。

二、装饰的音调　装饰的音调,并不像上述象征的音调能够直接辅益语辞的意义,语辞上用它不过为了装饰作用。这类装饰的音调,也可分为两种:一是特殊的,一是一般的。所谓特殊的是只限于诗歌之类特殊的体式上才有的;而一般的音调则是一般的文辞上所习见的。照普通的称谓,前者可以称为"声律",后者可以称为"音节"。

调和音节的手段之中,有下列两个特殊方法:

(1)移动标点。标点本来用以标示文辞的关系或作用,标点的正用当然应该用它来标示文辞的意义。但实际上,标点的用法不尽如此。譬如在文言中像《孟子·梁惠王》章的

未有仁,而遗其亲者也;未有义,而后其君者也。

照意义,"仁"字下和"义"字下都不应有标点;而实际上教书的人,差不多都如上文,在"仁"字下和"义"字下都加上标点。这就为了便于读时的呼吸,读起来较为顺溜又较为有力的缘故。我们如果称别种标点为"文法上的标点",便不妨称这一种标点为"修辞上的标点";倘若称别种标点为"意义的标点",又不妨称这一种标点为"音节的标点"。 标点的这一种用法,就在现代文艺中也不乏其例。 文艺作品中这类修辞上的标点往往在用来调和音节的同时,还用来刻划有关人物的语调神情;有时甚至主要不是用以调整音节,而是用以表现和显示人物的腔调情态的,例如鲁迅《彷徨·长明灯》里描记郭老娃的说话就是如此:

"上半天,"他放松了胡子,慢慢地说,"西头,老富的中风,他的儿子,就说是:因为,社神不安,之故。这样一来,将来,万一有,什么,鸡犬不宁,的事,就难免要到,府上……是的,都要来到府上,麻烦。"

又如叶圣陶《四三集·儿童节》所写:

仿佛已经看见了灯烛辉煌的美景,他们两个肩膀贴着肩膀,齐着步调,嘴里哼着先生教给他们的口号:"增——进——全——国——儿——童——的——幸——福!"

这里用"——"就是要从字面上表示出人物哼口号的音调。 上述两例就是运用标点符号来呈现出语辞的音趣,以引起读者如闻其声的艺术联想。

(2) 变动字句。 有时为音节和合起见,不能不变动字句,甚至有时为音节和合起见,不能不牵动文法。 例如《孟子·万章》下的

> 吾于子思,则师之矣。

和《公孙丑》上的

> 我于辞命,则不能也。

句法本来相同,而一句的"师"字下有补语,一句的"不能"下没有补语,想来也是为要音节调顺的缘故。

音调上的修饰,在过去的文家往往把它当作一件大事。 那用力的方法就是一个读。 如姚鼐在《与陈硕士书》中所谓:

> 大抵学古文者,必要放声疾读又缓读,只久之自悟。若但能默看,即终身作外行也。(姚永朴《文学研究法》引)

但这种读的习惯,已经随着人事的繁忙,和印刷的激增,渐渐消沉下去。 自从活字发明,印刷术发达以来,书报出得比较多,比较快,阅读书报的人差不多都已重在"阅",而不重在"读"。 因此修起辞来,也便只求文辞适于眼看目赏,不复要求所谓琅琅可诵了。

修辞，也必须讲究语辞的音调。现在，我们要求语和文相一致，那么，修起辞来，也就不能只求文辞适于眼看目赏，而且也要求能读起来顺口，听起来顺耳。

四　辞的形貌

至于文辞的形貌，虽然我们现在修辞并不讲究，前人为文也颇注意。刘勰在《文心雕龙·练字》篇中曾经说：

> 缀字属篇，必须练择：一避诡异，二省联边，三权重出，四调单复。

中间第二项的"省联边"和第四项的"调单复"，便是关于文辞的形貌的运用。

什么是"联边"？又应该怎样地"省"联边？刘勰接着就说：

> 联边者半字同文者也。状貌山川，古今咸用；施于常文，则龃龉为瑕。如不获免，可至三接。三接之外，其字林乎？

所谓联边原来就是有半个字相同的字。据他说来，寻常作文，像张协的《杂诗》中

洪<u>潦浩</u>方割

句模样，或像沈约的《和谢宣城诗》中

> 刷羽泛清源

句模样，联用三个联边的字是可以的；倘如曹植《杂诗》中的

> 绮缟何缤纷

陆机《日出东南隅行》中的

> 琼珮结瑶璠

那样五个字之中用了四个联边的字，便有些像字典，便未免太不好看了。

"绮缟"之类字形半个相同而前人以为字面好看的，约有下列五种：

（1）左同　例如江河；
（2）右同　例如鹦鹉；
（3）上同　例如芙蓉；
（4）下同　例如鸳鸯；
（5）周同　例如园囿。

前举"绮缟"等各例，不过是其中的一种。

随后刘勰又解说什么叫作"单复"和怎样"调"单复道：

> 单复者，字形肥瘠者也。瘠字累句，则纤疏而行劣；肥字积文，则黯默而篇暗；善酌字者，参伍单复，磊落如珠矣。

则文意更分明，就是说只有把肥字和瘦字错综参伍起来用，才不致太疏朗朗的或太糊执执的不好看。

刘勰所谓省联边和所谓调单复这两种手术，我们的前辈文人撰精致的文字时都颇注意。其中又以省联边为占主位。但现在也几乎无人说起了。

还有国外未来派等近代派的艺术家，也颇注意于文字的直接的刺激力。像未来派就曾主张"在一页里，用三四种颜色不同的墨汁，二十种式样不同的字模"来印刷，以直接刺激人们的感官。他们除了盛用摹声语言和数学记号之外，就要算这一种用印刷上各种可能的技术使文章极度地绘画化的主张最引人注意。他们曾有人把烟熏写作FUMER去模拟烟熏的形象，又曾有人写了

街 街 街 街 街 街

人 人 人 人 人 人

模样的许多字，去描写正在疾驰的车上所见的街和街头上所见的人。这虽同以前我们那种宝石匠模样的手法不同，也是属于文辞的形貌上的雕琢。

现在，上述一些文辞形貌上的雕琢的方法几乎无人使用了。但是，我们修辞对于文辞的形貌也还仍然有所讲究，也还以变化文辞的形貌来增强读者的注意力，比较常见的方法有以下两种：

（1）变动字形

在一篇文章里，作者认为有些词和句必须强调，或者引用他

人言论需要标示，以引起读者的注意，就把这些词和句的字体样式或字号大小印成同全文的字体或字号不一样，这种方法就是变动字形。譬如，全篇文章所用的是宋体，需要强调或标示的词和句的字体就变换成方头、活体、仿宋体，等等。

（2）插用图符

在文章中插用某种图形或符号，以表示某种意思。这样，文辞形貌起了变化，很引人注目，能够起到一般文字不能起到的表达效果。鲁迅的文章里就有这样的用法。例如在《二心集·上海文艺之一瞥》一文中，他批判"才子流氓"小说时写道：

> 才子＋流氓的小说，但也渐渐的衰退了。那原因，我想，一则因为总是这一套老调子……二则因为所用的是苏白，如什么倪＝我，耐＝你，阿是＝是否之类，除了老上海和江浙的人们之外，谁也看不懂。

这段话里的"＋""＝"都是数学符号，用"＋""＝"而不用"加""等于"，就更引人注意，别有风味。

第十篇　修辞现象的变化和统一

一　格　局　无　定

我们到此，大体已经将各种修辞现象说完。普通往往还要提出所谓格局或结构问题来。这在以前，名叫"布格"，也叫"布局"。格局固然也很重要，但实际是随语文的体式、意旨以及各人的设计而变，没有什么应用无碍的一定方式可说，除非原来照填程式的应用文。我们知道一向对于格局有所谓"三准四法"说。"三准说"道："凡思绪初发，辞采苦杂，心非权衡，势必轻重。是以草创鸿笔，先标三准：履端于始，则设情以位体；举正于中，则酌事以取类；归余于终，则撮辞以举要。然后舒华布实，献替节文，绳墨以外，美材既斫，故能首尾圆合，条贯统序。"（见《文心雕龙·镕裁》篇）"四法说"道："诗有四法：起要平直，承要舂容，转要变化，合要渊永。"（见范梈《诗法》）这或许可以说明一部分的语文，但决不能范围古今一切语文的格局。就再加多些节目，为起、承、铺、叙、过、结六法，又加多些伸缩性，为"或用其二、或用其三四，可以随宜增减"（见陈绎曾《文笺》），也仍不能尽格局的变化。这在过去，也曾有人说过。章学诚论"古文十弊"中有一条说："古人文成法立，未尝有定格也。传人适如其人，述事适如其事，无定之中，有一定焉。知其意者，且暮遇之。不知其意，袭其形貌，神弗肖也。往余撰《和州志·故给事成性志传》。性以建言著称，故采录其奏议。然性少遭乱离，全家被害，追悼先世，每见文辞。而《猛省》之篇，尤沉痛可以教孝。故于终篇，全录其文。其乡有知名士赏余文曰：'前载如许奏章，若无《猛省》之篇，譬如行船，鹢首重而舵楼轻矣。今此婪尾，可谓善谋篇也。'余戏诘云：'设成君本无此篇，此船终不行耶？'盖塾师讲授《四书》文义，谓之时文。必有法度，以合程式。而法度难以空言，则往往取譬以示蒙学。拟于房室，则有所谓间架结构。拟于身体，则有所谓眉目筋节。拟于绘画，则有所谓点睛添毫。拟于形家，则有所谓来龙结穴。随时取譬。然为初学示法，亦自不得不然，无庸责也。惟时文结习，深锢肠腑，进窥一切古书古文，皆此时文见解，动操塾师启蒙议论，则如用象棋枰布围棋子，必不合矣。"（见《文史通义》五）古文尚且如此，何况不像古文那样板板的。所谓"无定之中，有一定焉"，或许便是刘勰所谓"首尾圆合，条贯统序"，但这也是"传人适如其人，述事适如其事"的自然结果。至于所谓四法、六法等刻板定数，在东方是有一个公用绰号，叫作"杓子定规"，而学诚却也替它起了一个绰号，叫作"井底天文"。我们既然无意研究所谓井底天文，那就不必再加考较了。修辞现象大体已经说完。现在列一简表于下：

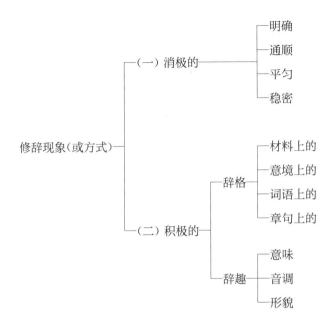

二 修辞现象也不是一定不易

这些修辞现象也不是一定不易。就像选词,我们现在是以平易做标准。而不久以前,却以所谓雅洁做标准。雅洁便是桐城派的所谓义法之一。桐城派的开山祖师方苞曾经说过:

南宋、元、明以来,古文义法不讲久矣,吴越间遗老尤放恣,或杂小说,或沿翰林旧体,无雅洁者。(见沈廷芳《书方望溪传后》)

又姚鼐也曾经说过:

鼐又闻之:"言之无文,行而不远。"出辞气不能远鄙倍,则曾子戒之。……当唐之世,僧徒不通于文,乃书其师语以俚俗,谓之"语录"。宋世儒者弟子,盖过而效之。然以弟子记先师,惧失其真,犹有取尔也。明世自著书者,乃亦效其辞,此何取哉?愿先生凡辞之近俗如"语录"者,尽易之,使成文,则善矣。(见《复曹云路书》)

从此以后凡是直属或归附桐城派的,没有一个不奉雅洁两字做选词的标准。 从清康熙年间直到五四前后,占据文心几乎有二百多年。 便是在译述界颇有贡献的严复、林纾,也不能不受它的牢笼。 严复所谓"译事三难: 信,达,雅。……易曰'修辞立诚',子曰'辞达而已矣',又曰'言之无文,行之不远'。 三者乃文章正轨,亦即译事楷模。 故信达而外,求其尔雅"(见所译《天演论》例言)。 最后一定要提出一个雅字来,也是由于所谓雅洁义法在那里捉弄他。 这种义法,直到白话文学运动起来,才被攻破。 白话文学运动是有历史的、社会的根源的,那时虽然林纾还是纛着雅来反攻,也已经不济事了,不能不惨惨地败走了。 这便是近年来显而易见的变易之一。 严复以为不止"行远"须要讲雅,就是"求达"也要讲雅。 他说:"实则精理微言,用汉以前字法句法,则为达易;用近世利俗文字,则求达难,往往抑义就词……"(也见同书例言)这种感觉,多半不是从语言文字的意义上头来,只是从我们所谓辞趣上头来。 因为汉以前的字法句法,人比较地看得多,读得熟,每见一词往往不但知道它的字义,还知道它的历史。 即如所谓尔雅一词,我们知道有过《尔雅》一书,书的《疏》里有过"尔雅"两字的解释:"尔,近也,雅,正也,言可近而取正也。""尔雅"两字又曾经用于《史记·儒林传序》:"文章尔雅,训辞深厚。"注上说:"谓诏书文章雅正。"用汉以前的字法句法,便当的便是这等历史光辉可以照耀上来,把字罩上了一层闪烁不定的光彩,使人看去,真像"深厚"不可测度。 但这种"尔雅",实际是同行远有碍,而于所谓达却无关系。 像《儒林传序》里公孙弘的奏语便说:

　　……臣谨案诏书律令下者,明天人分际,通古今之谊,文章尔雅,训辞深厚,恩施甚美;小吏浅闻,弗能究宣,无以明布谕下。(《史记》《汉书》的《儒林传》参用)

所谓"文章尔雅"的诏书律令,便连小官也不能懂,还说什么"行远"? 而所谓词的历史色彩又不单是汉以前的字法句法有的。 我们倘也像留心汉以前的字法、句法那样,真肯留心现代的语言文字,将见现代语言文字的历史背景更为丰富,而且更为亲切,就要利用辞趣,也不见得便无辞趣可以利用。 大概过去的辞人多半带有高蹈的气息,隔离社会,又把社会看作自己脚下的尘世,故于辞趣也常常把所谓文坛的辞趣和所谓社会的辞趣分得极严。 有人说:文坛的辞趣是文坛惯用的字句所专有的情趣,这种字句常带有文坛的背景,能使读者发生雅感及好感,而无粗野的刺激。 而所谓社会的辞趣,却不如此,故往往同文坛的辞趣发生矛盾。 这种分法非常奇妙,你或许要吃一惊,以为他们的"文坛"是建筑在"社会"以外的。 其实他们也不过把意思老实说出来罢了,意思并不是他们所独有的。 像严复所谓"用汉以前字法句法,则为达易;用近世利俗文字,则求达难",还不是一样的意思? 他们虽不在社会以外,却也不在社会之中。他们高高地躲在"象牙塔"上,深深地藏在"艺术宫"里。他们厌恶尘嚣,不愿我们这种"引车卖浆者言"吹进他们的耳朵。这种语言是他们所不惯听不惯说的,他们自然说不上口,故也不妨说是"则求达难"。而其实是不愿上口的成分居多。所以严复曾经去问吴汝纶,说"行文欲求尔雅,有不可阑入之字,改窜则失真,因仍则伤洁",怎么好呢?吴汝纶教导他的是:"与其伤洁,毋宁失真!"(见吴汝纶《与严几道论译西书书》)"求其尔雅"至于要"毋宁失真",可见也是"抑义就词",不见得便是"为达易"。总之,当所谓雅洁一种义法支配着人意的时候,是一切都可以为它牺牲,又好像一切都是它所成全的。雅洁的选词标准既经攻破,彼此所谓"毋宁失真"云云将真殉雅的惨事便不至于再发生了。这在手法方面,是脱离形式拘缚内容那一种狭窄义法的大解脱,而在意识方面,也是从超出社会转为投入社会的一个大转变。

三 修辞现象常有上落

辞格方面,也常有上落,有的是自然演进,有的是有意改动。像藏词由并用歇后藏头渐次演进为专用歇后,又从凭借《诗经》《书经》等书上成语渐次演进为直用口头上的成语,又像复叠,从"灼灼""依依"等叠字渐次演进为"随随便便""不不少少"等叠字,都是不声不响地在那里进展。都可以看作自然演进。这种自然演进,在发动的个人想必也是有意的,不过它既不曾出名,我们也就难以考查它的经历罢了。只有几种积弊极重,改革也颇费力的,我们还能知道那是有意的改革。例如对偶。对偶本来不必排斥，假如事意有自然成对的，自然也可以用成对的语言去表达它，但从魏晋以后，竞尚纤巧，往往以为文辞一定要对，那就成为措辞的镣铐。所以唐代曾经有过一度激烈地反对，不久以前也曾有过一度激烈地反对运动。又如引用。引用本来也不必排斥，假如前人的成事成语真有足以补助或代替我们自己的说话的，引用也是不妨，甚至还是有益，但过去往往借用不全切或全不切的故事陈言来代话，又往往借用不全切或全不切的故事陈言来解话，有时晦涩费解，简直等于做谜猜谜。而刻削不自然的体态也往往教人看了生厌。这于意趣两面，都是有害无益。最大的效用，不过是借此矜奇炫博，就是所谓"掉书袋"。清周寿昌所著《思益堂日札》（九）曾载有"掉书袋"一条：

　　凡人摘裂书语以代常谈，俗谓之掉文，亦谓之掉书袋。掉书袋三字见马令《南唐书·彭利用传》。利用自号彭书袋，《传》中所载掉文处真堪绝倒。《传》有云：或问其高姓，对曰："陇西之遗苗，昌邑之余胄。"又问其居处，对曰："生自广陵，长侨螺渚。"其仆常有过，利用责之曰："始予以为纪纲之仆，人百其身，赖尔同心同德，左之右之。今乃中道而废，侮慢自贤，故劳心劳力，日不暇给。若而今而后，过而勿改，予当循公灭私，挞诸市朝，任汝自西自东，以遨以游而已。"时江南士人每于宴语，必道此以为戏笑。利用丧父，客吊之曰："贤尊窀穸，不胜哀悼。"利用对曰："家君不幸短命，诸子馂口四方，归见相如之壁，空余仲堪之棺，实可痛心疾首，不寒而栗。苟泣血三年，不可再见。"遂大恸。客复勉之曰："自宽哀戚，冀阕丧制。"利用又曰："自古毁不灭性，杖而后起,卜其宅兆而安措之。虽则君子有终,然而孝子不匮。三年不改,何日忘之。"又大歔欷。吊者于是失笑。会邻家火灾,利用往救。徐望之曰:"煌煌然赫赫然,不可向迩,自钻燧而降,未有若斯之盛,其可扑灭乎?"又尝与同志远游,迨至一舍,俄不告而返。诘旦或问之故。利用曰:"忽思朱亥之椎,犹倚陈平之户,窃恐数钧之重,转伤六尺之孤。"其言可哂者类如此。

平常用典虽然不至可笑如此,但使人感到不自然处,往往也和听彭书袋掉文不相上下。 所以不久以前,也曾有过一度激烈地反对运动。 像这些都是有意的。 有意的运动,自然效力更大,可以把平常看作当然的现象的缺点提到眼睛前头来,教人触目惊心。 但这种运动大抵只是病象极重极显的时候才会发生,其余大都是不声不响地在那里进展改动。 而那进展改动,往往也是竭力利用语言文字的各种可能性来应付各种不同的情境,有时反比有些纯凭主观,不顾实际的鼓吹还周到得多。 如文法上语词的多音节化过去未见有谁提倡,早已逐渐加多,把"马"加上"儿",叫作"马儿",把"鸭"加上"子",叫作"鸭子",这是为的声音加多更容易听得清楚的缘故。 而修辞上的节短,虽然曾经有人笼统排斥,却也仍在逐渐加多,例如把"五月四日"节作"五四",把"左翼作家联盟"节作"左联"。 这又是为了大家熟悉,无须繁说详举的缘故。 像这些根据经验的自然改动,虽然不像大张旗鼓的主张改革那样有名,或许不为一般学者所注意,但在成分上却居多数。 我们要注意少数出名英雄的改革业绩,我们更要注意这些稳扎实打多数无名英雄的改革业绩。 这就是我们比之注意成说更要注意古今一切实例的最重要的理由。

就像错综,是反排偶的最有效的手法,但在几次反排偶的运动中,都不曾有谁提挈它,把它看做可同对偶排比比并的辞格。而实例却早已存在。我们倘不注意实例,必致遗落了这种极可注意的修辞现象。

四　修辞现象也常有生灭

辞格的项目,也不是一定不易。现在已有的或许要消灭了,现在未有的也许要产生出来。就现有的例来说,如出奇的造作的回文便已经要消灭了,而藏词却是从汉代以后才产生的,如今也已消歇了一半,不过发达了一半。能知此种变动的状况,然后能够对于古来已说的敢于抛,古来未说的敢于取,也就是对于旧来用烂了的敢于避,而对于从来未见有人用过的敢于创。一九二四年八月我在答某君《论辞格论效用》的一封公开信上曾经说过:"据我看来,辞格论的用处,约有四项:(一)让我们明白每格全体的条理,读书或讲书时容易通晓或解释作者的真意;(二)让我们明白每格全体的条理,作文时尽可在通则里回旋,不致拘拘去摹仿别人的一点一画;(三)让我们统观已有的一切格,修辞不致偏于自己偶然留心到的一面;(四)让我们周览现在已有的一切格,进而创造现在未有的多少格。"我们的憧憬,原本不是在守成,而是在创新。所以第四项,可以说是我们的理想。第二、第三项就不过是写说的学习,第一项更不过是读听的学习。假如对于读听也是无用的,那就无论前人说得怎样热闹,都可以不必留意。前人有时因为方法不密,分析不精,往往见有一点细节不同,便把一样东西看成几样东西,又见到一件东西，往往就把其他没有重要关系的事项也拉拢来说。往往看去头绪极繁，而实际极其简单。就像陈骙《文则》卷上丙节条举十种譬喻的话，也不免有这种毛病。我们不要因为他们说过一大串，便连实际无用的，也大加惊叹，而他们未曾说过的，又连实际有用的也毫不注意。总之，不当注意空谈，而当注意实际；不当偏重过去，而当偏重将来；不当单看固定，而当留心进展。

辞格的论述，无论中外，向来都很留意。因为它不但同创新有关，也可以做了解旧有的门径。俞樾的《古书疑义举例》所以承一般人看重，也是为此。但是我们需要的是更上一层的扶梯，不是传统的桎梏。像现在有些人开口讲"律"，讲"成规"，把由前例归纳出来的条理误认作为律作为条规来规限我们后例，对于我们实系无益有害。

还有人幻想定出几组运用辞格的所谓原理来，想把什么结体增义或什么正反虚实，详简单复，缓急轻重，平直曲折，整齐错综，来支配辞格，那也只是一种不切实际的玄谈。同所谓起承转合说一样，都是抓住一些语辞的末梢现象，而且是不概不括的末梢现象，来对人滔滔说个不休。我们应当注意一些更重要的现象，就是各个辞格的构造和功能。这等于文法以前单讲所谓反正虚实，而今要说各个品词的构造和功能一样。当然，修辞的现象比文法的现象更繁复，更飘忽无定，我们往往会有无从说起之感。但决不应避难就易，专去留心那些末梢现象。至于分类，更不过是为说明的方便，除非真有必要，是不必条分缕析乱人耳目的。辞格的大分类极难，因此也就最不一定。就是本书，也曾修改过好几次。这次是将原有分类完全废弃，改为下列四类：

（甲类）材料上的辞格——指就客观事象而行的修辞；
　　（乙类）意境上的辞格——指就主观心境而行的修辞；
　　（丙类）词语上的辞格——指一切利用词语成素的修辞；
　　（丁类）章句上的辞格——指一切利用章句结构的修辞。
理由不过是这样分类，

　　（1）能包摄一切辞格——辞格不过是修辞上几种重要的模式或代表。此类模式既因时尚而不同，也随地域而殊异。无论如何渊博的修辞学家必不能把古今中外一切的模式尽行搜集了来，也无论如何详尽的修辞学书必不能把古今中外一切的模式尽行罗列在一书之中。故辞格数目，可依著者见解，自行去取。但其分类必须能够包摄一切辞格，使要增设几格时，随时可以安插，不必改动类别。原来的分类，在这一点上颇有缺陷。例如要增设飞白一格，便不知归在哪一类好。自经此次改动之后便不致有此缺陷。因为此次系就语文的构造功能而行分类。语文构造无论如何不出（1）用为中介的词语；（2）集合词语所成的章句；（3）材料；（4）意境四项。故如此分类应该可以包摄一切辞格。

　　（2）可表明辞格的性质——如关于词语类的修辞是随词语而变的，汉文的谐音不一定能凑巧译成日文、俄文或英文的谐音，而汉文的离合却容易流为日文的离合，便是因为汉日两种语文的字音各异，而字形却有相同地方的缘故。又如关于材料类的辞法是随材料而变的，中国人可以用"裙"作女子的借代，而在日本，"裙"却只可为男子的借代（除了时式的女学生外），用新分类便有容易说明此类现象的便利。

　　但实际也还有困难，如双关便是介在材料与词语中间的一种辞格，两面都可以插入。现在因为与一般单讲词语的不同，又颇有侧重材料的倾向，把它归入甲类。这自然也可以说不大自然，但这种大分类，除非你去抓那末梢现象是再也找不到一个简明切实完全无可批评的分类的。这固然不像文法那样单讲形式组织的比较容易提出妥善的分类，但文法上一涉及这种大分类时也便会发生异议，例如文法上究竟应该分为几种品词，这些品词应当如何归为虚字实字两大类，现在几乎还是各人有各人的说法。这就由于现象本来繁殊多变，不容易成全你做成那高级的综合的缘故，并非一定是人力不济。好在这种大分类，多半只同排列的顺序有关，我们只要还便说明又不致引起误解，便可认为满足了。至于辞格的区分，在国外是略有一定，而且颇有积重难返的形势，不像我们中国积习不深。我以为我们不妨趁这时机，根据古来的实例及现有的习惯和自然的条理，略加并合分析，使它成为比较容易了解，容易记忆，而又同国外辞格容易对照的一种区分。像本书所列，便是这样区分的一个小小的尝试。中间分合的情况只要把本书所说的辞格，同那几乎全然依据国外辞格区分法的《修辞格》所说的辞格去一比，便可知道一个大概。现将本书所说的头两格，就是譬喻和借代，同《修辞格》所说的，列一对照表于下：

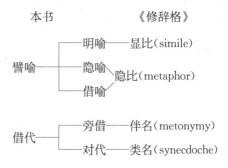

本书对于我们中国旧有的修辞说也曾运用同样的分合法。 有留心国外的或旧有的修辞说的可以互相参看。

五 适应更是形形色色

以上所说大都关于语言文字的可能性的利用方面。 关于语言文字方面的利用已经是纷歧错杂，变化多端。 对于题旨和情境的适应更是形形色色。 最近有人以为能够彻底分析这种适应，就可以具体地真切地看出写说者思想意识的全领域，写说者经验生活的全分野；而一个写说的性质，就可以给它一个科学的分析和科学的评价。 那自然未免说得太夸大。 但是写说者思想意识的部分，经验生活的部分，确是可以从这种适应中间看出来的。 例如"积谷防饥"，在我们的思想意识上同养儿没有什么关系，而养儿又同防老没有什么关系，而谚语却拿"积谷防饥"来譬喻"养儿防老"（例见"譬喻"）。 又如地名"柏人"为什么就会"迫人"，小菜上用了鱼为什么又就会"富贵有余"（例见"析"字），舟行为什么一定要讳"住"讳"翻"，要把同"住"音相近的"箸"说成"快"（例见"避讳"）。 这些在我们都觉得没有意思，而在过去的有些写说者却往往有着一种语感，而且往往极强，以为非用或非避不可。 从这些例子看来，我们便约略可以看出写说者思想意识的影子。而用之既久，却往往能够压倒原有的语言，使向来以为没有意思的也不能不跟着那样说。 即如所谓"快"，便是一例。"快"字现在已经加上竹头，成为"筷"，也叫"筷儿"或"筷子"。 在一般人的口头上，已经取了"箸"字而代之，成为日常的语言了，不再是修辞的现象了。但在有些人，或许还要认它是"口采"。日常语言有从头便用"口采"来做名称的，如把盛水防火的缸叫作太平缸，把陈尸待殓的房叫作太平房，把准备应急的门叫作太平门，都就是利用倒反辞做避讳来满足所谓讨口采心理的一些实例。

在这种适应中我们也可以看出写说者地位的不同。例如一样的避讳，在触龙对赵太后的口里，就要讳言自己的死为"填沟壑"，而讳言太后的死为"山陵崩"，而在司马迁的口里，对任少卿说恐怕他不久要死，便只讳说"恐卒然不可为讳"，又可以看出立场的不同。例如一样的夸张，刘姥姥是用它去奉承贾府，而《儒林外史》的作者却用它去讽刺儒林。此外还有对人的态度不同，有时用讽喻婉说，有时用反语激劝，有时却又用析字、藏词、飞白等开玩笑，而有时又只用感叹辞长吁短叹。还有对事的态度不同，有时是慢吞吞地说折绕话，有时却又急口地说跳脱语。倘就全部的适应来看，将见那现象的复杂也就像人事一样的纷繁。

至于利用的材料不同，更其不必说。例如，譬喻例六用钢丝做喻，例八用铜丝做喻，这决不会发见在尚未能够把钢和铜做成丝的时代，更不会发见在未用钢未用铜的石器时代。又如，例四和例十五都用田猎做喻，这也不该发见在田猎已经消灭了的时代。此外如"春歌"里说"黄檗向春生"，"夏歌"里说"藕异心无异"，都用当时见到的事物做双关，又如吴歌里常用蚕丝，粤讴里常用蜘蛛丝，都用当地容易见到的事物做双关，这些也是随题随境的技巧，随境随题的适应。

六　变化的统一

　　能够把这些具体的适应上的形形色色给它一个极细心的注意，我们便会在方式的常有上落生灭之外知道还有适用上的繁杂纷歧。 其原因是由于写说者各人的天分、气质、性格、年龄、职业、性别、经验、学问、见解、趣味等的不同，因而对于语言文字的可能性的利用固然不能相同，对于题旨和情境的对应，更是不能一致。 前人有"文如其人，人如其文"的话（见冯时可《雨航杂录》卷上）。 倘使所谓人是指一个人的生活意识等一切说的，而所谓文又是指一切的写说说的，那在现在，也还很有意义。 便是可以指出语文随着个人而不同的性质，同时又可以指出语文随着个人而类同的性质。 倘若一个人的生活意识，前后并没有十分不同，那于语言文字的利用，于题旨情境的适应，往往大致会相仿佛。 在纷歧繁杂的修辞现象之中，它便是一种统一的线索——至少在一个作品或一场说话之中，它是一个统一的线索。 故如《老残游记》的前二十回和后二十回措辞手法那样的不同，我们大抵可以相信不会是一个人做的。

　　其次，各时各地的社会环境、关系、需要不同，适应也不能不随着而有不同。 又各时各地的遗产的累积不同，对于可能性的利用，也不能不随着而有差别。 遗产的累积越多，可能性便越大。 如有乐府起来，便有受乐府影响的可能。 有佛经输入，便有受佛经影响的可能。 有欧洲文学输入，便有感受欧洲文学影响的可能。 这种可能是否见诸实际，固然不能预定，要看当时当地的需要。 但若没有这种可能，我们总不会见有需要和可能的错综结合。 所以时地不同，也往往就是修辞现象歧异的一个原因，而同时又就是统一的一个线索。

此外，如语言的成色不同，格律不同，目的不同，也往往就是这一个单体所以别于别一个单体的一个因素，而同时又就是本单体中互相统一的一个线索。 如口头语有口头语的特征，文言文有文言文的习惯，叙述大体有叙述的体式，诠释也大体有诠释的类型。

从这统一类同的一面着眼，我们便又可以在那变化无定之中，得到一种大体可以分门别类的头绪。 这便是语文的体式。

第十一篇　语文的体式

一　体式和体式的分类

语文的体式可以简称为文体或辞体。语文的体式很多，也有很多的分类。约举起来，可以有八种分类：（1）地域的分类，如所谓汉文体、和文体……之类；（2）时代的分类，如《沧浪诗话》所举的建安体、黄初体、正始体、太康体、元嘉体、永明体……之类；（3）对象或方式上的分类，旧的如《文心雕龙》分为骚、赋、颂赞、祝盟……等，新的如《作文法》分为描记、叙述、诠释、评议等，都属于这一种分类；（4）目的任务上的分类，如通常分为实用体和艺术体等类，或分为公文体、政论体、科学体、文艺体等类，都可以说是属于这一类；（5）语言的成色特征上的分类，如所谓语录体、口头语体、文言体……之类；（6）语言的排列声律上的分类，如所谓诗和散文之类；（7）是表现上的分类，就是《文心雕龙》所谓"体性"的分类，如分为简约、繁丰、刚健、柔婉、平淡、绚烂、谨严、疏放之类；（8）是依写说者个人的分类，如《沧浪诗话》所举的苏李体、曹刘体、陶体、谢体、徐庾体、韩昌黎体、柳子厚体……之类。

其中国外修辞的书上说得最热闹，我国论文的书上也讨论得最起劲的便是这里的第七种体性上的分类。现在单将这一种分类中的各体，综合中外所说，略述于下。

（1）组——由内容和形式的比例，分为简约和繁丰；

（2）组——由气象的刚强和柔和，分为刚健和柔婉；

（3）组——由于话里辞藻的多少，分为平淡和绚烂；

（4）组——由于检点工夫的多少，分为谨严和疏放。

二　简　约　繁　丰

体性上的分类，约可分为四组八种如下：

（1）简约体和繁丰体——简约体，是力求语辞简洁扼要的辞体。例如《书》曰："尔惟风，下民惟草"，便可说是简约的辞体，且已简到不得再简。同它一样的意思，在《论语》就说："君子之德风，小人之德草，草上之风必偃"，扩展为十六字，近于繁丰的辞体。至刘向《说苑》（卷一）又说："夫上之化下，犹风靡草，东风则草靡而西，西风则草靡而东，在风所由，而草为之靡。"扩展为三十二字，意义仍旧同上文相同，而字已经比《论语》加了一倍，这就更繁丰了。繁丰体是并不节约辞句，任意衍说，说到无可再说而后止的辞体。

简约的辞体，辞少而意多，可以使人感得峻洁，而富有言外之意，而其弊容易流于郁而不明的晦涩。繁丰的辞体，辞义详尽，可以使人充分明了，而其弊容易流于冗弱。繁简原本各有利弊短长，所以着眼点不同，便不免有所偏爱。我国古来繁简之论，就是从此而起。综计所有论调，约可分为三类：

（甲）主简论——如陆机《文赋》说："要辞达而理举，故无取乎冗长。"

又如方苞《与程若韩书》说:"夫文未有繁而能工者,如煎金锡,粗矿去,然后黑浊之气竭而光润生。"

(乙)重繁论——如王充《论衡·自纪》篇说:"为世用者,百篇无害;不为用者,一章无补。如皆为用,则多者为上,少者为下。"

(丙)繁简并重论——如顾炎武《日知录》(十九)说:"辞主乎达,不论其繁与简也;繁简之论兴,而文亡矣。"

又如钱大昕《与友人论文书》说:"文有繁有简。繁者不可减之使少,犹之简者不可增之使多。《左氏》之繁,胜于《公》《穀》之简,《史记》《汉书》互有繁简。谓文未有繁而能工者,亦非通论也。"又如胡应麟《少室山房笔丛》(十三)说:"简之胜繁,以简之得者论也。繁之逊简,以繁之失者论也。要各有攸当焉。繁之失者遇简之得者则简胜;简之失者遇繁之得者则繁胜。执是以论繁简,其庶几乎。"

繁简两体,原本如这里的第三说所说,并没有绝对的优劣可论。但在各国,大抵古代偏于简,而近代则多趋于繁。其原因不在乎辞体本身的优劣,而在乎社会情状的发展。章学诚《乙卯札记》说:"古人作书,漆文竹简,或著缣帛,或以刀削,繁重不胜,是以文辞简严,章无剩句,句无剩字。良由文字艰难,故不得已而作书,取足达意而止。非第不屑为冗长,且亦无暇为冗长也。自后世纸笔作书,其便易十倍于竹帛刀漆。而文之繁冗芜蔓,亦遂随其人所欲为。虽世风文质固有转移,而人情于所轻便,则易于恣放,遇其繁重,则自出谨严,亦其常也。"这颇能说出了一部分的物质方面的原因。

而实际同一时代也有简约繁丰两不相下的实例,试看下列两

首诗:

> 翻手作云覆手雨,纷纷轻薄何须数。君不见管鲍贫时交,此道今人弃如土。(杜甫《贫交行》)

> 太行之路能摧车,若比人心是坦途。巫峡之水能覆舟,若比人心是安流。人心好恶苦不常,好生毛羽恶生疮。与君结发未五载,岂期牛女为参商。古称色衰相弃背,当时美人犹怨悔。何况如今鸾镜中,妾颜未改君心改。为君熏衣裳,君闻兰麝不馨香。为君盛容饰,君看金翠无颜色。行路难,难重陈,人生莫作妇人身,百年苦乐由他人。行路难,难于山险于水,不独人间夫与妻,近代君臣亦如此。君不见左纳言右纳史,朝承恩暮赐死。行路难,不在水不在山,只在人情反复间。(白居易《太行路》)

可见繁丰简约要看实际的成就如何,本身并无绝对的优劣可论。至于学习的程序,似乎应先从繁丰的流畅入手,而后进于简约的峻洁。如欧阳修《与徐无党书》说:

> 著撰苟多,他日更自精择,少去其繁,则峻洁矣。然不必勉强。勉强简节之则不流畅,须待自然之至。

三　刚　健　柔　婉

(2) 刚健体和柔婉体——刚健是刚强、雄伟的文体;柔婉是柔和、优美的文体。

秋　夜

鲁　迅

在我的后园,可以看见墙外有两株树,一株是枣树,还有一株也是枣树。

这上面的夜的天空,奇怪而高,我生平没有见过这样的奇怪而高的天空。他仿佛要离开人间而去,使人们仰面不再看见。然而现在却非常之蓝,闪闪地睒着几十个星星的眼,冷眼。他的口角上现出微笑,似乎自以为大有深意,而将繁霜洒在我的园里的野花草上。

我不知道那些花草真叫什么名字,人们叫他们什么名字。我记得有一种开过极细小的粉红花,现在还开着,但是更极细小了,她在冷的夜气中,瑟缩地做梦,梦见春的到来,梦见秋的到来,梦见瘦的诗人将眼泪擦在她最末的花瓣上,告诉她秋虽然来,冬虽然来,而此后接着还是春,蝴蝶乱飞,蜜蜂都唱起春词来了。她于是一笑,虽然颜色冻得红惨惨地,仍然瑟缩着。

枣树,他们简直落尽了叶子。先前,还有一两个孩子来打他们别人打剩的枣子,现在是一个也不剩了,连叶子也落尽了。他知道小粉红花的梦,秋后要有春;他也知道落叶的梦,春后还是秋。他简直落尽叶子,单剩干子,然而脱了当初满树是果实和叶子时候的弧形,欠伸得很舒服。但是,有几枝还低亚着,护定他从打枣的竿梢所得的皮伤,而最直最长的几枝,却已默默地铁似的直刺着奇怪而高的天空,使天空闪闪地鬼睒眼;直刺着天空中圆满的月亮,使月亮窘得发白。

鬼睒眼的天空越加非常之蓝,不安了,仿佛想离去人间,避开枣树,只将月亮剩下。然而月亮也暗暗地躲到东边去了。而一无所有的干子,却仍然默默地铁似的直刺着奇怪而高的天空,一意要制他的死命,不管他各式各样地眹着许多蛊惑的眼睛。

哇的一声,夜游的恶鸟飞过了。

我忽而听到夜半的笑声,吃吃地,似乎不愿意惊动睡着的人,然而四围的空气都应和着笑。夜半,没有别的人,我即刻听出这声音就在我嘴里,我也即刻被这笑声所驱逐,回进自己的房。灯火的带子也即刻被我旋高了。

后窗的玻璃上丁丁地响,还有许多小飞虫乱撞。不多久,几个进来了,许是从窗纸的破孔进来的。他们一进来,又在玻璃的灯罩上撞得丁丁地响。一个从上面撞进去了,他于是遇到火。而且我以为这火是真的。两三个却休息在灯的纸罩上喘气。那罩是昨晚新换的罩,雪白的纸,折出波浪纹的叠痕,一角还画出一枝猩红色的栀子。

猩红的栀子开花时,枣树又要做小粉红花的梦,青葱地弯成弧形了……。我又听到夜半的笑声;我赶紧砍断我的心绪,看那老在白纸上的小青虫,头大尾小,向日葵子似的,只有半粒小麦那么大,遍身的颜色苍翠得可爱,可怜。

我打一个呵欠,点起一支纸烟,喷出烟来,对着灯默默地敬奠这些苍翠精致的英雄们。

一九二四年九月十五日

这可以归入刚健体。

笑

冰 心

雨声渐渐的住了,窗帘后隐隐的透进清光来。推开窗户一看,呀!凉云散了,树叶上的残滴,映着月儿,好似萤光千点,闪闪烁烁的动着,真没想到苦雨孤灯之后,会有这么一幅清美的图画!

凭窗站了一会儿,微微的觉得凉意侵人,转过身来。忽然眼花缭乱,屋子里的别的东西,都隐在光云里;一片幽辉,只浸着墙上画中的安琪儿。这白衣的安琪儿,抱着花儿,扬着翅儿,向着我微微的笑。

"这笑容仿佛在那儿看见过似的,什么时候我曾……!"我不知不觉的便坐在窗口下想,默然的想。

严闭的心幕慢慢的拉开了,涌出五年前的一个印象。——一条很长的古道。驴脚下的泥兀自滑滑的。田沟里的水潺潺的流着。近村的绿树都笼在湿烟里。弓儿似的新月挂在树梢。一边走着,似乎道旁有一个孩子,抱着一堆灿白的东西。驴儿过去了,无意中回头一看,他抱着花儿,赤着脚儿,向着我微微的笑。

"这笑容又仿佛是那儿看见过似的!"我仍是想,默默的想。

又现出一重心幕来,也慢慢的拉开了,涌出十年前的一个印象——茅檐下的雨水,一滴一滴的落到衣上来。土阶边的水泡儿泛来泛去的乱转。门前的麦陇和葡萄架子都灌得新黄嫩绿的,非常鲜丽。一会儿好容易雨晴了,连忙走下坡儿去。迎头看见月儿从海面上来了。猛然记得有件东西忘下了，站住了，回过头来。这茅屋里的老妇人，她倚着门儿，抱着花儿，向着我微微的笑。

这同样微妙的神情，好似游丝一般，飘飘漾漾的合了拢来，绾在一起。

这时心下光明澄静，如登仙界，如归故乡。眼前浮现的三个笑容，一时融化在爱的调和里，看不分明了。

这可以说是柔婉体。

刚健和柔婉是桐城派所最注意区别的两种辞体，先由姚鼐分为"阳刚""阴柔"两体，后来又有人析为"太阳""少阳""太阴""少阴"等"四象"，就是析为四体，又于四体之中各析为两类，共计八类，再后又有人以二十字分配阴阳，总分为二十类。表面上似乎愈分愈细，其实是愈分愈混，至少是愈分离刚柔的标准愈远了。 而说明刚柔两体的区别，也以分为两体的姚鼐最为明了得当。 其言见于他的《复鲁挈非书》中，现在节录于后：

鼐闻天地之道，阴阳刚柔而已。文者，天地之精英，而阴阳刚柔之发也。惟圣人之言，统二气之会而弗偏。然而《易》《诗》《书》《论语》所载，亦间有可以刚柔分矣；值其时其人，告语之体各有宜也。自诸子而降，其为文无弗有偏者。其得于阳与刚之美者，则其文如霆，如电，如长风之出谷，如崇山峻崖，如决大川，如奔骐骥。其光也，如果日，如火，如金镠铁。其于人也，如凭高视远，如君而朝万众，如鼓万勇士而战之。其得于阴与柔之美者，则其文如升初日，如清风，如云，如霞，如烟，如幽林曲涧，如沦，如漾，如珠玉之辉，如鸿鹄之鸣而入寥廓。其于人也，漻乎其如叹,邈乎其如有思,暖乎其如喜,愀乎其如悲。观其文,讽其音,则为文者之性情形状,举以殊焉。且夫阴阳刚柔,其本二端。造物者糅而气有多寡进绌,则品次亿万,以至于不可穷,万物生焉。故曰一阴一阳之谓道。夫文之多变,亦若是已。糅而偏胜,可也;偏胜之极,一有一绝无,与夫刚不足为刚,柔不足为柔者,皆不可以言文。

说是说刚柔可以分,但也不过是大概的区分,并非一有一绝无的。

至于刚柔两体的特点,大致可以说是"阳刚者气势浩瀚,阴柔者韵味深美",一便于写雄伟,一适于描秀美,也要看实际的成就如何,本身并无优劣可分。

四 平淡绚烂

(3) 平淡体和绚烂体——平淡和绚烂的区别,是由话里所用辞藻的多少而来。 少用辞藻,务求清真的,便是平淡体;尽用辞藻,力求富丽的,便是绚烂体。

平淡体大抵用于科学、法令等,以阐释教导为主的场合;绚烂体大抵用于以动情兴感为主的场合。

一

依我所见,构成月夜美感的最大要素,似乎有三:一是月的光;二是这光所照的夜的世界;三是月夜的光景在观者心中所引起的联想。此外或者因了时地和观者的心情,尚可有种种的原因,但一般地所谓月夜的美感,大概可以认为由这三要素而成的。

　　月光,其强不及太阳的光,据科学者说,即使天空全部尽为月亮,其光尚距白昼远甚。那末,月光在我们视觉所及的影响,事实上和普通的色彩无大差的么?将月光作为一种色彩看的时候,和青最相近。月夜的青,虽不如海或空的青,然其根色却不失为青的,如果我们在海或空的色中,加入若干的暗和淡,就容易想象月光了。既认月光的色是青,我们就有把一般的青的色相和感情来一说的必要。

二

　　青在波径上,强度上,都不及黄和赤,如果说黄近于赤,青似乎可以说是近于暗的了。青在色彩中,原也有多少的力,但其力不像别的色彩那样是积极的使人心昂奋的力,倒是消极的使人心镇静的力。青对于黄、橙或赤等热色,谓之寒色,其所表示的感情,是冷,是静,是安慰,是寂寞。在其光力强的时候,一见也非没有稍微的快爽之趣,但究无能动地昂奋吾人的感情的力;到了第二刹那,它所引导我们去的地方,仍是沉思之境,冥想之域;更进一步,就在人心的全体内面,给与一种幽邈难名的忧郁的润色了。因此,青所表示的感情,或可说是关于人心的消极的半面,青所表示的是哀,是信,是平和,是慰藉,至如轻浮、活动、执着、烦恼等各种积极的感情,都是它所反对的。简括地说,青的色相的一面,是使意志沉没的。

　　青在别一面,又似和"无限"的观念有最密切的关系。据我所见,青似乎像暗黑的光辉,似乎像带着无穷的远距离或无限的夜空的色相来的。略加夸张了说,好像"无限""永远""神秘"等不可思议的实在，因为要示现它的实在，故意把这色相来呈示的。我们对了这色相，在情的一面，起沉静、安慰之感，同时在知的一面，还生幽邃深远之想。在这里，生出对于绝对或彼岸的世界的沉思和冥想来。并且，这时吾人心中不会起像"渴仰"那样的和意志有关系的活动，因为在感情一方已把意志没去了。没有意志只有沉思，所谓沉思，又是对于无限、永远、神秘的沉思，于是生纯粹的认识。所谓纯粹的认识，就是摆脱了意欲的束缚而单把对境来认识的意思。意欲的束缚既经摆脱，意欲的主境的"我"，已等于消灭。这就是佛家所谓无念无想的境界，物我同体的意识了。青的色相，其及于人心的影响，最高可以达此境地。

这样说法，读者之中或许有疑我言辞过于夸张的罢。我的意思，要之无非想用了这青色的影响来说明月夜的美感的。其实，要达到这意识，并非必待月夜，望青天，眺苍海的时候，因了观者的心情状况，似乎也可以得此境地。不过，白日晃晃之下，人的现身尚在现实世界的重围中，要想有这样纯粹的观照，究不是容易的事。

三

青的色相的表示沉思、安慰、冥想的感情，可因与他色相比较而更明了。青的力以渐近于赤而愈增进。黄是赤的光力最弱者，对于赤的烦恼，被称为理想之色。理想，毕竟是意志的活动。假如在天空所呈现的纯粹的青中，把黄加入，结果就为绿，绿是比青更进一步近乎赤的东西，其所表示的感情，是在青的沉静上加了黄的理想，就是在安慰之中搀入一分的意志发动的东西，所以古来都称绿为希望之色。因为所谓希望者，无非是对于理想的向上的思索。青若超过了绿再与赤接近，就成紫。紫是位于青和赤的中间的，其所表示的感情为渴仰。赤是热色的极轴，原表示活力烦恼的极致的，今于青的沉静中，加以赤的烦恼，所得的紫，当然应该是渴仰之色了。

这样的色的复合和表情，谅是处理色彩的人所熟知的。这等事实，无一不可证明青在色相上是沉静、安慰、冥想的标号。像褐的一色，也可用了同样的原理来说明。褐通常被称为健康、能力的标号，将其成分加以分析，无非是黄青赤三色的复合色。黄与青合而成希望之色的绿，再加上活力、烦恼的标号的赤，其所得的是健全的能力的标号的褐，也是自然的结果罢。

要之，青所表示的感情是沉静，是安慰，是冥想，在色相上和赤所表示的全然相反。赤是活动之色，烦恼之色，意欲之色。用比喻来说：赤如大鼓之响，青如横笛之音；赤如燃着情欲的男子，青如沉在静思的女子；赤如傲夏的烂漫的牡丹，青如耐冬的潇洒的水仙。

四

以上所说的，是普通在日光中的青色。那末，月夜的青色如何？月光的青，有两点和普通所见的青不同：第一是光力的弱，换言之，就是比普通的青带着一分的暗；第二是其色的淡，换言之，就是略带着白味而朦胧的。凡暗色或黑色所表示者，是不可解的秘密，是沉静的极致，就是寂灭死灭。青中加着一分的暗，即使青和暗接近，因之自然使其所表示的感情更加神秘和寂寞了。所以月夜的青，其所表示的沉静、安慰、冥想，较之普通的青，更有深度。至于其色的淡，就是在其色中加入白的意思，白是证示一切色的不在的，是色而实非色，其所表示者为无体无相的极致,直言之,就是"非实在"的标号。青中加入一分白,即一步转向"非实在"去,换言之,就是在"实在"的青里,加了一分的假象性了。这样,月光的青色,一面因了暗把沉静之情加深,他面又因了淡把实在之性减浅。

所以,将普通的青和月光的青相较,前者是实,后者是假,前者是现实,后者是理想。如果以大鼓之响比赤,以横笛之音比普通的青,那末月光的青可以譬喻为洞箫之音了罢。月中的青色,虽是沉静冥想的标号,但其所表示者,都尚不失为实在。看天空的青,看海的青,看山野草木的青的时候,都无非是当作实在物去看罢了。并且观者自身处在堂堂白日之中,周围的状况,无一不是把实在的意识来确证的。至于月夜的青,因为淡的缘故,已经是假象的了,再因了暗把沉静之情加深,何况加以其时不在日中,乃在"实在的人生"的休止时的夜间呢。

依此而观,月夜的美,不是可以因其色彩说明了大半么?这微妙的色彩,包裹天地使成一色,山、川、草、木、田野、市街、人间,凡是天地间一切的物,都被这微妙的色彩一抹而齐现共同的色相。观月者并不作梦,可是所见的薄暗青白的世界,总会觉得和那实在的世界有些不同罢。平常尚且是沉静冥想悲哀之色的青,更换了暗和淡,在观者的心中,不加深一层的感受么?寂寞的夜景之中,那幽邈难名的月夜的安慰、冥想和悲哀,不是如此而成的么?

月夜的美感,幽邈难言。但有很明白的一事:就是其及于吾人的感情,是倾向于悲哀一方面的。凡是由色彩而诱起的感情,都是无定,故月夜的悲哀也是无定的悲哀,只是一种无端的薄愁。而且月光的青,把我们的意欲和意欲的主体的"我",已经降没,其悲哀不是我执的悲哀,只是无端的悲哀,并能悲的"我"也都忘却,觉我只是悲哀世界自身的一分身而已。这恰和出神听着妙乐的人,于快乐以外,觉我身入其中一样。这悲哀原非确实的悲哀,其漠然无定,如月光的幽暗,其朦胧而淡,如月光的梦境。(夏丏尊译《月夜的美感》)

这可以说是平淡体。

  这几天心里颇不宁静。今晚在院子里坐着乘凉,忽然想起日日走过的荷塘,在这满月的光里,总该另有一番样子吧。月亮渐渐地升高了,墙外马路上孩子们的欢笑,已经听不见了;妻在屋里拍着闰儿,迷迷糊糊地哼着眠歌。我悄悄地披了大衫,带上门出去。
  沿着荷塘,是一条曲折的小煤屑路。这是一条幽僻的路;白天也少人走,夜晚更加寂寞。荷塘四面,长着许多树,蓊蓊郁郁的。路的一旁,是些杨柳,和一些不知道名字的树。没有月光的晚上,这路上阴森森的,有些怕人。今晚却很好,虽然月光也还是淡淡的。
  路上只我一个人,背着手踱着。这一片天地好像是我的;我也像超出了平常的自己,到了另一世界里。我爱热闹,也爱冷静;爱群居,也爱独处。像今晚上,一个人在这苍茫的月下,什么都可以想,什么都可以不想,便觉是个自由的人。白天里一定要做的事,一定要说的话,现在都可不理。这是独处的妙处;我且受用这无边的荷香月色好了。
  曲曲折折的荷塘上面,弥望是田田的叶子。叶子出水很高,像亭亭的舞女的裙。层层的叶子中间,零星地点缀着些白花,有袅娜地开着的,有羞涩地打着朵儿的;正如一粒粒的明珠,又如碧天里的星星,又如刚出浴的美人。微风过处,送来缕缕清香,仿佛远处高楼上渺茫的歌声似的。这时候叶子与花也有一丝的颤动,像闪电般,霎时传过荷塘的那边去了。叶子本是肩并肩密密地挨着,这便宛然有了一道凝碧的波痕。叶子底下是脉脉的流水,遮住了,不能见一些颜色,而叶子却更见风致了。

月光如流水一般,静静地泻在这一片叶子和花上。薄薄的青雾浮起在荷塘里。叶子和花仿佛在牛乳中洗过一样,又像笼着轻纱的梦。虽然是满月,天上却有一层淡淡的云,所以不能朗照;但我以为这恰是到了好处——酣眠固不可少,小睡也别有风味的。月光是隔了树照过来的,高处丛生的灌木,落下参差的斑驳的黑影,峭楞楞如鬼一般;弯弯的杨柳的稀疏的倩影,却又像是画在荷叶上。塘中的月色并不均匀;但光与影有着和谐的旋律,如梵婀玲上奏着的名曲。

荷塘的四面,远远近近、高高低低都是树,而杨柳最多。这些树将一片荷塘重重围住;只在小路一旁,漏着几段空隙,像是特为月光留下的。树色一例是阴阴的,乍看像一团烟雾;但杨柳的丰姿,便在烟雾里也辨得出。树梢上隐隐约约的是一带远山,只有些大意罢了。树缝里也漏着一两点路灯光,没精打采的,是渴睡人的眼。这时候最热闹的,要数树上的蝉声与水里的蛙声;但热闹是它们的,我什么也没有。

忽然想起采莲的事情来了。采莲是江南的旧俗,似乎很早就有,而六朝时为盛;从诗歌里可以约略知道。采莲的是少年的女子,她们是荡着小船,唱着艳歌去的。采莲人不用说很多,还

有看采莲的人。那是一个热闹的季节,也是一个风流的季节。梁元帝《采莲赋》里说得好:

> 于是妖童媛女,荡舟心许:鹢首徐回,兼传羽杯;櫂将移而藻挂,船欲动而萍开。尔其纤腰束素,迁延顾步;夏始春余,叶嫩花初,恐沾裳而浅笑,畏倾船而敛裾。

可见当时嬉游的光景了。这真是有趣的事,可惜我们现在早已无福消受了。

于是又记起《西洲曲》里的句子:

> 采莲南塘秋,莲花过人头;低头弄莲子,莲子清如水。

今晚若有采莲人,这儿的莲花也算得"过人头"了;只不见一些流水的影子,是不行的。这令我到底惦着江南了。——这样想着,猛一抬头,不觉已是自己的门前;轻轻地推门进去,什么声息也没有,妻已睡熟好久了。(朱自清《荷塘月色》)

这比起上一篇来,可以称为绚烂体。

平淡和绚烂的区分,同修辞的手法最有关系。因为前者就是最注意消极手法的语文,而后者就是最注意积极手法的语文。我们前面所谓记述的境界和表现的境界,便是假定有这两种体式的纯粹境界说的。但纯粹的境界实际上是少见的。例如最尚平淡的科学的语文,现在也常有所谓肺管肺叶,所谓车手车肩,等等,用了好些隐喻。而最尚绚烂的诗词,又不见得句句都用辞藻。所谓平淡绚烂当然只是假定的两个极端或两种倾向。实际多是位在这两种倾向中间的。

五　谨　严　疏　放

(4) 谨严体和疏放体——疏放体是起稿之时，纯循自然，不加雕琢，不论粗细，随意写说的语文；谨严体则是从头到尾，严严谨谨，细心检点而成的辞体。 以旧小说的文辞来说：《儒林外史》的文辞就近于谨严体，《镜花缘》的文辞就近于疏放体，现在试各摘录一段于下：

王冕读书，学画

　　王冕自此只在秦家放牛，每到黄昏，回家跟着母亲歇宿。或遇秦家煮些腌鱼、腊肉给他吃，他便拿块荷叶包了来家，递与母亲。每日点心钱，他也不买了吃，聚到一两个月，便偷个空，走到村学堂里，见那闯学堂的书客，就买几本旧书，逐日把牛拴了，坐在柳阴树下看。

　　弹指又过了三四年，王冕看书，心下也着实明白了。那日，正是黄梅时候，天气烦躁。王冕放牛倦了，在绿草地上坐着。须臾，浓云密布，一阵大雨过了。那黑云边上镶着白云，渐渐散去，透出一派日光来，照耀得满湖通红。湖边上山，青一块，紫一块，绿一块。树枝上都像水洗过一番的，尤其绿得可爱。湖里有十来枝荷花，苞子上清水滴滴，荷叶上水珠滚来滚去。王冕看了一回，心里想道："古人说，人在图画中，其实不错。可惜我这里没有一个画工！把这荷花画他几枝，也觉有趣！"又心里想道："天下哪有个学不会的事！我何不自画他几枝！"

　　……

自此,聚的钱不买书了,托人向城里买些胭脂铅粉之类,学画荷花。初时画得不好,画到三个月之后,那荷花,精神、颜色无一不像,只多着一张纸,就像是湖里长的,又像才从湖里摘下来贴在纸上的。乡间人见画得好,也有拿钱来买的。王冕得了钱,买些好东好西孝敬母亲。一传两,两传三,诸暨一县都晓得是一个画没骨花卉的名笔,争着来买。到了十七八岁,不在秦家了,每日画几笔画,读古人的诗文,渐渐不愁衣食,母亲心里欢喜。

这王冕天性聪明,年纪不满二十岁,就把那天文、地理、经史上的大学问,无一不贯通。但他性情不同:既不求官爵,又不交纳朋友,终日闭户读书。又在《楚辞图》上,看见画的屈原衣冠,他便自造一顶极高的帽子,一件极阔的衣服。遇着花明柳媚的时节,把一乘牛车载了母亲,他便戴了高帽,穿了阔衣,执着鞭子,口里唱着歌曲,在乡村镇上,以及湖边,到处顽耍。惹得乡下孩子们三五成群跟着他笑,他也不放在意下。只有隔壁秦老,虽然务农,却是个有意思的人,因自小看见他长大得如此不俗,所以敬他,爱他,时时和他亲热,邀在草堂里坐着说话儿。(《儒林外史》第一回)

淑士国酒保和儒者掉文

唐敖、林之洋、多九公三人来到大街,看那国人(淑士国人),都是头戴儒巾,身穿青衫,也有穿着蓝衫的。那些做买卖的,也是儒家打扮,斯斯文文,并无商旅习气。所卖之物,除家常日用外,大约卖青梅、韭菜的居多,其余不过纸墨笔砚,眼镜牙杖,书坊、酒肆而已。唐敖道:"此地庶民,无论贫富都是儒者打扮,却也异样。好在此地语言易懂,我们何不去问问风俗?"……多九公道:"老夫口里也觉发干,恰喜面前有个酒楼,我们何不前去沽饮三杯,就便问问风俗?"林之洋一闻此言,口中不觉垂涎道:"九公真是好人,说出话来,莫不对人心路!"三人进了酒楼,就在楼下检个桌儿坐了。

旁边走过一个酒保,也是儒巾素服,面上戴着眼镜,手中拿着折扇,斯斯文文走来向着三人打躬陪笑道:"三位光顾者,莫非饮酒乎,抑用菜乎?敢请明以教我。"林之洋道:"你是酒保……你还满嘴通文,这是甚意?刚才俺同那些生童讲话,倒不见他有甚通文,谁知酒保倒通起文来,真是整瓶不摇半瓶摇!你可晓得俺最喉急,不惯同你通文?有酒有菜,只管快快拿来!"酒保陪笑道:"请教先生:酒要一壶乎,两壶乎?菜要一碟乎,两碟乎?"林之洋把手朝桌上一拍道:"什么'乎'不'乎'的,你只管取来就是了。你再'之乎者也'的,俺先给你一拳!"吓得酒保连忙说道:"小子不敢,小子改过!"随即走去取了一壶酒,两碟下酒之物,一碟青梅,一碟齑菜,三个酒杯,每人面前,恭恭敬敬斟了一杯,退了下去。林之洋素日以酒为命,见了酒,心花都开,望着二人说声"请了",举起杯来,一饮而尽。那酒方才下咽,不觉紧皱双眉,口水直流,捧着下巴喊道:"酒保错了,把醋拿来了。"

只见旁边座儿有个驼背老者,身穿儒服,面戴眼镜,手中拿着剔牙杖,坐在那里,斯斯文文,自斟自饮。一面摇着身子,一面口中吟哦,所吟无非'之乎者也'之类。正吟得高兴,忽听林之洋说酒保错拿醋来,慌忙住了吟哦,连连摇手道:"吾兄既已饮矣,岂可言乎?你若言者,累及我也!我甚怕哉,故尔恐焉;兄耶,兄耶,切莫语之!"唐、多二人听见这几个虚字,不觉浑身发麻,暗暗笑个不了。

林之洋道："又是一位通文的！俺埋怨酒保拿醋算酒，与你何干？为甚累你？倒要请教。"

　　老者听罢，随将右手中指、食指放在鼻孔上擦了两擦，道："先生听者！今以酒醋论之：酒价贱之，醋价贵之。因何贱之，为甚贵之？其所分之，在其味之。酒味淡之，故尔贱之；醋味厚之，所以贵之。人皆买之，谁不知之？他今错之，必无心之。先生得之，乐何如之？第既饮之，不该言之。不独言之，而谓误之。他若闻之，岂无语之？苟如语之，价必增之。先生增之，乃自讨之。你自增之，谁来管之？但你饮之，即我饮之。饮既类之，增应同之。向你讨之，必我讨之。你既增之，我安免之？苟亦增之，岂非累之？既要累之，你替与之。你不与之，他安肯之？既不肯之，必寻我之。我纵辩之，他岂听之？他不听之，势必闹之。倘闹急之，我惟跑之。跑之跑之，看你怎了之？"唐、多二人听了，惟有发笑。

　　林之洋道："你这几个之字，尽是一派酸文，句句犯俺名字，把俺名字也弄酸了。随你讲去，俺也不懂。但俺口中这股酸气，如何是好？"桌上望了一望，只有两碟青梅、虀菜，看罢口内更觉发酸，因大声叫道："酒保快把下酒菜多拿两样来。"酒保答应，又取四个碟子放在桌上：一碟盐豆，一碟青豆，一碟豆芽，一碟豆瓣。林之洋道："这几样，俺吃不惯，再添几样来。"酒保答应，又添四样：一碟豆腐干，一碟豆腐皮，一碟酱豆腐，一碟糟豆腐。林之洋道："俺们并不吃素，为甚只管拿这素菜？还有甚么，快去取来！"酒保陪笑道："此数肴也，以先生视之，固不堪入目矣；然以敝地论之，虽王公之尊，其所享者亦不过如斯数样耳。先生鄙之，无乃过乎？止此而已，岂有他哉！"

多九公道:"下酒菜业已够了,可有甚么好酒?"酒保道:"是酒也非一类也,而有三等之分焉:上等者,其味酸;次等者,其味淡;下等者,又其淡也。先生问之,得无喜其淡者乎?"唐敖道:"我们量窄,吃不惯酸的,你把淡的换一壶来!"酒保登时把酒换了。三人尝了一尝,虽觉微酸,还可吃得。林之洋道:"怪不得有人评论酒味,都说酸为上,苦次之,原来这话出在淑士国的!"(《镜花缘》第二十三回)

　　谨严辞体可以使人有庄严——拘谨之感,疏放辞体可以使人有朴素——粗野之感。文辞除因作风不同而有谨严、疏放的差别外,也可因所写内容不同而有谨严、疏放的差别。上面摘录的两段,就可作为两面因素兼有并具的例子。

六　语文体式的繁复情况

　　以上我们已将第七种体性上的体式分为四组,又将各组分为简约和繁丰,刚健和柔婉,平淡和绚烂,谨严和疏放等两个极端,粗略地说过了。其实语文的体式并不一定是这两端上的东西:位在这两端的中间的固然多,兼有这一组二组三组以上的体性的也不少。例如简约而兼刚健,或简约而兼刚健又兼平淡,繁丰而兼柔婉,或繁丰而兼柔婉又兼绚烂,都属可能。所难以相兼的,恐怕只有一组中互相对待的两体,如简约兼繁丰、刚健兼柔婉之类。照此看来,体式之多,也就可以想见。今试用图显示它那繁复的情况在这里(图中实线表示可以相兼,虚线表示难得相兼)。

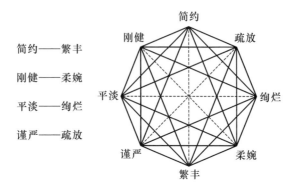

关于语文体式的繁复情况，我们的调查研究还极不充分，以上所说不过略述我们概略的见闻聊供参考。

第十二篇　结　语

一　从修辞学术萌芽时期说起

　　关于修辞的论述向来并无一定的范围。或偏重思想事实的传达，特别注意在逻辑和文法等各个可使文章明白清晰的条项；或偏重听读者的感动领受，特别注意在有力量有光彩有趣味的语句的搜集、分析、鉴赏。也有因写说需用语言文字作中介，就说"作文宜先识字"（吴曾祺说，见《涵芬楼文谈》第五篇），或说"解字为作文之基"（刘师培说，见《文学教科书》第一册第一课），而特别用心说述语言文字的起源变迁的。此外或者相信"每体各有一定格律，凛然不可侵犯"（见上举《文谈·辨体》篇），而琐碎地辨别语辞统一的形态即以前所谓文体或辞体；或者相信"文如其人，人如其文"（见冯时可《雨航杂录》卷上），而殷勤地称述文章所从出的文学家个人的性情经历和修养的。列举起来，不同的倾向实在是不少。而古来留传给我们的诗话、文谈、随笔、杂记、史论、经解之类，偶然涉及修辞的，又多不是有意识地在作修辞论，它们说述的范围，照例是飘摇无定；每每偶尔涉及，忽然又飏开了，我们假如限定范围去看，往往会觉得所得不多。就是一般所认为比较重要的《古书疑义举例》，及我所认为也是比较重要的《濬南遗老集》，也不免如此。这是由于向来并未将修辞当作一种专科学术来研究的缘故。而且这也是一切学术萌芽时代的常态，并非单单修辞一科如此。我们不能怪《荀子》既讲正名，为什么不专讲现代逻辑范围以内的事项，《公羊传》既于文法很有理解，为什么不专讲现代文法范围以内的现象，当然也不能怪《孟子》既讲"不以文害辞，不以辞害志"，为什么不专讲现代修辞学范围以内的现象。那些古说，当然内容很复杂。

二　修辞文法混淆时期

这样内容杂乱的情况，直到一八九八年马建忠的《马氏文通》出版，才被改进了一点。《马氏文通》是一部严格讲述文法的书，同修辞学本来没有多大关系，但因著作不凡，影响很大，从《马氏文通》出版以后，便有一些学术界限不清的人，从故纸堆里去搬出以前那些修辞古说来附和或混充文法，成了一个拿修辞论的材料混充文法的时期。在这时期里面，虽然范围依然不定，界限依然不清，但比之以前已经明白了好多。我们先看中国图书公司一九〇八年出版的《文法会通》。那书的目录是：

卷一——论字，论词，论句；

卷二——论积句上：阴阳；

卷三——论积句中：奇偶，排比，比例，譬喻，陪衬，援引，虚实，例证；

卷四——论积句下：因果，假定，逆溯，设难，正负，演绎；

卷五——论布局。（这是甲编的目录，以下未见）。
这勉强可以说是属于修辞学范围内的条目，而编者刘金第的自序里却说：

《马氏文通》出，于字类之分别，句读之组织，极言详论，博引繁征，诚四千年未有之创作。然于积句成篇之法则，似尚多未详。爰不揣谫陋，取古人之文，比类参观，就异求同，择其可会通言之者，条分类纂，略附解释。……虽举例简少，解释鄙略，不敢谓继《文通》而作，然欲与学者以易知易能，使即其可授受者以求夫不可授受者，则犹夫眉叔先生之意也。

便是因为看重文法，把它看作文法论了。这样的情况持续约有十七八年。到了一九一六年，因为鸳鸯蝴蝶正在海上乱飞，于是索性来了一个对于文法的进攻。我们可看当年有正书局出版的《文学津梁》。那书的总目是：

《文章缘起》…………梁　任　昉
《文　　则》…………宋　陈　骙
《文章精义》…………宋　李耆卿
《修辞鉴衡》…………元　王　构
《文　　鉴》…………元　陈绎曾
《文章薪火》…………明　方以智
《伯子论文》…………清　魏际瑞
《日录论文》…………清　魏　禧
《退菴论文》…………清　梁章钜
《初月楼古文诸论》………清　吕　璜

《文　　概》……………清　刘熙载

《论文集要》……………清　薛福成

而编者周钟游的自序却说：

> 今者兹编之辑，汇先正之绪言，以为后学津梁。果能据此以资讲习，则文章之消息，已可得其大概，其贤于今之所谓文典者远矣。

可见也是把修辞和文法混为一谈，把修辞论的材料认作文法，又把他的所谓文法来排斥新兴的文法的。虽然对于文法的态度有附和和攻击不同，而拿修辞论的材料去混充文法的行径却是一样。这个时期里面还有别的编著，差不多也是如此。我们可以称为修辞文法混淆时期。

三　中外修辞学说竞争时期

　　过了这个时期，修辞学便渐渐独立起来。虽然《文学津梁》对于文法是攻击，对于修辞本身说来却是一种崛起的现象，但那编者并不知道文法之外还有修辞学，因此虽然书中录有王构的《修辞鉴衡》，正有趁机发言的机会，也并不曾将修辞学的名称正式提出来。而我们修辞学的独立也就要等待那一九一九年的五四运动来做一个自然的界线。

　　五四以后，诸学并兴，本学也颇有人谈及。我们如果有方法详查那时出版的报章、杂志，一定可以发见好多关于讨论修辞的文章。我此刻还能记得作者和题名的，也还有两篇。一篇是陆殿扬的《修辞学和语体文》，还有一篇是王云六的《修辞法概说》。但多例证贫乏，解说粗略。虽然他们为修辞学呐喊的功劳也不算少，对于修辞学的成立实际很少贡献。

当时对于修辞学最有贡献的，大家熟知，是一九二三年出版的唐钺的《修辞格》。这书虽然只是薄薄的一本小册子，这书所讨论的也不过是本书所谓辞格的一小部分，但因找例很勤，说述也颇得当，又是科学的修辞论的先声，对于当时的影响很大。从这本小书出版以后，修辞学便又换了一个新局面。修辞学的成立已经没有人怀疑，修辞学和文法的竞争也告终结，同时却在修辞学界里面展开了一个中外修辞学说竞争的场面。我们可以称为中外修辞学说竞争时期。

这个时期的延续几乎已有前期的一半年间，而现在似乎还不想收场。而书籍的出版却又很多。所以颇是一个热闹的场面。在那些书中我们可以提出两种来做代表：一种就是唐钺的《修辞格》，代表外的；一种就是郑奠的《中国修辞学研究法》，代表中的。

唐钺的态度，从《修辞格》的《绪论》一段文字中便可以看出：

> 要讨论修辞格，为便利起见，不得不把他们分类。但是分类的方法很多，本书姑且采用一种，省得讨论时完全没有头绪。兹略依讷斯菲《高级英文作文学》(*Nesfield's Senior Course of English Composition*)里头的分类，而斟酌损益成下列的统系：
>
> 第一，修辞格中根于比较的：
>
> （甲）根于类似的：

（1）显比，（2）隐比，（3）寓言。

（乙）根于差异的：

（1）相形，（2）反言，（3）阶升，（4）趋下。

第二，根于联想的：

（1）伴名，（2）类名，（3）迁德。

第三，根于想象的：

（1）拟人，（2）呼告，（3）想见，（4）扬厉。

第四，根于曲折的：

（1）微辞，（2）舛辞，（3）冷语，（4）负辞，（5）诘问，（6）感叹，（7）同辞，（8）婉辞，（9）纡辞。

第五，根于重复的：

（1）反复，（2）俪辞，（3）排句，（4）复字。

郑奠的对抗态度也从《中国修辞学研究法》的《导言》一段文字中便可以看出：

> 近世外慕风炽，举海外修辞之术，绳诸前文，得其形似，乐为比附，彼所未及，此亦阙如。今思述先士之正论，考前文之成规，范为修辞之学，先陈研究之法。……

大概前者是想用国外的修辞学说来解说中国的修辞现象，无形中含有"新探"的意思；后者是想用中国的修辞古说来规律今后的修辞，无形中含有"复古"的意思。而两面的业绩，都颇可看：前者可使我们知道西方说述辞格的大概，后者也可使我们省些翻检抄录旧书的烦劳。至于所谓"彼所未及，此亦阙如"，同是演绎成说，必定同有这种毛病，似乎不应该"看见弟兄眼中有刺，却不想自己眼中有梁木"(《路加》六之四一)。何况郑奠所谓"研究法"，只是古说集录，连演绎也还说不到。现在节录它的开头两节，以见一斑(格式标点全照原书)：

〔修辞〕

辞　说文解字云说也从䛅辛䛅辛犹理辜也

䛐　说文云意内而言外也从司言

修　说文云饰也从彡攸声 段注修之从彡者洒㕞之也藻绘之也

　　右*释名

修辞立其诚所以居业也易乾

辞也者各指其所之　系辞以尽其言　圣人之情见乎辞

其旨远其辞文其言曲而中易传

辞之辑矣民之洽矣诗板

情欲信辞欲巧礼表记

不辞费曲礼

天下无道则辞有枝叶表记

辞达而已矣论语

出辞气斯远鄙倍矣论语

故说诗者不以文害辞不以辞害志以意逆志是为得之孟子

辞也者兼异实之名以论一意也荀子正名

　　右征"辞"

---

* 这里"右"是按当时书直排指称。下同。——编者注

四 结 语

我们无意参加所谓中外修辞学说的竞争。我以为修辞学的主要任务,是搜集事实材料,和研究别的科学一样地,尽力观察、分析、综合、类别、说明、记述。材料应当搜集的固然有两类:

(一)修辞的诸现象;

(二)关涉修辞的诸论著。

但实际是(一)类更加重要,可以说是原料,(二)类稍为不重要,只可说是副料。我们应当尽量搜集实际的材料,根据实际的材料来找寻修辞的条理,不当影印陈说,来作新书的内容。故于修辞的诸论著,无论是中的外的古的今的,都只能备作我们的参考,备作我们要解说某一现象而不能即得确当的解说时的提示,或作我们解决方式的佐证。而自己却应当切实负责地寻求各种眼见耳闻的修辞事实来逐一加以观察分析。

我又以为一切科学都不能不是时代的,至少也要受时代所要求所注重,及所鄙弃所忽视的影响。何况修辞学,它的成事成例原本是日在进展的。成事成例的自身既已进展,则归纳成事成例而成的修辞学说,自然也不能不随着进展。

所以修辞学的述说,即使切实到了极点,美备到了极点,也不过从空前的大例,抽出空前的条理来,作诸多后来居上者的参考。要超越它所述说,并没有什么不可能,只要能够提出新例证,指出新条理,能够开拓新境界。

但有许多地方,看了前人的脚迹,实可省却我们自辟蹊径的烦劳。 我们生在现代，固然没有墨守陈例旧说的义务，可是我们实有采取古今所有成就来作我们新事业的始基的权利。 而且鸟瞰一下整个的修辞景象，也可以增加我们相当的知识和能力，免得被那些以偏概全或不切不实的零言碎语所迷惑，于写说也非丝毫无补。 我就是为了这点点的意思，将手边所有的材料整理出一个大概来，写了这一部《修辞学发凡》。

初版后记

一、本书共分十二篇，第一第二第三及第十第十二等五篇是这次的新稿，其余七篇是由旧稿整理修改而成。

二、旧稿是我才来上海复旦大学教书时写的。曾蒙田汉、冯三昧、章铁民、熊昌翼诸先生拿去试教，又曾蒙许多国文教员拿去印证。邵力子先生又常有精当的批评。我自己也常从教学上和研究上留心。每逢发见例外，我就立即把稿子改了一遍。几年来不知已经改了多少遍。不过要算这一次改得最多。辞格增了十格，材料也加了三分之一以上。

三、旧稿油印本曾蒙国内许多著作者索阅征引，偶然字句有同本书不同的，应以本书为准。

四、本书几篇新稿系根据年来研究文艺理论、社会意识，以及其他一切关连学科所得，想将修辞学的经界略略画清，又将若干不切合实际的古来定见带便指破。在本书的计划上极为重要。但有些未备充分的参考书者或许觉得太繁太难。如果自修，可将其余各篇看完，再来翻看；如果教授，可由教者做主，酌量节删。

五、本书举例系就所搜集的许多例中择出比较熟悉，比较单纯，又比较有意思而容易了解的，来做例证。如果偶然还有觉得例证太多，或者觉得不易了解处，也不妨酌量节看节授。只要能够明了大概的情形就是。若把认为难解的格外留心，就容易走入僻路，万万不可如此。

　　六、本书举例先后，多半只求理解方便，不论时代先后。遇有先后两书有相同的例，略有小异应该抉择时，也不尽依时代先后决定去取。

　　七、本书举例一概注明出处，有所征引也一概提出作者和书名，以便翻看原书，唯有称呼名字，通例只先生今人而不先生古人，似乎不大自然，本书中一概不称先生。

　　八、没有许多友人的鼓励和援助，在这个年头儿我没有兴头和耐心来写成这一部书。没有许多图书馆和藏书家很热心地借书给我看，我也没有方法写成这一部书。尤其是刘大白蔡慕晖先生等朋友们，他们多方设法把我这兴趣已经淡了的重新鼓起来，使我挥汗写成这一部书，我要深深地感谢他们。大白先生是对于本书的经历最熟，期望最大的，所以一开口，便有溢美的话。他又最爱提出奇例，且又勤奋异常，在那狂吐的危病中还常常以例口授其子炳震代书，挂号寄给我，叫我详加考量，有一次多至四十四页，这样的热忱，实足使我感奋。书中析字的分为九式，复叠的新设，便是因为他热烈地提议我才搜集材料写的。可惜恶病毁了他，他竟不及见到此书第六篇以后的七篇写成了。

　　九、我也要感谢几位帮我搜集材料最勤的青年：我的学生杨月蟾、徐成富，我的小弟弟致道。

一九三二年七月十五，陈望道记于沪西，深夜

《修辞学发凡》第九版付印题记

本书曾在抗战前出过八版，抗战以来则在似乎出似乎不出的状况中搁置了好多年，各处旧书店把它当作绝版书卖，价格高到六七百元乃至千余元一本。最近有三家新书店看见这种情形，都愿挺身为我印行这一本书，而中国文化服务社社长刘百闵先生对于这本书的热诚尤为可感，现在就请中国文化服务社印行第九版。

我因为修辞学中有许多部分与文法学有关，要彻底建立科学的修辞学不能不彻底建立科学的文法学，又因为中国语文问题常与中国的国运连同升降，每逢国运艰难，就有无数远见的人士关心语文问题，誓愿扫除文盲文聋，而要真正解决语文问题扫除文盲文聋乃至建立科学的语文教学法也有赖于科学的文法学的建立，故于本书印行以后我就从事中国文法学的研究，辛劳十年，颇有新得，正拟编著一部《中国文法发凡》，与本书相辅而行，但因无人助理，进行颇慢，或许要到海内清平的时候才能有成，那时当将本书大加增订。这次付印不过略略加笔，使本书所说与我最近所见更加调协而已。年来被邀从事新闻教育，对于时务积见益多，越见中国语文革新常与中国发愤图强的历史相辉映，过去如此，将来也必如此。 读本书的，能从这等大处远处设想，这本书将对于他更有意义。

一九四四年九月一日北碚复旦大学新闻馆奠基纪念日，陈望道敬记。

一九五四年版重印后记

本书曾经重印过多次。这次重印之前，我曾经校读了一遍。有几位朋友，也替我看了。有几个以前错排的地方，已经改正。有一处，引用的译文已经有了新版，新版字句略有修正，本书也已经照新版修正。还有本书的其他辞句节段，也有几处略有改动，也有几处增删的相当多，但大体还是仍原书之旧。原书有的缺点，难免仍旧存在，还请大家指正。

陈望道一九五四年四月于上海江湾

一九六二年版重印前言

本书是一九三二年写成、印行的,过去曾经重印过多次,一九五四年也曾经重印过一次,现在又将重印,我趁这机会又从头校读了一遍。对于用语,略有改动。是否妥当,还请大家指正。

本书的写作企图,曾经在一九三二年的"后记"四中指明,是"想将修辞学的经界略略画清,又将若干不切合实际的古来定见带便指破"。除了想说述当时所有的修辞现象之外,还想对于当时正在社会的保守落后方面流行的一些偏见,如复古存文、机械模仿以及以为文言文可以修辞、白话文不能修辞,等等,进行论争,运用修辞理论为当时的文艺运动尽一臂之力。书中有些地方论争的气氛很重,便是为此。大白先生的序言,也是一篇参加论争的序言,当时文化界的朋友大约都知道。一九五四年重印时,我曾经想把这论争的部分减去,把刘大白先生的一篇序言也一并略去,因为事过境迁,这一部分已经成为陈迹;但若如此,全书就要大动,所以终于未曾实行,还是仍原书之旧。这次重印,也是如此。只有希望大家注意这两个部分的分别,并且分别对待这两个部分:对于当时同保守落后的偏见论争的部分,看看是否当时发生过一些影响;对于画清经界或者画清轮廓的部分，看看是否现在还有什么可以用。

现在是我国一切方面都在跃进的时代，修辞现象方面也有显著的进展。有些过去比较难以找到适当例证的现象，现在也已经不难找到内容形式两全其美的好例了。例如回文，现在就有"人人为我，我为人人"之类的好例（见《列宁全集》第三十一卷，人民出版社一九五八年版，第一〇四页）。顶真，现在就有"猪多肥多，肥多粮多，粮多猪多"之类的好例（通栏标题，见一九五九年十一月二十三日上海《解放日报》第一版）。还有双关，也有不少的好例，见于广西歌舞剧《刘三姐》；析字，也有"不费红军三分力，消灭江西两只羊（杨）"等歌谣名句，广泛流传于江西革命根据地，因"羊"和"杨"谐音，借音意指杨池生、杨如轩两个师。至于譬喻、借代之类，以及借代之中的数字的运用，如"百花齐放，百家争鸣"之类，则更是万紫千红，美不胜收。需要我们面对修辞实际，广事搜集，善为总结。特别是关于文体、文风的问题，内容较为错综复杂，而且有些方面近年来变化很大，本书对此又只做了一般的说述，尤其希望有人专心一意地从事，同时又有很多人广泛地探讨，以期我们对它能够有更为深入的理解和更为广泛的注意。

陈望道

一九六二年五月二十六日于上海复旦大学

一九七六年版重印前言

本书是一九三二年写成、印行的，过去曾经重印过多次，也不断有所改动。这次重印，我又进行了校读和修改。

从本书初版到今天重印，我国社会经历了两个不同的历史时期。

一九三二年我写这本书的时候，我国还处于半殖民地半封建的社会，学术文化比现在落后得多，就是修辞学也不如现在这样的发展。当时写作本书，就是想将修辞学的境界略略画清，并想依据当时的修辞实际，把汉语文中的种种修辞方法、方式，以及运用这些方法、方式的原理、原则，加以系统地阐释；同时，也相对当时社会上保守落后方面流行的一些偏见，如复古存文、机械模仿以及以为文言文可以修辞、白话文不能修辞，等等，进行批判。当然，也不免受到一些那时文化学术的局限。

解放以来，我国社会发生了翻天覆地的变化，社会风貌和文化境界更是与旧中国根本不同。修辞现象也随着有显著的进展。内容形式两全其美的修辞新例，到处可以看到，丰富多彩，美不胜收；文体、文风也起了很大的变化。需要广事收集，深入探讨，善为总结。

本书这次修改，为精力和水平所限，又考虑到毕竟是旧书重印，也就未能论说修辞现象的新进展、新变化。所作的修改也只是添换了部分例证，改动了某些用语、辞句、节段。这个修改本大体还是仍原书之旧，原书存在的缺点和错误，难免还会存在，而就是新改动的地方，也未必都很妥当。希望广大读者和语文工作者批评指正，我愿与同志们一起为发展和繁荣祖国的修辞学科而共同努力！

陈望道
一九七五年十二月于复旦大学

《修辞学发凡》九十年（代后记）

一九七六年，父亲望道先生送了一本当年版的《修辞学发凡》给我，并在内页题写了"振新弟弟存览"。在家里我最小，上面还有两个姊姊，所以父亲平时就叫我弟弟。几十年来，我多次翻看过此书，也时有感悟。今再次翻看并做整理，略略写出，以纪念《修辞学发凡》出版九十周年。

《修辞学发凡》一书是望道先生一九三二年写成的，至今仍在出版。中国修辞学界公认该书为"我国现代修辞学的奠基石""现代修辞学史上的重要里程碑"。民国时期，各大学以它为教材，新中国成立后，教育部高等教育司指定其为中国语言文学专业大学生必读的一百本参考书之一。郑子瑜、张志公、倪宝元、吴士文等学者都说，自己是读了《修辞学发凡》才走上修辞学研究道路的。

书中的修辞学体系和研究方法也影响了后来的许多著作。在二十世纪五十年代末至六十年代后期，我国台湾地区翻印了三十年代的现代修辞学代表作，其中《修辞学发凡》为台湾学生书局首先翻印（为避开台当局检查，更名为《修辞学释例》）。七十年代初，台湾"中央"大学徐芹庭撰写了《修辞学发微》（台湾中华书局印行）。有学者指出："该书虽然是同时参阅陈望道、杨树达、陈介白所著修辞学专书写成的,但以采用《修辞学发凡》的说法最多。"一九七五年,台湾师范大学黄庆萱《修辞学》出版,由台北三民书局印行,颇为畅销。其内容探析弘扬《修辞学发凡》可谓最优,引用《修辞学发凡》的辞格而阐发理论也可谓最优(均见蔡宗阳《〈修辞学发凡〉对台湾修辞学界的影响》)。

为什么一本书能经受住几十年时间的考验而一版再版,或可参看刘大白先生的《初版刘序》中如下一段描述:

> 陈先生底著成此书,积十余年勤求探讨之功,这是我在这十余年中所目睹的……往往为了处理一种辞格,搜求一个例证,整夜地不睡觉;有时候,从一种笔记书上发现了引用的可以做例证的一句或一段文字,因为要明白它底上下文,或者要证明著者所引的有没有错误,于是去根寻它所从出的原书……要是此书是一部大部头的书,或者是在某种丛书中而不能抽买的,他也不惜重价,仅仅为了一个例证,而把全部书买了来。到了借无可借买无可买的时候,他还要向相识的友人,多方面地询问,一定要达到搜求到此书的目的为止。

刘大白先生还提到,望道先生在著书的这十多年里,"因为见解的进步,已经把稿子换了好几遍"。几易其稿的结果,是"不但辞格的纲领组织和旧稿不同,就是关于修辞学的根本观念,也和旧稿不同,完全换了以语言为本位"。

复旦大学乐嗣炳教授回忆当时望道先生会"为了一种提法,一个例句,同刘大白和我每次讨论都是几个钟头,有时直到深夜",而且还花很多时间研究与修辞学有关的各种科学。乐嗣炳说,先后收到望道先生五次油印稿本:"他写成稿本,就把它当作复旦大学和上海大学中文系的讲义,把油印稿分赠同业,征求意见。"复旦大学吴文祺教授也回忆:"发现了更好的例证,他会毫不犹豫地将原先费力收集到的例证换掉。十几年中更换了多少回,已经无法统计了。最后用到书中去的例句,只是他收集的千百个例句中的一小部分。"望道先生所依据的原则,是"就所搜集的许多例中择出比较熟悉,比较单纯,又比较有意思而容易了解的,来做例证",可谓反复提纯。

成书前,望道先生一遍一遍不厌其烦地修改,书出版后,一旦发现有不全面、不准确的地方,他一定会寻根究底地查阅资料,待再版时做补充和订正。

从望道先生分别写于一九三二年、一九四四年、一九五四年、一九六二年和一九七五年的初版后记、付印题记、重印后记和重印前言中,可略见内容的变化、印数及写作意图。

据《民国总书目》的记载,在一九三二至一九四五年十三年间,《修辞学发凡》共出十版。一九四六至一九五三年,即解放战争至新中国成立初期,出了四版。一九五四至一九六二年八年间,也出了四版。一九六三至一九七六年十三年间,出了两版。至此,《修辞学发凡》已发行至第二十版。至二〇二一年十一月再版,已为第三十版了。

《修辞学发凡》的发行量,民国时期的已无从考证,但从作者一九四四年写的"付印题记"中得知:"本书曾在抗战前出过八版,抗战以来则在似乎出似乎不出的状况中搁置了好多年,各处旧书店把它当作绝版书卖,价格高到六七百元乃至千余元一本。"可见极受读者的喜爱。一九五〇至二〇二一年间的不完全发行量统计数为三十三万余册。

书分十二篇。初版时,望道先生自述"第一第二第三及第十第十二等五篇是这次的新稿,其余七篇是由旧稿整理修改而成"。旧稿,即指作者在复旦大学教书时写的油印稿。一九三二年成书时"辞格增了十格,材料也加了三分之一以上"。新稿"系根据年来研究文艺理论、社会意识,以及其他一切关连学科所得"。而《修辞学发凡》每次重印,望道先生都会从头校读,稍加修正。所"略略加笔"处,是为"使本书所说与我最近所见更加协调"。他不懈更新,背后有使命动力:"年来被邀从事新闻教育,对于时务积见益多,越见中国语文革新常与中国发奋图强的历史相辉映。过去如此,将来也必如此。"

在二十世纪三十年代筚路蓝缕的初版中,望道先生"想将修辞学的经界略略画清,又将若干不切实际的本来定见带便指破"。一九六二年版重印时,更表示在阐述修辞现象之外,"还想对于当时正在社会的保守落后方面流行的一些偏见,如复古存文、机械模仿,以及以为文言文可以修辞、白话文不能修辞,等等,进行论争,运用修辞理论为当时的文艺运动尽一臂之力。书中有些地方论争的气氛很重,便是如此。"望道先生在这里展现出学者本色,因为他知道,"一切科学都不能不是时代的,至少也要受时代所要求所注重,及所鄙弃所忽略的影响。何况修辞学,它的成事成例原本是日在进展的。"在结语中,他尤其强调"进展":"所以修辞学的述说,即使切实到了极点,美备到了极点……要超越它所述说,并没有什么不可能,只要能够提出新例证,推出新条理,能够开拓新境界。"望道先生身上也有着他同代人共享的一种继往开来的豪迈之气:"我们生在现代,固然没有墨守陈例旧说的义务,可是我们实有采取古今所有成就来作我们新事业的始基的权利。"九十年后的今天读来,仍然感发人心。

陈振新

二〇二二年七月

图书在版编目(CIP)数据

修辞学发凡:纪念珍藏版/陈望道著.—上海:复旦大学出版社,2022.11
ISBN 978-7-309-16254-7

Ⅰ.①修… Ⅱ.①陈… Ⅲ.①汉语-修辞学 Ⅳ.①H15②H14

中国版本图书馆 CIP 数据核字(2022)第 104915 号

修辞学发凡(纪念珍藏版)
陈望道　著
装帧设计/马晓霞
责任编辑/邵　丹

复旦大学出版社有限公司出版发行
上海市国权路 579 号　邮编:200433
网址:fupnet@fudanpress.com　http://www.fudanpress.com
门市零售:86-21-65102580　团体订购:86-21-65104505
出版部电话:86-21-65642845
江阴市机关印刷服务有限公司

开本 890×1240　1/32　印张 10.5　字数 235 千
2022 年 11 月第 1 版
2022 年 11 月第 1 版第 1 次印刷

ISBN 978-7-309-16254-7/H·3174
定价:68.00 元

如有印装质量问题,请向复旦大学出版社有限公司出版部调换。
版权所有　侵权必究